U0154071

愛的文化政治

台韓現代親密關係的
殖民系譜

Cultural Politics of Love
Colonial Genealogy of Modern Intimate
Relationships in Taiwan and Korea

陳佩甄＿＿＿著

【目次】

愛的無意識

現代「性」的
殖民系譜

　　在將時光感覺拉回到 20 世紀初的東亞之前，我想先從撰寫這本書的期間、我個人介入歷史的兩個時刻談起。一是 2019 年「同性婚姻合法化」在台灣取得階段性成果，而這個進程與本書的歷史系譜密切相關。目前世界上依然有許多國家將同婚合法化視為人權進步的指標，同婚辯論也讓近年台韓兩地圍繞著同志權益的相關論述大幅增加；同時也因議題、族群的能見度升高，兩地同運也都面臨保守宗教、政治團體的阻擾與反挫。而正是因為對於當代運動的觀察，我在寫就此書之際明確感受到，雖然台韓的同志／婚運動或多或少都以西方的人權論述、北美的同運為參照或受到激勵，[1] 在運動時程、或立法爭取的形式也多有不同，但我透過回溯「殖民之愛」後認為：兩地的「殖民歷史現實」才是真正驅動實際運動論述與策略的能量，同時也是阻礙與限制。因此本書並非僅是殖民歷史的梳理，亦是為了以北美為主導的當代性別論述、提出（去）殖民思考路徑，並企圖複雜化被限制在單一「性／別」領域的知識論問題。為此，我希望能夠透過歷史化且系譜學式的分析，以探究一世紀以前引進（發明）的「現代愛」概念、如何在當代社會持續運作。

1　自 2010 年起，美國同性戀及人權組織即積極推動同性婚姻合法化。2013 年，美國最高法院依據美國憲法第五修正案裁定（1996 年通過的）婚姻保護法案第三章（把婚姻定義成為「一男一女間的公民結合」）違憲。最終在 2015 年美國聯邦最高法院裁決，全美同性婚姻合法化。

　　二是寫完本書初稿後，我終於決定去信編纂國語辭典的「國語教育院」，[2] 提議編委重新檢視字典中數個關於「愛」的字詞釋義。這個念頭在2014 年、我在首爾收集博士論文研究材料時就有了。因為當時我得知當地性別運動者與同志學生團體曾敦促國立國語院修改「愛」的釋義，而原因正是這本書將要呈現的歷史問題，細節將於結論再敘。這件未完的插曲本應於結論或研究後記中再提，但我從此事意識到自己撰寫此書真正想問的問題，以及作為研究者的位置性（positionality），因此在導言就先點出，以定調此書以及我的研究動機：這本書不只是重構殖民時期與愛有關的文化史，更試圖探究愛如何參與現代社會關係與文化的塑造。一如我將專書主題命名為「文化政治」，指的並不只是透過文化（而非政策、武力）來施行治理手段，[3] 也非僅指向狹義的殖民／帝國／國族政治，而是欲指出：「現代愛」是一項眾人參與塑造的文化工程，且這一工程永遠都在進行中；我在當代的回望與介入，亦是參與其中的一份子。

　　當代同婚、字典與「現代愛」有關的重要內涵，我將在結論章節仔細梳理。然而我在此欲先點出的是，同婚與字典在我寫書期間佔據的兩個時刻，也正是「現代愛」文化工程的時時刻刻（temporalities）。台灣酷兒與身心障礙文學文化研究者紀大偉曾借用美國酷兒研究期刊的專號主題「同志種種的時間表」、作為介入同志文學史及其專書的書寫策略之一（紀大偉 2017：69-70）。在主流時間、歷史長河中，酷兒的逆時與順時、延續與斷裂、抹除與發明、虛實與效果，在在干擾了線性史觀，但也是在同一條線上迂迴前行。我以此表明本書所稱的「系譜」也是一種強調與愛有關的種種時間，以期趨近時代特定性與現代愛的歷史內涵。因此本書將以非線性時間（straight time）的歷史觀來重訪現代愛的各種歷史時刻，並將「現代

2　目前（2022 年 7 月 19 日）得到「本院將送請辭典編審專家研議」的回覆。

3　這類實例可參考：韓基亨著。陳允元譯。2012。〈文化政治期的檢閱政策與殖民地媒體〉。《臺灣文學學報》21 期。173-214。

親密關係」作為一種連結「愛」、「現代化」、「帝國與國族」、「個人
／性主體」等歷史形構的系統。同時，這一「殖民系譜」也指向受到地緣
政治分化的殖民社會間的具體連繫，是重新思考台灣與韓國／朝鮮[4]間的歷
史連結的嘗試，我將在下方一一闡述。

一、愛的系譜學式閱讀

　　「現代愛」的出現，在很大程度上影響了 20 世紀初以降東亞各地社會
關係的建構與發展；而殖民地台灣和朝鮮，在現代化、國族建構的慾望下，
為因應帝國主義及殖民統治，在社會親密關係的發展上也面臨急遽轉變。[5]

---

4 本書所指稱之殖民「朝鮮」為 14 世紀建立（朝鮮王朝）、1910 年正式併入日本帝國
　領土的朝鮮半島，殖民時期知識分子亦多以朝鮮民族自稱。惟本書標題、前言出現「台
　韓」及部分內文註腳使用的「韓」與「韓國」有後殖民延續性與歷史特殊性，特此說明。

5 關於東亞各地、特別是涵蓋戰前的相關研究，請見：McLelland, Mark J., and Vera
　C. Mackie, 2015. *Routledge Handbook of Sexuality Studies in East Asia*. New York:
　Routledge.；佐伯順子。1989。《「色」と「愛」の比較文化史》。東京：岩波書
　店；江刺昭子。1989。《愛と性の自由 「家」からの解放》。東京：社会評論社；
　Suzuki, Michiko, 2010. *Becoming Modern Women: Love and Female Idenity in Prewar
　Japanese Literature and Culture*. California: Stanford University Press.；Frühstück, Sabine,
　2003. *Colonizing Sex: Sexology and Social Control in Modern Japan*. Berkeley: University
　of California Press.；權萊（권보드래）。2003。《戀愛時代：1920 年代初期的文化與
　流行》（연애의 시대：1920 년대 초반의 문화와 유행）。首爾（서울）：現實文化（현
　실문화）；徐智英（音譯서지영）。2011。《在歷史中叩問愛情：韓國文化與愛的系
　譜學》（역사에 사랑을 묻다 : 한국 문화와 사랑의 계보학）。首爾（서울）：Esoope（이숲）；
　吳婉萍。2012。〈殖民地臺灣的戀愛論傳入與接受：以《臺灣民報》和新文學為中心
　1920-1937〉。台北：國立政治大學臺灣文學研究所碩士學位論文；徐孟芳。2010。
　〈「談」情「說」愛的現代化進程：日治時期臺灣「自由戀愛」話語形成、轉折及其
　文化意義──以報刊通俗小說為觀察場域〉。台北：國立臺灣大學臺灣文學研究所碩
　士學位論文；洪郁如。2001。《近代臺灣女性史：日本の植民統治と「新女性」の誕
　生》。東京：勁草書房；張競。1995。《近代中国と「恋愛」の発見》。東京：岩波
　書店；Lee, Haiyan. 2006. *Revolution of the Heart: A Genealogy of Love in China, 1900-
　1950*. Stanford, CA: Stanford University Press.

此一時期，日本帝國和殖民勢力開始在亞洲擴張，導致了殖民台灣與朝鮮社會在 19 世紀末開始的各種社會改革，特別是從傳統社會制度過渡到現代殖民社會的急遽變化。也是在此時期，自由婚姻和婚姻改革的聲浪首先開始發酵，接著浪漫愛／自由戀愛的倡議，在文化和社會改革的發展中佔有重要的地位。這一東亞社會、乃至全球共享的浪潮，更在文學生產中留下重要的記錄。

　　回望 19 世紀末期至 20 世紀初期，一系列的歷史事件促成且強化了東亞社會的轉型。[6] 其中，圍繞現代性課題輻射出來的各項社會歷史轉化尤為重要。現代性課題在東亞社會具有兩個重要面向：其一，遭遇「現代」並非僅是思索如何因應「新」與「他者」的出現，更重要的是建構「自我」；再者，在東亞社會浮現的「現代性」並非「單一的」或「西方的」，而是多重且相互扣聯的一組社會現象。這兩個面向乃基於東亞現代性的歷史條件：自 19 世紀中期以後建立的國際社會及其中的「跨國性」（transnationality）。這個源自國際社會的跨國性即是「殖民現代性」（colonial modernity）的標幟，因其建構了「西方與其他」（the west and the rest）這組二元對立關係，亦使得後殖民國家的去殖民運動陷入民族國家自決的困境之中。[7] 然而，「現代性」的追求與矛盾，並非僅在於以國家為單位或整體的實踐，更體現於各種新興主體的歷史經驗。

6　這些歷史事件乃圍繞著戰爭發生，也因此與戰爭的需求及目的密切關聯。

7　文化研究學者霍爾（Stuart Hall）於〈西方及其餘〉一文中清楚地界定「西方」概念形成的原因及其性質。「西方」不是一個地理指稱，例如 18 世紀的東歐國家因發展仍屬落後，因此並不屬於西方；19 世紀末明治維新的日本立身亞洲，卻儼然是西方的化身。另外，西方表面上展現了一致的同質性，內部其實存在紛雜的文化差異。「西方」論述建構出一種社會型態：一個進步的、發展的、工業化的、資本的、世俗的和現代的社會，也因此成為分類、再現系統、比較系統、評量標準，製造了「西方／進步／現代 vs. 其餘／落後／傳統」的二元對立世界觀（Hall 1992）。酒井直樹（Naoki Sakai）進一步分析這組二元對立系統如何與 19 世紀形成的「國際世界」（international world）嵌合，影響了各個文化如何透過基於民族國家（nation state）想像、形成自我建立（Sakai 2005）。

　　殖民主體日常生活的各個層面，透過軍隊、醫療、教育、婚姻、消費等各種新形態的社會制度，將「身體」塑造為實踐現代性的場所。我在此所指的「身體」，除了生物性的意義之外，更重要的是社會層面的象徵意涵：亦即在現代化計畫中，身體如何成為上述各種制度交錯匯集的場域，而各種制度內涵裡的規範性概念，如何創造並轉譯為實現現代化的文化活動，並依此創造出對應的新興國家、性／別主體——即所謂的「日本人」、「新女性」、「女學生」或「知識人」等等，使得「身體」逐漸被種族化、性化、與性別化。我在此並非暗示一個普遍發生在東亞或其他地區的現代化過程，而是以「身體」的種族與性別意涵之塑造為鑑，我們必須透過理解探究特定歷史框架中的社會轉化時刻來檢視此一現代化過程，以期理解各種習以為常的社會機制或象徵是如何出現且延續（或斷裂）至今。

　　同樣地，當我在本書最後章節以當代 LGBTQ、（反）同婚運動中的「愛的論爭」為例，亦非暗示一個歷時不變的「現代愛」內涵，而是試圖透過歷史化討論「現代愛」的殖民系譜，以及各種現代「性」（sexualities）如何應運而生，以期進一步理解台韓兩地當代同志遊行主題論述、同婚運動的宣言、以及反對方的言論，並觀察到台韓社會內部不同團體如何以愛為名宣稱自身運動、信仰的正當性，如何強化愛的普世性與資格論，展示殖民之愛的遺緒。再者，當代（反）同婚運動中發生的「愛的論爭」在台韓兩地發生的時空雖然有各自的特定性，但將兩造並置來看，也能說明「現代愛」的歷時性（diachronicity）與共時性（synchronicity）。

　　為此，本書採取「系譜學式」（genealogical）文獻／文本分析法，利用系譜學批判來研究不同社會歷史框架、外國與在地文化、個人與國家之間的相互關係。透過系譜式閱讀，我在面對研究材料時將避免使用既定類別和概念加以分析，也不應將文獻或文本中呈現的概念或主題、視為是固定的或不變的。我將透過文獻或文本材料，分析既有的類別或概念是如何被定義、且固定下來，並在其他相關領域、後續的歷史發展中留下什麼樣的

影響。如北美酷兒理論與政治哲學家茱蒂斯‧巴特勒（Judith Butler）所闡述的：系譜學式的批判並非為了研究出性／別的起源、女性慾望的內在真實、或真實的性身分；相反地，這個研究方法要探究的是建構這些身分類別的政治意圖，因為這些身分類別其實都受到各種制度、實踐、論述所影響。（Butler 1990: xi）

　　同時須說明的是，系譜學並非指向全面的歷史爬梳，這不是此書本意，也因研究永遠有其未竟之地。具體來說，本書研究材料集中於兩類文獻：文學作品與大眾媒體論述。「文學作品」更是聚焦在「小說」類，並非因為獨尊小說，而是這一文類對於 20 世紀初期現代化文明運動至關重要。如我在下章處理「愛的制度化」時將具體分析的，「新文學」與「新小說」這些新造詞，與當時語言現代化、新概念的引入與在地化、乃至日常生活的道德規範、個人的情感規訓密切鑲嵌。「大眾媒體論述」則局限在報紙、雜誌這兩種文獻，這兩類在當代已不足為奇的媒介空間，不僅是當時殖民政府宣傳官方政策的場域，同時也是殖民知識分子自我發聲以參與現代化、民主化進程的重要空間。我在本書將針對殖民時期發行量最高的報紙與相關文藝雜誌進行研究。[8]

　　「小說作品」與「報紙雜誌」更是知名已故學者班乃迪克‧安德森（Benedict Anderson，1936-2015）為民族主義的「想像基礎」證成的「印刷資本主義」（print capitalism）之體現。安德森認為「小說與報紙」是重現（representing）想像共同體的重要媒介與手段（Anderson 1983: 61），透過

8　包括下列各刊物中的相關文章：於殖民朝鮮發行之《東亞日報》、《朝鮮日報》、《每日申報》、《青春》、《少年》、《開闢》、《新女性》、《別乾坤》；於殖民台灣發行之《臺灣日日新報》（含漢文欄）、《臺灣民報》、《臺灣新民報》、《臺灣婦人界》、《語苑》、《南音》、《風月報》、《臺灣警察時報》。聚焦討論的知識分子、作家則包括：殖民朝鮮的李人稙、李光洙、李箱、廉想涉、李孝石、金基鎮、玄鎮健；殖民台灣的賴和、張我軍、蔡孝乾、謝春木、吳希聖、翁鬧、巫永福、徐坤泉等代表性作家。

造就「（印刷）語言的統一」、「媒介的同質化時間」，「印刷資本主義」
促成民族想像的條件。而必須說明的是，一般對於「印刷資本主義」的引
述總是著重於「印刷技術與商品」的形式與普及，至於其如何與「資本主義」
構連、或如何資本主義化（capitalized）則少有著墨。本書將「印刷資本主義」
應用於理解上述歷史時期、分析材料、語言媒介與「愛」這個主題，取其
強調：資本流動所需的「暢通無阻」，就如同「統一的文字語言」、「普
世的文明價值」、「戀愛的崇高精神」都造就了跨國、跨歷史通行無阻的
效果。

　　當然我也意識到本書處理的文獻材料大多是官方、主流媒體的論述，也
多出自「男性」「知識分子」之手，但本書並非將「檔案材料」等同於「歷
史本身」，而是如殖民史與人類學者安・史托勒（Ann Stoler）提醒的，我們
必須關注所使用的檔案特殊的位置和形式。史托勒注意到後殖民人類學家越
來越傾向使用檔案研究（而非民族誌）來分析研究對象，對此他呼籲學者們
不應以「檔案作為本源」（archive-as-source），而是將「檔案作為主體／題」
（archive-as-subject）；後者強調重視檔案的構成、形式、以及特定時期的分
類和認識論體系，因為檔案反映了殖民政治和國家權力的關鍵特徵（Stoler
2002）。這也是印度性別史研究者阿隆德卡（Anjali Arondekar）研究「性」
（sexuality）與殖民檔案的關係時指出的，雖然挖掘過去不被重視的史料、修
正性重構被壓抑或扭曲的殖民檔案是十分重要的工作，但依舊有一個潛在的
問題在於，我們會傾向將檔案視為是理解殖民歷史的「知識來源」（Arondekar
2009）。[9] 本書也注意到這一檔案的問題，以及「知識生產的目的論」如何
將我們認知歷史的方式綁定在我們所能發掘到的事物、資料上，這正是本書
採取系譜學式批判研究所欲自我提醒、並進一步挑戰的研究局限。

---

9 關於這兩位學者的研究與（台韓）酷兒檔案建構的討論，可參考拙作：陳佩甄。
　2021。〈酷兒化「檔案」：臺韓酷兒檔案庫與創作轉譯〉。《臺灣文學研究集刊》26
　期。71-99。

在意識到科技媒介、檔案限制、性別差異、跨國影響等歷史條件限制後，本書企圖梳理的「現代愛」殖民系譜，為的不是整理出一個固定不變、具普遍性的「愛」的定義。而是回到現代愛的時時刻刻（temporalities），並關注其歷時與共時的發展建構，特別是：1.「愛」在 20 世紀初期東亞社會的歷史與文化轉型；2. 一個社會透過各種機制對於「愛」所施行的不同的挪用和建構，以及與其他社會的比較觀察。這部分的思考也反映在本書為何以台韓互為參照的研究取徑。

二、地緣政治無意識與「台韓互為參照」

在開始細緻討論「現代愛」的建構與殖民遺緒之前，我欲先在緒論提出一個歷史問題：即，地緣政治中的「殖民無意識」。因為我認為，地緣政治的歷史生成與「知識生產」的權力問題密切相關，並深刻反映在本書的兩大主題：為何（不）以台韓為比較，為何（不）以現代愛為問題核心。具體來說，若「地緣政治無意識」主導（並阻礙）了當代東亞各區域間的相互關係，「愛的無意識」則在各個社會內部展現相似的主導性，並阻隔不同性／別主體間的結盟。為了回應這個問題意識，緒論部分將以重思「殖民現代性」為切入點，並提出同時以台韓為分析對象來彰顯、挑戰地緣政治無意識，我也會在本節最後將此問題意識導入現代愛的思考中。

「殖民現代性」一詞自 1990 出現在北美學界後經常被引用來討論殖民地現代社會的形成與發展，特別是經濟、政治、文化等各方面的轉型。而當美國學者白露（Tani E. Barlow）在 1993 年、第一期的東亞研究期刊（*positions: east asia cultures critique*）編輯了「殖民現代性」專題並提出這個研究構想時，他想回應的是東亞的歷史書寫問題，並提出批判性的另翼思考。這份專題後來在 1997 年以專書《東亞殖民現代性的各式生成》（*Formations of Colonial*

Modernity in East Asia）重新出版。白露在緒論中表明，「殖民現代性」希望
拆解的是殖民主義與現代化發展之間的共謀關係，且這樣的認識也應該推展
到東亞以外的脈絡，即：所有的現代性實際上都是殖民的。他在後來一篇回
顧性文章則更進一步陳言：在東亞脈絡中理解殖民現代性，是為了讓「以國
際主義觀點理解國族主義的世代，處理殖民主義如何在亞際關係中運作。」
因此對於東亞學者而言，「『殖民現代性』這個新創詞的挑戰在於，我們如
何理解與新興國家狀態──日本、韓國、滿洲國和中國──連結在一起的野
蠻歷史，（新興國家的歷史進程）被視為多重殖民世界的案例，但在其特定
形式、策略、意識形態、以及政治操作上又被視為單一個案」（Barlow 2012:
623-624）。因此要解決這複雜的歷史形構，必須挑戰普遍性與特殊性之間
的共謀關係，[10] 也如日本帝國文化政治研究者荊子馨（Leo Ching）分析日本
殖民主義觀察到的，核心命題不只在殖民與被殖民這組二元架構，而是「日
本殖民案例與全球資本主義殖民主義的普遍性之間（及之中），如何『相互
關連』與『相互依賴』」（Ching 2001: 20）。

　　上述見解也展現在台韓研究者對「殖民現代性」的思考上。如日本京
都大學殖民教育研究者駒込武（Komagome Takeshi）透過檢視現代教育制度、
闡釋了台灣殖民地菁英如何將「現代性」視為是經由日本引介的「一種新
的文化」，同時也以之批判殖民文化政策。重要的是，駒込武認為這種「新
的文化」是一種「基於個人性的世界主義，而非強調『我們的語言』和『我
們的文化』的國族主義」（Takeshi 2006: 151）。無獨有偶地，申起旭（Shin
Gi-wook）和麥可‧羅賓森（Michael Robinson）在更早也對韓國的殖民現代
性有過類似的論點，他們認為：「韓國人直接或間接地參與了建設獨特的
殖民現代性，這種現代性，在沒有政治解放的情況下，產生了世界主義（共

---

10 酒井直樹曾闡釋「普遍主義」（universalism）與「特殊主義」（particularism）之間的
　共謀關係，以理解後殖民歷史書寫（特殊）與西方中心的殖民／帝國歷史主義（普遍）
　間的非對立、而是互為依存的矛盾關係（酒井直樹 2010）。

同共有的感覺）」（Robinson 1999: 11）。特別要提及的是，北美學者的論點在韓國學界遭遇許多批評，且「殖民現代性」這個概念在韓國學界也引發不少爭論。[11] 韓國運動與國族文化研究者曹永翰（Cho Young-han）在針對這一主題的研究專文中指出，韓國學界對於「殖民現代性」概念擁抱又拒斥的矛盾心理、揭示了韓國學界對該國殖民歷史的研究既有的本體論困境。曹永翰認為，這個困境「最終反映出韓國學術界在全球學術制度中的邊緣地位和傾斜的等級制度——將韓國或亞洲學者置於美國或西方同行之下」（Cho 2012: 657）。透過上述學者的觀察，我認為在此刻重思殖民現代性與地緣政治問題，必須跨越區域限制、重拾跨文化想像。因此本書以「台韓互為參照」為比較研究方法，反思東亞地緣政治中的「殖民無意識」，進而回應曹永翰觀察到的、韓國學者自覺的邊緣位置。

　　「互為參照」（inter-referencing）的比較架構乃源自亞際研究者對於東－西二元架構（East-West referencing）、帝國權力的自我指涉（self-referentiality）、以及殖民者－被殖民者之間單向指涉（uni-directional reference）的思考（Chen 2010, Roy and Ong 2011, Chua 2015）。若以台韓研究為例解釋上述三個地緣政治參照架構，則分別反映在下列三種地緣特性：

1. 台韓不僅座落於以西方為優勢地位而被邊緣化的東方，亦處在東方各區域權力間的邊緣位置，因而能凸顯亞洲內部的權力差異；

2. 西方的自我指涉傾向、同時也就是他者化的機制（如薩伊德所稱的「東方主義」〔orientalism〕），而當所謂被同質化的「東方」也自我他者化時，台韓及其他亞洲區域間的比較研究將凸顯內部的異質性；

---

11 韓國學者認為強調現代化會流於對殖民主義輕描淡寫，參見：Dirlik, Arif. 2010. "Asian modernities in the perspective of global modernity." In Yiu-wai Chu and Eva Kit-wah Man eds., *Contemporary Asian Modernities: Transnationality, Interculturality and Hybridity*. New York: Peter Lang. 45.

3. 更重要的是，當歷史解釋總被綁定在殖民關係中（如台灣史等同於殖民史的論點），當被殖民者只能以自身與帝國間的縱向關係看待自身位置，殖民地間的參照研究可以是鬆動此單向殖民歷史書寫的橫向結盟。

然而以上三個既有參照架構，亦解釋了「台韓比較研究」在世界各地、乃至台韓學界的發展阻礙：被殖民者（前殖民地）之間的關係，也依此被區隔開來，少有相互參照、甚或緊密連結的歷史認識。以此反思曹永翰論文提及的北美東亞研究領域的不平衡發展，[12]台韓比較（相對於中日、日韓、中韓、日台比較）研究仍亟待補充；而當代台韓社會之間在經濟、政治上的競爭與敵意，皆可視為是地緣政治無意識的結果。

在這樣的背景下，當我以「台韓互為參照」為研究方法時，為的不是處理這兩個社會與「西方現代性」、與「日本殖民政策」、與東西方帝國主義間的關係，亦非他們之間的「實質交流」與「異同之處」，而是要「並置」並「揭露」台韓作為「不被想像的共同體」（unimagined communities）的歷史與研究現實。當然，我所謂的「不被想像的共同體」是在回應安德森影響深遠的學術遺產——「想像的共同體」（Imagined Communities）這個概念（Anderson 1983）。「想像的共同體」，作為政治國族主義的另翼解釋，被視為是現代世界中的普遍性現象。但這個概念也因其西方中心、過度自發、包山包海等傾向而受到批評，批評者亦提醒不應將此概念套用、或認為其適用於各種不同的政治想像（Chatterjee 1993; Hobsbawm 1990; Marx 2003）。無論「想像的共同體」是否有效解釋全球乃至亞洲的國族主義建構，台韓兩造之間從未在此概念中被理解，即使是兩地皆為日本殖民地、在政治文化上經歷同化、被歸化為日本國（皇）民之時，兩地間只能透過殖民關係認識彼此，甚至在殖民權力運作下產生競爭關係。

---

12 即北美學者的權威性，中日研究資源最豐、韓台研究則經常被邊緣化。

　　在上述前提下，我將「不被想像的共同體」視為一種政治介入，用以檢視並挑戰既有的民族主義想像基礎。台灣和韓國沿著平行線發展了一種不以身分認同為基礎的文化想象，在此文化想像中彼此間有著跨越國族、語言、種族等疆界的「共感」（sense of likeness），我將此狀態視為台韓維持著「不被想像」的「共同體」基礎，並在本書試圖建立兩地橫向參照的系譜。這一系譜的建立，將透過聚焦圍繞著現代愛的五組命題、以進行特定文本的深度解讀來實踐。橫向參照在此更強調台韓之間的共享的歷史現實及共感，在分析兩地社會與殖民系統斡旋、協商時，我將盡量採取並置（juxtaposition）的方式來討論。同時，即使不免回應兩地受到殖民現代化意識形態的影響，我在進行論述、文本分析時將著重呈現在地內涵，而非他們各自與殖民母國間的縱向關係。更進一步來說，不只台韓關係應當作為「不被想像的共同體」來重新理解東亞地緣政治關係，我欲將此概念推向理解台韓社會內部的各種差異性存在。以本書的主題來說，台韓社會內部各種性少數也被劃分為「不被想像的共同體」，彼此的社會位置總是透過與主流正常化的性想像（即單一參照）的關係被定義，彼此間也總是被各種權力系統（如殖民、父權、資本主義等）區隔開來。因此在本書各主要章節中，我將殖民台朝的文學生產、文化論述，及各種「性」他者、「愛」的失格者並置討論、分析，最終希冀突破既有的單向敘事（中心－邊緣），以環狀再生系統（強權－國家－內部社會三造間的相互作用）以及互為參照模式來朝向去殖民思考。

三、殖民之愛，及其無意識

　　從「殖民現代性」到「台韓互為參照」等方法論上的強調，我欲避免的即是陷入單一國族、同質化，或再次強化二元對立位置的思考窠臼。一

如法國文學與視覺研究者伊莉莎白·艾茲拉（Elizabeth Ezra）在批判法國社
會的「殖民無意識」時指出的，問題已不在揭露殖民者－被殖民者之間是
互斥或共謀，而是「殖民同化政策隱含的一種朝向文化分離主義的強大慾
望」（Ezra 2000: 153）。艾茲拉認為，有些法國人即便希望與異文化切割、
卻又總是在擁抱異國情調的慾望表現上尋求與其他文化接觸，這種欲拒還
迎的狀態是「殖民無意識」的表現。若以「種族問題」為例，「殖民無意識」
使得（經常被問題化的）「種族」概念總被擺在「種族主義」之前；而後
者已從個人意志或意願延伸出來，源自一種受到差異吸引、卻又排斥差異
的矛盾傾向（Ezra 2000: 8-9）。而「殖民無意識」也並非只是後殖民命題，
而是在殖民主義運作之時即已發酵。

　　雖然艾茲拉分析的是當代法國社會的種族問題，但他也必須回溯殖民
主義的「雙重性」（doubleness）如何同時作用在殖民者與被殖民者身上（Ezra
2000: 8）。一如荊子馨在前述研究中闡釋的：「日本在東方對其殖民地人
民的霸權凝視，永遠會同樣地導回其自身」（Ching 1998: 66）。這樣的觀
點並非表示殖民者與被殖民者受殖民主影響的結果並無二致，而是提點殖
民關係中的二元對立位置未能完整解釋殖民主義作用與滲透的力道。若以
本書研究主題為例，當我重新回溯台朝殖民知識分子如何透過翻譯引介、
在地化現代愛論述時，我發現隱含在這些現代化論述中的殖民內涵，經常
在此過程中被重複、再製，因為殖民地社會在接收日本（同時也是西方）
的現代概念時，並無法辨識日本殖民母國也自我內化了同一套世界觀。

　　如日本文學研究者佐伯順子在專著《「色」與「愛」的比較文化史》
（「色」と「愛」の比較文化史）中展示的，明治時期的日本文人、知識
人透過引進西方基督教的「love」概念改革傳統社會的婚姻關係，但也因此
將「性（色）」「愛」分離、並賦予優劣之分：即，現代愛成為文明精神
象徵，是進步文人的追求，與之相對的則是無愛的肉慾，在文學作品中漸
被壓抑消除。如最常被討論的坪內逍遙（作家，1859-1935）與其《當代書

生氣質》（当世書生気質，1885）、以及廚川白村（學者、評論家，1880-
1923）在其提倡「戀愛至上主義」的《近代的戀愛觀》（近代の恋愛観，
1922）中，都提出了「戀愛有中、上、下品」之分，而不同品級對應的其
實是「性行為」的有無（佐伯順子 1998：9-12）。佐伯並未進一步申論的
是，不同品級的愛對應的也是不同的社會身分（例如，妓女無愛而性根本
不被談論），因為這些現象並不僅止於概念上的建構與轉變，同時也在實
質的社會生活層面發揮影響。當愛成為主流價值，呼籲每個人都能追求愛，
實質上隨之而來的問題卻在於：愛為何也有優劣之分？

　　當然，「愛」的內涵也隨著文明化、現代化的進程而有所轉變。北美
中國文學研究者李海燕（Haiyan Lee）在其著作《心的革命》（*Revolution of
the Heart: A Genealogy of Love in China, 1900-1950*），[13] 即歷史化了「愛」在 20
世紀前半世紀的中國、如何經歷了「儒教」「啟蒙」「革命」等三個交疊
時期，而形成中國特有的「感覺結構」。[14] 李海燕透過分析這個時期重要的
文學作品，並將文學表現裡的「愛」重構為一種道德論述，在三個時期分
別展現為「發乎情止乎禮」、「改革傳統的自由之愛」以及「兒女英雄般
的革命之愛」，因而愛指的不僅是「浪漫愛」，還是對父母、國家乃至其
他人類的愛（Lee 2006）。然而，正是李海燕如此忠於呈現儒家、五四、革
命知識分子文人對於「愛（情）」的解讀與實踐，將之昇華為道德情感，
而無法（或無意）進一步揭示此道德階序背後所隱含的各種意識形態，甚
至迴避對於性與慾望的討論（Laughlin 2011）。

　　此外，就如華文文學研究者彭小妍所指出的，李海燕的研究有其地域
局限性，未能更把握中國現代愛概念轉型的核心，並提出以跨文化語言交
流來理解戀愛概念的傳播。彭小妍考證英國傳教士麥都思（Walter Henry

---

13 英文書名中譯雖為「心的革命」，但「heart」在李海燕的研究中指的是「情」。
14 這個說法即是借用自威廉斯（Raymond Williams）的「structures of feeling」。

Medhurst，1796-1857）製作的《英華字典》（ *English and Chinese Dictionary* ，
1847-1848）中，「to love」首度被譯成「戀愛」（且是以廣東話發音），
並認為「戀愛」這一譯詞，很可能影響了後來日文的複合詞「恋愛」。彭
小妍據此闡述了日本語言文化學者柳父章對「愛」及其轉變的討論，進一
步強調翻譯問題是把握某些概念轉變的關鍵途徑（彭小妍 2009：232-233）
我也注意到日本作家在日本文學中發展現代戀愛論述時，也不可避免地要
追溯日語中每個字詞的既有內涵，[15]然而，在殖民地台朝的現代愛翻譯過程
中，似乎缺乏這種語言上的協商與競爭。換句話說，台朝殖民地知識分子
似乎直接採用了「戀愛／연애」一詞來翻譯經由日本或西方語文傳播過來
的新概念，未經過語詞競逐的過程就讓翻譯後的術語「戀愛」確立下來。
從這一翻譯過程，可以觀察到文化間的「對等性假設」，也因此造就了「愛」
的普世性，我將在第一章討論愛的「制度化」時，再次回到這個翻譯問題。

　　上述研究紮實地梳理了「愛」作為一種重要的社會現象，並論及在現
代化初期的東亞社會有何歷史性的影響。本書討論「現代愛」的問題時，
也並非企圖在概念定義上追究「愛」所指為何，而是試圖拆解以其名而運
作之權力系統，建構了什麼樣的價值體系與差異主體。如美國人類學家伊
麗莎白・普維內利（Elizabeth A. Povinelli）以「愛之帝國」（the empire of
love）作為理解（美國和澳洲）定居殖民地的親密性、社會性與身體的核
心概念，並指陳：殖民者與被殖民者之間的關係，乃是透過愛的論述，重
新調整這些場域、模糊地域和關係的界線（Povinelli 2006）。受此概念啟
發，我認為這也點出了日本、台灣和朝鮮之間交錯連結的關係，並可從殖

---

15 根據佐伯順子和柳父章的研究，在江戶時期的文學中，愛的意涵是以不同的詞彙來表
　　達的，比如「色」（eros）、「恋」（吸引力／激情）和「情」（情感）。而在描述
　　性關係時，最常用的是「色」。明治後期，「愛」和「恋愛」這兩個詞開始取代文學
　　中的「色」，而為了強調關係的純粹精神時，會以片假名使用了英文術語 ラブ（愛）
　　（佐伯順子 1998：7-31；柳父章 2001）。

民時期關於自由戀愛、性論述和性主體的交織性進一步闡聯（articulate）這一連結。普維內利進一步將「愛」視為理論化「親密事件」（the intimate event）的基礎，闡明「愛」代表了一個契機的來臨：「自由選擇」透過「愛」的概念獲得一種現代政治牽引，並強化其自身的社會建構，同時也縫合個人自由與社會規範間的矛盾分裂。普維內利關注的即是「個人自由」與「社會規範」如何透過與「愛」相關的紀律模式、在殖民地生產新的生命政治和治理制度。而這些制度滲透進入個人身體和情感關係中，進而以特定模式過渡到後殖民歷史。

　　若檢視 20 世紀初期在世界各地浮現的「新女性」，這個新興主體的主要特質之一就是：他們可以自由戀愛。「自由」進入了夫妻間的連帶關係，相互自我指認、參與構成這樣的關係，這即是（西方）現代主體的基礎概念、並相對於「傳統」（本土或非西方）的關係模式。一如「愛」在 20 世紀東亞各地成為一個社會現象之時，即與「文明」、「現代」、「國族建構」等論述一同登上舞台，並且很快地被自然化為一個普遍、透明的存在。然而在上述分析中未能彰顯的問題是：殖民台朝在這波跨國現代愛熱潮中的位置為何？這兩個社會對於現代愛的全面擁抱，是透過什麼樣的機制而形成、反映什麼樣的殖民意識？

　　正如前述艾茲拉與荊子馨的研究指出的，殖民主義的問題不應該被聚焦在「種族」問題上，而是「種族主義」隱含的意識形態——人類可以依據被建構出來的差異被區分、被評價優劣。「現代愛」的問題，亦非在概念定義上追究「愛」所指為何，而是以其名而運作之知識與社會系統，建構了什麼樣的價值體系與差異主體。我將在下節進一步討論的即是：殖民台朝社會對於現代愛的全面擁抱，是透過什麼樣的機制而成為無意識狀態。若再次重申「台韓互為參照」的研究方法，我在下節將處理的不是「現代愛」在「西方現代」與「日本殖民」的源頭，也不是兩地之間在現代論述發展上有何實質交流或異同之處，而是將台韓社會並置來看，凸顯兩造之間、

以及在兩個社會內部透過現代愛運作的殖民權力系統，以及以愛體現的殖民無意識。

上述因殖民無意識懸置的矛盾狀態，就體現在「愛」的普世、客觀、透明性，不僅使之順利遊走於不同的文化之間，成功被譯入各種文化，甚至成為超然的道德準則。美國酷兒理論家羅蘭・伯蘭德（Lauren Berlant，1957-2021）指出愛的意識形態帶有「超原則」（meta-conventionality）主導性內涵（Berlant 2001），就表現在讓「相愛－結婚－再生殖」成為戀愛的終極形式，我將在最後一章進一步說明。在此更重要的是，雖然台朝知識分子在討論現代愛的過程中，也曾出現對愛的質疑，[16] 但與愛有關的、不同論述、甚至批判之間的張力，其實正正體現了詹明信（Fredric Jameson）在《政治無意識》（*The Political Unconscious*）中的見解：「在藝術與文化的象徵權力之中，統治的意志（will to dominate）依舊完好無損」（Jameson 1981: 299）。詹明信提倡對於所有文本的解讀都是一種歷史化的工作，即在檢視文本中的社會系統、政治、法律、意識形態、經濟結構、文化徵狀等元素，以揭露主宰文本的意識形態和社會矛盾。文學作品在人們對解決現實矛盾的期待落空時，得以作為象徵方式來表達人們（集體的）無意識願望之行動，然而統治的意志經常隱藏在這些象徵式表達中，即他所稱的「政治無意識」。艾茲拉則依此申論：「在任何事物之上的統治意志，即是殖民無意識的特性」，這樣的狀態深植於當代法國社會，即使法國一直作為殖民者也無法自身其外。（Ezra 2000: 6）透過詹明信討論的文學象徵與其中難以擺脫的意識形態，以及艾茲拉對於殖民無意識的闡明，我將進一

---

16 例如下列各篇皆因戀愛流行後而產生多樣的親密關係（如婚外、多角戀、私奔等）而提出批判：〈這也是戀愛嗎？〉，《臺灣民報》96 號，1926 年 3 月 14 日，12 版；〈戀愛自由中不自由神聖中多詐欺〉，《臺灣日日新報》，1929 年 8 月 13 日，4 版；〈時下青年與戀愛問題〉（현하청년과연애문제〔1-3〕），《東亞日報》（동아일보），1926 年 2 月 2 日至 27 日，1 版；〈戀愛的弊端〉（연애의폐단），《東明》（동명）37 號，1923 年 5 月 13 日，頁 12。

步檢視「現代愛」如何體現為現代社會關係中無處不在的統治意志：即使
提倡者信仰其精神文明啟蒙力量，卻也無意識地強化、重複殖民意識形態。
我也將呈現，這在台朝殖民情境中代表了人們想要解決殖民處境與社會現
實的慾望、卻又無法有所作為的矛盾狀態；而「愛」的普世文明價值、及
其被賦予的自主性與革命性內涵，在象徵層次受到召喚、並滿足了行動的
慾望與落空。這整個過程，就是「愛的無意識」的表現，我將透過本書各
章節的討論仔細辯證。

四、本書的內在系譜

透過上方初步的歷史化與理論化梳理，我將接續以五個主要章節處理
「愛」的各種時間性，包含：翻譯與文學如何共構「愛的制度化」，資本
主義發展初期造就的「愛的戀物化」，現代化科技資本發展下殖民生活中
的「殆盡之愛」，以及前述機制如何造就「同性愛」、「殉情」這兩組現
代愛的變異。

第一章分析兩地「現代愛」的翻譯與制度化，及其如何同時生產了各
種「性主體」與「性別化的國族主體」，並以此強調：以「自由」、「戀
愛」為名的進步論述具有「解放－壓迫」的雙重特質，看似解放某些個人
的言論，必也同時創造了受壓迫的對象。本章主要的論點為：兩地的自由
婚姻與戀愛論述皆主張婦女解放或女性啟蒙，讓女性產生自主慾望；而以
自由戀愛、文明啟蒙為名衍伸出一套規範女性主體的論述，並由此再延伸
出規範其他新興主體（如：兒童、青少年、女學生、新女性、同性愛者等）
的現代科學論述。再者，新女性主體則被視為社會威脅，經常在戀愛實踐
中被賦予負面形象、或以失敗告終，反而成為自由戀愛不自由的證明。在
這些規範性論述中，女性的再生殖功能是富國強兵的前提；在文學表現中，

沒有生殖功能的性與愛都受到壓抑，因而衍生出接續各章討論的「愛與金錢」、「娼妓」、「殉情與同情」與「同性愛」等社會現象。

第二到五章正是要細緻分析在現代愛論述中生成的同性愛者、殉情者、通姦者、娼妓、及各種「性倒錯」者。這些「他者」，或說新興的性主體，在戀愛論述流行不久後即一一冒現，並確保了殖民主義、父權結構、資本主義、異性戀霸權之間的結盟。如第二章「資本主義初期的愛情：李光洙與徐坤泉小說中的愛與金錢」以「愛的戀物化」討論兩部羅曼史小說中的「愛」如何通過跨文化交流和資本主義的成長來獲得其普遍性與交換價值。第三章探問「愛」如何再現為不可觸及的親密關係，並以現代主義代表性作家李箱與翁鬧的小說、討論殖民日常政治中的矛盾性，此矛盾性體現於現代愛追求過程中永恆的挫敗與耗費，我將之稱為「殆盡之愛」。第四、五章以「情」的變異為題，聚焦「同性愛」與「殉情」兩組文化／社會現象，並觀察其中的抵殖民文明傾向。殖民時期關於「自由戀愛」與「性教育」的各種相關論述中，可以清楚觀察到一支由此衍生出來的重要類別——同性愛的出現。第四章即細緻討論同性愛詞彙的出現、報章論述與文學再現，凸顯這一詞彙展現的是壓抑情慾、強調精神文明的親密關係想像。第五章則進一步討論「殉情」如何反映未能擺脫殘留的傳統婚姻價值者，凸顯出社會轉型之際的適應（與不適應），以及「殉情」與「同性愛」間的交織性。

我將透過上述各章節提出：表面上看來這些人如同「愛的失格者」——特別是因為與「性」有關而失格——但在「愛」成為規範性、常態準則之前，這些人就已經存在了。這些主體之所以被命名、被召喚、進而被分化（如新女性跟妓女被理解為互不相干），乃是因為新的社會制度、社會關係、及其背後的各種權力機制運作使然，殖民統治與國族建構亦需要更細緻、更全面的規範技術。這樣的歷史遺緒在當代社會持續發揮作用，並表現為結論章節所稱的「愛的無意識」、以及當代性別運動中的矛盾之愛。結論中提出，為實現「愛的去殖民」，必須試圖讓這些愛的他者辨認出彼

此，並進而結盟成「不被想像的共同體」，成為不再只是被召喚、被言說，而是能夠自己發聲的主體。從愛的內涵著手、一一拆解各種權力關係，即使仍是未竟之功，也是本書嘗試思考去殖民的可能路徑。

愛的
制度化

翻譯、文學
與性學共構
的現代愛

　　「現代愛」在 20 世紀之交出現在東亞社會之前，儒教、儒學或儒家思想作為東亞社會千年來共享的一套重要的社會文化準則，[1]於 19 世紀末首次遭遇全面性的批判，論者在考量東亞（殖民）現代性之時不得忽略此一重大變革。[2]特別是，這波透過現代愛來批判傳統的浪潮，乃源自一批原本深

1　我在此特別指出：儒家思想中最重要的一套社會文化準則乃根植於特定的親屬關係並由此延展出一套社會階級關係。個人在特定的位置、根據他人的特定關係有其必須服膺的義務，並因此同時與多人發生社會關係。如華裔美籍漢學者羅莎莉（Lisa Rosenlee）曾闡述儒家性別論述系譜，指出儒家除了以「仁」（德）和「家」為核心的特質以外，男女在分工中著實有「內外」之分。「男主外」指涉的是文（學識）、任官與經濟，透過知識教育與施政將仁德向外擴展；女主內則指女性扮演妻子或母親，以德育安順、勸教家中的成員。這種內外之分亦頗符合前述二元的相生協調，並且，內外其實是交織在一起的，「女性所處的『內』領域恰恰是政治秩序的中心，……在這裡，家庭、社會環境和政治秩序彼此緊密聯繫」（羅莎莉 2015：97-98）。對於儒學在東亞的規範性內涵之研究，可參考：子安宣邦。2005。〈「東亞」概念與儒學〉。《東亞文化圈的形成與發展——儒家思想篇》。童長義譯。台北：臺大出版中心。50-54。周婉窈。2001。〈失落的道德世界——日本殖民統治時期臺灣公學校修身教育之研究〉。《臺灣史研究》8 卷 2 期。1-63。

2　例如，日本近代最具代表性的啓蒙思想家福澤諭吉（1835-1901）在 1882 年寫就的〈德育如何〉即在批判時下儒學家的封建思考，鼓吹以新式教育培養具個人性的大眾，將個人獨立性優先於社會關係，首要從舊式婚姻棄臼解放個人，因而延伸出提倡自由戀愛、男女基本受教權等思想。　韓國現代文學之父李光洙（이광수，1892-1950）亦在 1916 年的〈何謂文學？〉一文中申論其文學理論、文明以及「情」的概念，並嚴屬的批判儒學傳統中的道德規範，以及朝鮮民族對於中國文化的依賴阻礙了自身的進步。魯迅（1881-1936）亦透過文學創作與評論展現其批判意志。他於 1918 年在《新青年》以白話文發表的〈狂人日記〉將儒教傳統中的壓迫性本質（家族制度與禮教規範）斥責為強食弱肉、「吃人」的社會。以上討論資料請見：福澤諭吉。1959。〈德育如何〉。

受儒學洗禮的知識分子自身的思想變革。我認為，19 世紀末期的這批東亞知識分子對於儒學傳統的批判指涉了兩個潛藏的意識觀點：一是傳統儒學象徵了需要被揚棄（以目的論進步觀點劃分）的前現代，二為提倡人類從傳統儒學規範脫離開來，是為了將個人從舊有的社會關係解放出來，以服膺新的國族結構。[3] 以 20 世紀初期台灣開始出現的社會論述為例，有 1909 年的〈品紫題紅〉[4] 直言「本島婦女。沿襲支那舊習。墨守聖賢禮教。以為男子治外。女子治內」，批判儒家聖賢禮教為落後舊習，更提倡對於既有性別分工的改革。這樣的論點在家庭與社會關係逐漸改變、女性開始進入公領域從事不同職業工作後，更加常見。如到了 1920 年代，出現像〈女子職業問題〉[5] 這樣的評論，認為女性從業後就能「不恃男子、可免依賴性、並可維持家計、男女可以實現平等了」。前述兩點變化即促成了婚姻制度的改革與家庭制度的轉型，將個人從傳統親屬關係解放出來，提倡自由戀愛與現代教育等新的舉措。因此，關於戀愛、性（別）、婚姻等論述在此一時期各類公眾辯論與出版刊物之中隨處可見，這些論述亦暗示了自由戀愛經驗即為重新發現自我的時刻，在（部分透過日本殖民經驗）移植西方現代性的過程中扮演極重要的一環。

　　緒論中提及，日本文化學者佐伯順子在《「色」與「愛」的比較文化史》一書中仔細分析了「戀愛」論述在日本現代化進程中扮演的重要角色。根據佐伯順子的研究，明治時期的日本知識分子與作家為了改革男女間的傳統婚姻關係而引進西方基督教的「love」概念，實則反映了日本遭遇「現

《福澤諭吉全集》5 卷。東京：岩波書店。349-364；李光洙，〈何謂文學？〉（문학이란하오），《每日申報》（매일신보），1916 年 11 月 10 日至 23 日；魯迅，《狂人日記》，《新青年》4 卷 5 號，1918 年 5 月 15 日，頁 414-424。

3　這點展現在女性身上最為明顯，男女共同參與的是崇尚西方進步價值以及對父母媒妁專制主婚的批判（洪郁如 2017：205-244）。

4　〈島政要聞　品紫題紅〉，《臺灣日日新報》，1909 年 5 月 8 日，2 版。

5　〈女子職業問題〉，《臺灣民報》3 號，1923 年 5 月 15 日，11 版。

代性」時的思索。當時知識分子與作家直接以片假名「ラブ」（rabu）、或以漢字「愛」指稱「love」。佐伯在追溯「色」與「愛」的概念演變時發現：在德川幕府時期，「色」專指性行為或情慾，且與婚姻或貞操概念無關；到了明治時期，「色」逐漸被「愛」取代，指涉內在精神層面的感情關係。佐伯在書中分析了 1885 年以降的日本文學作品（如坪內逍遙、尾崎紅葉等人的小說），觀察到明治時期之後的作品中，男女關係逐漸以大量的精神性描繪取代身體性的接觸這一轉變（佐伯順子 1998）。

　　從「色」轉移到「愛」的演變，即是 20 世紀初東亞各地的戀愛論述共享的時代現象：不僅出現了男女間新形態的婚戀模式、平等概念，也影響了 1910 年代之後的同性情慾認知（如「男色」、及其後專指女女間情慾的「同性愛」）。另外需要注意的是，這類自由戀愛論述使得人們將性的慾望視為個人慾望，並透過概念化「自由」、「愛」以反映個人私領域慾望的自主價值。然而隨著社會的現代化與科技發展，各種公領域（學校、大眾交通工具、咖啡廳、百貨公司等）的創造、浮現，反倒成了促成人們相遇、戀愛、實踐私領域情慾的場所，公、私領域的界線自此曖昧模糊化了。至此，透過各種新制度、知識的參與，「愛」成為不同社會領域、不同層級的人士都競相擁抱提倡的文明精神價值，促成一波以自由戀愛解構傳統婚姻家庭的革命。此一改革運動從表面上來看，提倡平等開放給所有人類參與，因為無論性別、種族、年齡、社會階級，愛是普世、透明、平等相待所有人的。

　　然而傳統儒教社會（儒學治國）即鏡射了家庭模型（國家的原子單位），其中女性被賦予的性別價值、從屬地位並未簡單地透過愛就地解放。其中，在 20 世紀前半期於東亞各地不斷出現的「賢母良妻」口號即是最顯著的證明。[6] 當時啟蒙知識分子以教育為手段，為改善婦女地位（實則為「改

6　此一婦女教育是由日本明治時期的教育家暨思想家中村正直（1832-1891）所提倡的一套塑造理想女性的典範論述。中文的「賢母良妻」在日文、韓文中皆有確切對應的詞彙與論述：日文為「良妻賢母 Ryōsai Kenbo」韓文則是「현모양처」。魯迅在 1925

良」婦女），特別針對「婦女問題」生產諸多論述，而這種傾向則普遍存在此一時期東亞其他地方的（男性）知識分子身上，我將在下節仔細討論。

一、解放與壓迫：現代愛的雙重機制

殖民時期知識分子提倡現代家庭制度與現代「愛」的同時，也服膺了國族建構的想像，我將以「性主體」的建構來討論在殖民框架裡、國族建構與性治理之間產生的矛盾衝突。再者，此時的東亞社會轉型正遭遇了已故法國哲學家和思想史學家傅柯（Michel Foucault，1926-1984）於《性史》（*The History of Sexuality*）第一部中所闡明之性部署的歷史轉變：由「聯姻部署」（deployment of alliance）轉向「性部署」（deployment of sexuality）。傅柯基於法國與其他西方社會在 18 世紀開始現代化發展之際出現的治理技術與權力系統的研究，觀察到因應社會結構改變，諸如人口控制、優生學、心理學等知識的出現進一步改變了人們的日常生活，讓治理權力進入到私領域（生育、女性角色、性關係的分類），這即是他所稱的「性的部署」。而在本書研究的台朝社會、乃至東亞漢文圈與儒教社會，此一歷史轉變乃伴隨著家庭的政治經濟轉型（核心家庭出現、傳統家族制度沒落、崇尚個人自由戀愛、傳統聯姻取消等），換句話說即是（傳統儒教）親屬關係的全面解構（Foucault 1984: 75-132）。家庭轉型（但其影響並未消失）帶來的是社會關係的轉變與各種新興主體的出現；「性」的治理，除了透過家庭，

年發表的〈寡婦主義〉一文裡即提到「從日本留學回來的師資就不在少數了，還帶著教育上的各種主義，如軍國民主義、尊王攘夷主義之類。在女子教育，則那時候最時行，常常聽到嚷著的，是賢母良妻主義」。請見：魯迅，〈寡婦主義〉，《京報》副刊《婦女周刊》週年紀念特號，1925 年 12 月 20 日。文引自魯迅。2005。〈寡婦主義〉。《魯迅全集 1》。北京：人民文學出版社。278。相關論述研究，殖民朝鮮方面請參考：Choi Hyaeweol 2009。日本則參考：Koyama Shizuko 2012。

也擴及到其他新興社會制度（軍隊、學校、消費……）展現其知識權力技術。然而，此一時期的作家、醫學科學家、教育家和知識分子為了喚醒、拯救人們脫離被殖民的命運，在提倡、實踐浪漫愛和現代主體的創造敘事時，未能擺脫西方與殖民霸權的陰影，亦未能超越國族主義的兩難困境。

因此，「現代主體」的建構展現了兩個複雜面向：一方面，個人透過西方啟蒙現代性與日本殖民現代化過程洗禮，被塑造為一理性、自主的主體；在另一方面，現代主體又是作為一種帶領民族社群抵抗殖民權力的社會存在、引導者。在現代主體的建構過程中，殖民知識分子（或留學西洋、或透過日本）有機會接受西式教育，並發展為新興政治主體，始得以在邊緣位置發聲，發展各種政治主張與社會論述。特別的是，愛和愉悅等精神範疇滲透到日常生活，創造了一種新的生活方式，「性」的慾望由此被放置在混雜的新文化中心，並在此時期留下可觀的相關論述。我將於下節分析此一時期不同的性主體、是如何在此龐雜交錯的性論述中被建構且相互關聯。

日本文化研究學者莎賓・弗魯斯杜克（Sabine Frühstück）在其討論日本「性殖民」的專書中，特別針對「性」的殖民策略中的複雜權力關係展開研究。此一複雜權力關係則被標幟在「身體的規訓」與「大眾規範」這兩組特殊的技術之中。弗魯斯杜克分析了現代日本社會如何在理解「性」的過程中，「揭示了權力在小規模方式中的運作——在科學、大眾知識、科學的政治用途，以及日本和其他國家的文化在性學領域知識之間的相互作用而產生的各種矛盾衝突」（Frühstück 2003: 2）。台灣與朝鮮作為日本殖民地，在殖民現代性論述之下建構性知識與各種性主體的過程中亦展現了類似的矛盾。例如，在諸多被建構、並逐步受到規範化的性主體之中，女性是最能展現現代性矛盾的複雜主體。在其被再現的脈絡、框架中，有著延展的形象與社會意義。女性經常被再現為製造或質問現代性意義的性別化場域（gendered sites）——被描述為體現現代性的主體，卻同時又是現代

性的「她者」；透過圍繞在女性周邊的知識生產、我們能夠看到各種社會制度如何投注不同的知識權力在其身上。

　　而自 19 世紀中期起，東亞各社會因應戰爭需求開始軍隊人力動員，男性身體成為把個人規訓為國家主體的目標場域。例如日本在 1872 年設立「鷄姦律条例」，[7]即為管制消弭武士階層文化內部存在已久的同性間性交行為；同年亦頒布「徵兵詔書」（隔年頒布「徵兵令」），進一步規定二十歲以上男子皆強制要求服兵役。為求強兵，軍隊內開始執行一波波衛生措施，且直接觸及個人身體的管束與塑造；同性間肛交與買春等性行為的管制，更是直搗個人性慾望的中心。其中，性病防治舉措使軍人與娼妓成為性病論述標的，受到軍隊與警察等權力機構的調查管制，成為知識權力技術的籠中物。但是這類性病防治論述並未局限在軍隊或性交易範圍內，而是更進一步以「醫療科學」權威論述為名，將此類性治理擴及至常民生活。最簡單的證明即是此一時期充斥在報紙、雜誌等大眾出版品內的淋病治療廣告。當時日本殖民政策亦透過基層警員宣導性病防治與性病知識，若細讀官方為衛生警察編製的語言學習教材《語苑》中有關花柳病防治的內容，我們可以清楚看到官方論述中的性病（花柳病）如何滲透至一般家庭（買春／開查某），其結果將是危害優生學，孕育出具有缺陷的下一代（精神病者、低能兒）。這類教學內容暗示了「性」的重要功能即是生殖（再生產），並將婚外性與疾病、以及其他「非正常主體」連結在一起，排除在現代性的慾望之外。[8]

　　而由軍隊男性身體與性行為開啓的「性的規範化」（the normalization

---

7 日本於明治五年（1872 年）頒布「鷄姦律条例」、並於隔年 1973 年頒布「改定律例」，依據刑法第 266 條將男子間的肛交性行視為犯罪。然而後於明治十三年（1880 年）制定（1882 年 1 月 1 日實施）的舊刑法並未包含此規定。自此日本法律中未再出現相關法條規定。請參考：日本法令索引——明治前期編。（來源：https://dajokan.ndl.go.jp/#/detail?lawId=01607980&current=1，上網日期：2022 年 4 月 13 日）

8 〈第十六課　花柳病豫防取締〉，《語苑》33 卷 2 號，1940 年 2 月，頁 93-100。

of sex）論述逐漸以衛生醫療名義擴及到一般生活，其核心目的是為了培養一個強健、進步的帝國體質。接著自 20 世紀初期起，整個東亞社會極力促成傳統家庭模式轉型，但也使新的家庭制度成為一個權力分部，國家機構的監管透過醫療和教育機制逐漸增強，並將興趣轉移至女性身體的規訓。若從男性知識分子撰寫的大量關於「婦女問題」、「女性解放」的評論文章來看，知識分子在促進婦女的社會權利、教育和自由意志的同時，亦剝奪了婦女追求自我與獨立的資格，從而再現了傳統父權體制對婦女的壓迫。例如，當朝鮮男性知識分子在提倡自由戀愛的同時，總是將矛頭指向批判「新女性」；具代表性的事跡之一，即是作家和文學評論家金東仁（김동인，1900-1951）根據著名的新女性金明淳（김명순，1896-1951）的生平寫成的《金妍實傳》[9]（서지영 2011：229）。金東仁在書中毫不留情地批評新女性不懂文學也不懂愛：「（金妍實）所理解的愛只不過是性交。文學就是愛，而愛不能被性分開。……雖然從艾倫凱和廚川白村那裡學到了愛的觀念，但出生在朝鮮的金妍實不知道戀愛是什麼意思。」（pp. 33-34）金東仁在此所暗示的是，新女性一味地追求愛情的時尚，卻無法理解愛情的文明和精神，僅止於性的實踐。然而，這種批評與這些知識分子為人民所提倡的「自由戀愛」的本質背道而馳。此書主角金明淳雖為新女性，是殖民時期重要的女性作家、電影與話劇演員、也身兼記者工作，但就如台韓文學研究者崔末順在其研究中言及，其生母為藝妓，因此自小受人欺侮，在文壇嶄露頭角後也經常因這個身分受耳語傷害。因此金明淳的作品不斷回到這一身世問題，並描繪出不與傳統制度妥協的女性角色（崔末順 2013：253）。金明淳的例子表明，在批判儒家、建國的整個過程中，現代愛論述在將女性培養為新的民族主體與強化對女性的傳統和規範觀念之間搖擺不定，因此

9　金東仁（김동인），〈金妍實傳〉（김연실전），《文章》（문장）1 卷 2 號，1939 年 3 月，頁 2-52。

需要在各方面實驗各種可能的規訓方式。我在此歸納出三類有關規訓女性身體的論述，並分別舉出殖民時期朝鮮、台灣的報紙刊物上的報導、論述為例加以說明。

（一）此一時期社會的資本主義化與殖民現代性結合，透過提倡自由戀愛、婦女教育與消費文化創造新的女性主體，例如女學生、新女性、摩登女等等。但是這些女性經常被批評為西方文化的盲從者，而整個社會同時又從這類女性身上得到感官刺激與新的慾望，因而許多報刊文章皆展示了殖民台灣及朝鮮的大眾論述中對於女性身體衣著的批判。《臺灣日日新報》以〈美國西班牙取締挑發的衣服　可為臺灣女學生鑑〉[10]一文報導歐美社會批評已婚婦女及青少年未婚女子穿著短裙有害「風化」之新聞，當作自身文化之「借鑑」，暗示日常生活西化之餘，仍應繼續學習西方之「文明」。而殖民朝鮮婦女生活雜誌《新女性》則常以時事漫畫諷喻時下女學生文化。如 1925 年一幅「街頭的女學生」[11]即為批評女學生應當努力向學卻衣著招搖（短裙、長外套、短髮、高跟鞋）過街，圖中男性面露不以為然的臉色，另兩位女子則興味盎然地打量著他。諸如此類的有關女性「斷髮」、「制服」、「解纏足」、「短裙」等身體性的討論，在在展現了當時社會對於女性身體解禁感到不安卻又心神嚮往的矛盾。

（二）此時亦有一批醫學專家特別針對女性身體構造、器官功能生產大量論述。殖民時期執業醫師、臺灣文化協會創立者之一的蔣渭水即曾以「婦女衛生」為題，在《臺灣民報》發表系列專欄（共八章）為讀者詳細引介有關婦女生殖器官、月經妊娠等衛生醫療知識，甚至從生理健康論及女性精神生活。他表明：就生殖、養育子女而言，婦女的責任大於男性，

10〈美國西班牙取締挑發的衣服　可為臺灣女學生鑑〉，《臺灣日日新報》，1928 年 1月 3 日，4 版。

11《新女性》（신여성）3 卷 6 號，1925 年 6 月，頁 34。

因此講究婦女（生殖器官）衛生問題至關重要。[12] 然而此專欄並非單純介紹女性身體構造與器官功能的學理知識，亦偷渡許多（針對女性）規範「性」的訊息，例如禁止手淫、裸露；甚至把月經與精神異常連結，觸及婦女身心內外的規訓論述。[13] 在殖民朝鮮，多數與婦女衛生有關的論述皆來自婦人科醫師尹泰權（윤태권）。他在婦女雜誌、《東亞日報》等報章雜誌發表許多女性妊娠相關的醫學專論，內容除了仔細探究並建構大眾對於女性身體的想像，亦透露許多如何「控管」女性身體的訊息：醫學權威對於女性生殖功能投注的論述資源與「優生學」、「人口控制（產兒制限）」和「家庭計畫」相關。若前述對於女學生等資產、知識階級女性的規訓有特定階級對象與文化範圍，生殖與人口控制則把知識權力技術範疇擴及到社會各階層女性身上。

（三）繼衣著舉止、生殖功能等物質身體性規訓論述之後，一批精神病學與性學家則針對女性的情緒與心理狀況生產規範論述。如在《臺灣民報》諸多引介西方醫學與本土醫學專家關於女性心理與性慾的文章中，有一篇題為〈婦女們變成神經病嗎？心理學家判斷是的〉[14] 的翻譯文章，其內容對於女性的描述十分負面且帶有敵意，認為女性缺乏管束與自我意識故好發情緒問題、「很少成就幸福」。譯者克良在翻譯文後加論女性情緒問題或許源自社會地位、資源劣於男性、並鼓勵女性為自己發聲。殖民朝鮮則在此一時期將男女精神問題與性慾問題結合，時時可見女子因精神問題

12 蔣渭水，〈緒論　婦女衛生的必要〉，《臺灣民報》2 卷 12 號，1924 年 7 月 1 日，頁 12-13。

13 他在同一系列專欄〈第二章　發情期和月經〉中的「第五、月經時與犯罪關係」一節將女性月經與精神問題連結討論，發表了「女子在月經時，能使其精神起異常的變化，致自制力微弱以至演出種種犯罪的事實，如竊盜、放火、淫亂、殺夫、害子、或色慾異常興奮、或抱悲觀感情而起自殺的慘事 ……」這般頗具偏見的內容。詳見：蔣渭水，〈第二章　發情期和月經〉，《臺灣民報》2 卷 13 號，1924 年 7 月 21 日，頁 14。

14 Basil Fuller 著，克良譯，《臺灣民報》190 號，1928 年 1 月 8 日，頁 8。

「自殺」、「情死」之報導討論。知識分子並引介德國神經學家及心理學家馮克拉夫特－埃賓（Richard von Krafft-Ebing，1840-1902）的《性精神病態》（*Psychopathia Sexualis*，1886）與英國人類學家哈夫洛克・埃利斯（Havelock Ellis，1859-1939）的《性心理學》（*Psychology of Sex*，1897）等歐美學說著作，[15] 精神病學與性學相互補充，創造出「變態性慾」這樣的類別，「性」的規範化論述也自此全面開展。

　　女性的社會角色與地位確實隨著教育普及、傳統家庭轉型起了劇烈變化，但是綜觀此一時期對儒學的批判與民族（文學）再造，對於自由戀愛的論述乃基於「教養」女性的意識傾向擴展開來。女性在此一波論述與文學創造中的形象總是同時代表了新與舊（例如殖民朝鮮的新女性與妓生、[16] 日本文學中的傳統母親與反叛女兒），並經常在從舊家族過渡到新家庭的過程中遭遇失敗（被再現為無知的、脆弱的形象或以自殺終了）。再者，不論基於哪種意識型態與性別差異，自由戀愛的劇本總是設定為富含「個人選擇自由」的特質。然而，「選擇」就如美國人類學者凱絲・威思頓（Kath Weston）對於親屬關係（即血緣主導的家庭想像）的酷兒式閱讀，乃是一種「個人主義式的，或說，布爾喬亞式的『我』的主體權力概念，形構人們與事物間未受到世俗普遍限制的各種關係」（Weston 1991: 110）。威思頓的闡述意味著：越同質化、均質化的社會，越傾向賦予特定符合資格者「自由」與「選擇」的權利。一如我將在後續分析中揭示，在台朝現代愛

---

15 金允經（김윤경），〈性教育的主張〉（성교육의 주창），《東光》（동광）11 號，1927 年 3 月 5 日，頁 26-34。值得注意的是，這兩位精神病學、性心理學家以及馬格努斯・赫希菲爾德（Magnus Hirschfeld）等歐洲性學學者的論說與著作，當時在東亞各地廣為流傳與翻譯，對於東亞社會性的概念化有一定影響。

16 妓生（기생）為朝鮮王國傳統藝妓，自小學習各種學問琴棋詩藝，主要為服務皇宮貴族等上層階級。妓生一般出身貧苦，屬賤民階級，與上層階級者通婚僅得以為妾，不得為正妻；妓生之女依法僅能從母職，階級無法流動。亦有貴族女性因越軌行為被貶為妓生。在殖民朝鮮知識分子眼中，妓生因其性別與階級特殊性經常被視為傳統封建的象徵，對比於崇尚婦女解放之新女性。

熱潮中允諾的「自由」權利，讓追求這一精神價值成為個人選擇，然而「選擇」的能動性確實並非如表面看來的具反省性與自主性，而是受到殖民權力的（再）強化。

　　當然，以上論及的對於身體與性的知識權力並非僅施展於女性，而是程度不一地展現在社會各階層人士身上。女性之所以成為這幾波論述之重要標的，乃如我前面簡短論及的，與其傳統家務角色、生殖功能和國族建造密切關聯。而由此延伸出來的即是兒童的教育與性化。兒童的主體化在此一時期也透過性／教育、優生學與人口控制確立。這些知識生產的努力就如莎賓·弗魯斯杜克所言，乃是帝國、國族建構過程中「防衛與安全修辭」（the rhetoric of defense and security）的展現，被「應用在對於國家、公共健康和性的看法，並與這些認知產生連結。這也與解放的語言——和與其相對的『壓迫』——綁在一起」（Frühstück 2003: 5）。殖民現代性的內涵同時是解放也是壓迫，只是後者經常在以文明進步為名的社會轉型中隱而未顯（或被刻意忽略）。我將在本章後半部分以台朝殖民文學生產為主軸，對這樣的「解放—壓迫」雙重結構進行申論。

二、現代愛的制度化（一）：翻譯問題

> 「沒有婚姻的戀愛是可以想像的，反之則未然。」（李光洙，〈我對婚姻的看法〉，1917 年）

> 「一般可憐的人，對於兩性關係，只知道有性交和生殖作用，而不知有尊貴的神聖的戀愛，這班人實在是沒有生的價值的可憐人…」（張我軍，〈至上最高道德——戀愛〉，1925 年）

朝鮮於 1894 年開始的甲午改革，在國家主權建立、社會階級廢除、韓文的提倡、婚姻制度改革等，皆有明確的改革進程。特別是婚姻改革促成禁止童婚（將結婚年齡提高至 20 歲）、寡婦可改嫁等制度性變革，其核心精神即為「自由婚姻」的倡導。在 1900 年代，婚姻依舊是社會親密關係的主要形式，但此時各個社會主體（不同的階級、性別、年齡）間的階層關係已在「文明啟蒙」、「新國民」運動中，因為「自由」、「平等」等價值的倡導下逐漸鬆動。如〈男女同等論〉[17] 這樣的文章雖然將個人特質與家庭背景分開來看，認為門當戶對已不是擇婚的必要條件，但也同時將優生學（聰明健康男女的配對）引進婚姻體制；又如《獨立新聞》社論[18] 所宣導的，認為這將有助於促進民族的文明化。特別是 1919 年三一獨立運動失敗後，政治上的挫敗讓朝鮮知識分子訴求個人自主；「自由婚姻」的口號很快由「自由戀愛」取代，表明社會變革同時影響了殖民地知識分子對現代愛的塑造。

根據韓國文學研究者權萊[19]（권보드래）的研究，「연애」一詞曾出現在文化運動者崔南善（최남선，1890-1957）1910 年對（Victor Hugo，1802-1885）的《悲慘世界》（*Les Misérables*，1862）的節錄翻譯中。韓文翻譯使用了「戀愛黨」這個詞（以漢字表示），但意義上是用來描述「愛花、吹笛子、寫粗俗歌曲的角色。他對人有同情心，對女人感到悲傷，對孩子微笑，對革命者領先於貴族懷有強烈的仇恨」（권보드래 2003：192）。在此須指出的是，崔南善的韓文譯本發表在他創立的文學雜誌《青年》（1908-1911），且其翻譯來自日文譯本，而不是法文原文。因此，「戀愛黨」一

17〈男女同等論〉，《大韓每日申報》（대한매일신보），1907 年 7 月 3 日。
18〈論說〉，《獨立新聞》（독립신문），1898 年 2 月 12 日。
19 권보드래教授的名字不如一般韓文姓名大多有其對應漢字（sino Korean），因「보드래」是「純韓文」（native Korean），經與本人確認後，以「權萊」為中譯名。特別謝謝
장수지協助聯繫。

詞可推測是採用日本的創作，這在其他文學翻譯中也可以找到類似的情況。如「戀愛」一詞最早出現在《每日申報》上的連載小說《雙玉淚》（쌍옥루，1912-1913）中，緊接著在 1913 年開始連載的小說《長恨夢》（장한몽）中，也使用該詞，由此韓文的「戀愛」一詞開始流通。需要說明的是，這兩部小說主題都是戀愛，也都是作家趙重桓（조중환，1863-1944）「翻案」自日本小說的改編作品，日本人對現代愛情的體驗極大地影響了殖民地朝鮮愛情的發展，因為兩國共享一種跨國翻譯模式，這我將在下章繼續討論。

　　在此跨文化交流下，英語「love」或漢字「愛」，在韓語中主要有兩個翻譯：「연애」和「사랑」。權萊在其研究中指出，兩者之間的顯著差異則是：「（翻譯後的）연애這個字眼僅指涉男女之間的愛。來自／對於上帝、人類、父母或朋友的愛不是연애。……사랑這個詞……是廣為人知的，來自사랑하다這個詞，且長久以來用於『想到／感覺』之意。……基督教進來後，사랑逐漸廣泛地用於表示上帝的愛。到了 20 世紀，這個詞也被用於民族論述……사랑首先在上帝和國家的背景之下有了正當性」（권보드래 2003：15-16）。權萊認為，「在整個二十世紀，愛在基督教和愛國主義的影響下成為一個公共價值，因為基督教宣揚愛的倫理，並強烈鼓勵民族國家的形成對國家的熱愛和熱情」（권보드래 2003：204）。但即使「연애」和「사랑」所指不同，但在意識形態上有諸多重疊之處。

　　韓國現代文學之父、社會改革運動家李光洙（이광수，1892-1950）曾以「愛」為題書寫多種長短篇小說與社論，[20] 並以「情」的文學論、及第一

---

20 如：〈愛？〉（愛か？，1909）、《無情》（무정，1917）、〈愛〉（사랑，1924）、《有情》（유정，1933）等。李光洙最知名的作品《無情》1917 年開始連載於《每日申報》，因為以純熟的新小說風格與純韓文使用能力寫成，被喻為是韓國現代小說之始。他接續幾篇創作，如〈愛〉、〈有情〉、〈愛慾的彼岸〉、《再生》等皆維持一定的主題：戀愛與婚姻、男性知識分子的道德選擇、女性啟蒙、新舊女子間的對比、新女性的墮落。（上述討論請參閱：박혜경. 2009.「계몽의 딜레마 - 이광수의 『재생』과『그 여자의 일생』을 중심으로」， 『우리말글』46, 291-321.

部以純韓文書寫的長篇小說《無情》（무정，1917）奠基韓國現代文學的
發展；而他個人的婚姻關係，也經常被視為是現代自由婚戀的代表。[21] 當李
光洙開始在《每日申報》連載《無情》時，亦發表了〈我對婚姻的看法〉[22]
一文，並陳言「戀愛是個人幸福中最大的幸福」，而「進化的戀愛最重要
的特徵……即健全發育的青年男女的戀愛」（p. 28）。「戀愛」在當時的
社會共識是附屬於「婚姻」的，而婚姻除了透過自由戀愛得到幸福，更重
要的是能生育傑出的後代。但李光洙進一步將「婚姻」與「戀愛」分開來談，
認為「沒有婚姻的戀愛是可以想像的，反之則未然。」這個看法得到當時
大多數青年的擁戴，讓個人得以想像自主，個人自由得以與家國並存。

　　20 世紀初期也是台灣社會大量討論婚姻問題的高峰期。從 1895 年日
本佔領台灣到 1911 年辛亥革命的勝利，急欲實現「自由」、「平等」、「革
命」等精神的願望充斥人心，亦加速了社會各個方面的改革。在當時公共
媒體上可見關於自由婚姻的論述，總是與倡導文明、種族優越和保家衛國，
以及對傳統婚姻和家庭制度的批評一同出現。如翻譯自日本明治維新代表
性知識分子福澤諭吉（1835-1901）所著的〈男女交際論〉一文，已將男女
間的肉慾與禽獸相比，同時又批判男尊女卑之舊習，兩者皆以文明觀批判
優劣。其他文章如〈自由結婚〉宣揚「發達愛情。保成黃種。文明進步。
羨君青年」；或〈自由結婚辯〉曰結婚者「不獨為男女二者，為子孫繼續也，
為社會成立也，為國家保存也」。[23] 接著在 1910 年代後期，一系列國際事
件（特別是五四運動）與在地社會制度改革，激起了個人內在性的反思。在
這個背景下，1920 至 1930 年代，浪漫愛和自由婚姻等現代觀念在中文世界

---

21 〈戀愛結婚로멘스〉，《別乾坤》5 卷 2 號，1930 年 2 月，頁 46-53。
22 李光洙，〈我對婚姻的看法〉（婚姻에 對한 管見），《學之光》12 號，1917 年 4 月
　　19 日，頁 28-37。
23 以上各篇文章出處：福澤諭吉，〈男女交際論〉，《臺灣日日新報》，1900 年 4 月 8 日，
　　6 版；〈自由結婚〉，《臺灣日日新報》漢文版，1906 年 7 月 7 日，5 版；雪，〈自
　　由結婚辯〉，《臺灣日日新報》，1907 年 7 月 16 日，2 版。

的流通已形成重要的文明化涵義，深深植根於現代社會親密關係的建構中。

　　例如，1920 年代，為「台灣人民喉舌」的臺灣民報系列在每期都有婚姻相關的社論文章，[24] 在提倡婚姻改革同時，也將婚姻與婦女角色、現代教育、傳統家庭價值和浪漫愛聯繫在一起。如「浪漫愛和婚姻皆有保存種族和促進文化的偉大使命。」這樣的陳述表明當時知識分子和作家採用的明確的文明意識形態。[25] 此外，1920 年代中期起，「婚姻」的討論主題逐漸被「戀愛」主題取代，「戀愛」進一步被理解為與「文明精神」同質，但與「肉體慾望」相斥。又如〈戀愛的進化觀〉[26] 以達爾文主義進化觀點，將戀愛發展分為「過去之戀愛：肉慾、野蠻的戀愛」、「現在的戀愛：形式的、未完全進化的戀愛」、「將來的戀愛：是精神的戀愛」，將肉慾以及當下社會的流行視為不文明的形式。東亞性別史學者洪郁如即曾指出，戀愛論具有進化論的線性史觀：原始時代（肉慾的戀愛）→現實（靈肉一致）→理想世界（靈的欲求），依此劃分人際等級，並將精神推至崇高之處（洪郁如 2017：216）。

　　張我軍（1902-1955）的〈至上最高的道德－戀愛〉[27] 明確地將愛理想化為純潔的神聖精神，與「淫蕩之事」無關，並疾呼「一般可憐的人，對於兩性關係，只知道有性交和生殖作用，而不知有尊貴的神聖的戀愛，這班人實在是沒有生的價值的可憐人……」。蔡孝乾（1908-1982）的〈從戀

24 這一系列出版品包含：《臺灣青年》（1920-1922）、《臺灣》（1922-1924）、《臺灣民報》（1923-1930）以及《臺灣新民報》（1930-1937）。同一主題及文獻研究請參考：吳婉萍。2013。《殖民地臺灣的戀愛論傳入與接受——以《臺灣民報》和新文學為中心——（1920-1937）》。台北：國立政治大學臺灣文學研究所碩士學位論文。

25 蘇儀真，〈新時代的婦女與戀愛結婚〉，《臺灣青年》3 卷 1 號，1921 年 7 月 15 日，頁 61。

26 車夫，〈戀愛的進化觀〉，《臺灣民報》2 卷 11 號，1924 年 6 月 21 日，頁 11。

27 張我軍，〈至上最高的道德－戀愛〉，《臺灣民報》75 號，1925 年 10 月 18 日，頁 14-16。

愛到結婚〉[28] 則是開篇即拋出婦女問題、以及將戀愛誤用為「亂愛」的男女
現象，接著討論婚姻形式的限制，進一步提倡戀愛的自主性，以「戀愛比
結婚還要大，結婚不過是持續真實的愛的所在。」這樣的宣言致力於呼籲
將戀愛從婚姻制度中分離出來。

　　統整上述台朝兩地對於現代愛的挪用與解讀，有個清楚的共同傾向，即
是以「精神性」、「神聖性」、「文明性」等特質，將愛崇高化（sublimated）
為社會親密關係的至高標準。然而，正是因為如此將「愛」自然化、透明化
的傾向，使得當時的知識分子透過以愛為名生產的文學和啟蒙性論述，參與
了民族主義和帝國主義共構的權力關係。因此現代「愛」在建構之時也產生
了新的現代「性」，這個現代「性」如柄谷行人透過分析日本明治小說所觀
察的，是「透過壓抑而存在的新型態的性」（柄谷行人 2008：111）。

　　除了社會內部的矛盾，在上述分析中未能彰顯的問題是：殖民台朝在
這波跨國現代愛熱潮中的位置為何？這個問題必須藉由討論「翻譯」問題
來回應。如上面提到的李光洙、張我軍、蔡孝乾等人皆在文章中提及瑞典
女性主義者愛倫・凱（Ellen Key，1849-1926）的《戀愛與結婚》（英文版
Love and Marriage，1911)，以及日本文藝評論家廚川白村（1880-1923）的《近
代戀愛觀》（1922），而這兩本著作的核心題旨皆是「戀愛至上主義」。
其實在殖民時期，台朝兩地引入的現代知識大多是透過日本經手的，這點
在當時的中國也有類似情況（陳冉涌 2022）。但我在此想討論的「翻譯」
並非實作或物質上的，而是透過實作導入了什麼樣隱含的意識形態。如我
在緒論簡短提及的，翻譯的問題本應圍繞著不同語言和概念之間斡旋（彭
小妍 2009：233），然而在殖民地朝鮮的翻譯「愛」的過程中，似乎卻沒有
這種語言協商的問題。這或許是因為，前述朝鮮作家主要是直接翻譯日文
作品，或透過日譯本來翻譯其他語言的文學與論述，因此在翻譯法文等其

---

28 蔡孝乾，〈從戀愛到結婚（三）〉，《臺灣民報》29 號，1926 年 2 月 14 日，頁 14-15。

他西方語文作品時，便直接借用了日文以漢字表示的「恋愛」，並直接以韓文拼音表示，在無需與在地語言斡旋的情況下順利定下譯法，而我認為這出現了以下兩個問題：

其一，翻譯在被操作之時，即假設了語言、概念間的對等性。英語「love」以及日語「恋愛」在翻譯成為韓語的「연애」、「사랑」，或台灣知識分子使用的「戀愛」時，幾乎缺少了語言間的協商過程。當然部分原因可能來自同屬東亞漢語圈的中台日韓各地挪用既有的文化遺產，但也因此缺少概念上的調解與梳理。這一此語的直接借用，間接造成了「未被質疑的同等性」（unquestioned equivalence），也讓「戀愛」成了順利流通至不同文化社會、一種普世共享的價值，這個論點也可以應用於其他新概念。[29] 另外，也如後殖民研究者查克拉巴蒂（Dipesh Chakrabarty）在思考全球地緣政治與歷史書寫時提出對於翻譯政治的質問：翻譯過程中，總是有個定義同等性的社會科學語言，這個超然般的存在代表的是由科學理性的「超語言」（meta-language）寫就的一套規則。以查克拉巴蒂舉的例子來說「印地語裡的 *pani* 可以被翻譯成英文的 *water*，但（過程中）並未檢視 H2O 這一至高性的存在」（Chakrabarty 2000: 83）。也因此翻譯過程中，兩個異文化間被給定（given）的「可譯性」與「同等性」很少受到質疑。我要進一步點出，不被質疑的同等性也助長了語言（及其代表的、被假定的文化整體）間不對等的權力關係。「英語和日語早就有了，台朝也可以或應該要有」，這樣的態度既來自又再次強化「東－西」、「進步－落後」、「殖民－被殖民」間的地緣政治、以及二元架構。

其二，若進一步追問在「love」、「恋愛」、「연애」、「사랑」、「戀愛」之上的「超語言」是什麼呢？答案或許就在於北美華文文學與電影研究者周蕾（Rey Chow）指出的：「愛被戀物化為全球通行的貨幣」（Chow 1991:

---

29 例如自由、平等、革命、文明、社會等概念都直接來自和製漢字。

71）。[30] 周蕾此處的論點乃來自他對於鴛鴦蝴蝶派文學與五四文人、甚至是
當代西方學者三造之間的矛盾關係，[31] 以及五四時期風行翻譯西方文學作品
等現象的分析。鴛鴦蝴蝶派小說與西方翻譯小說在 20 世紀初期中國社會廣
受歡迎的原因就在於類似的主題：言情與羅曼史。這種文類不受語言（文
白夾雜、翻譯腔）阻礙其流通，是透過愛的戀物化與商品化所促成；而被
戀物化或商品化的，正是愛的「客觀性」或公共透明性。然而這樣的小說
卻受五四文人抨擊，且針對的是其舊文體與傳統禮教內容，代表了「情愛」
被視為是可以跨國、跨社會階層流通的「貨幣」，相對於「舊傳統與文字」
被認為是應當被隔絕、無法過濾進入現代的雜質。周蕾則以此矛盾進一步
揭露鴛蝶文學論爭、以及啟蒙運動中隱含的主流意識形態:在「愛是平等的」
這樣論述背後隱含的意識形態其實是對於傳統女性價值的強化與鞏固。

在此時期東亞各地的「賢妻良母」、婦女問題、解放婦女等口號，以
及以女性為主角的文學創作，皆是以自由戀愛、文明啟蒙為名衍伸出一套
規範女性主體的論述，並由此再延伸出規範其他新興主體（如：兒童、青
少年、女學生、同性愛者等）的現代科學論述。而這些規範性論述的出現，
則是回應帝國擴張與國族建構的慾望：女性的再生殖功能是富國強兵的前

---

30 我在下一章將回到「愛的戀物化」這一概念進一步探究大眾戀愛小說。

31 這部分的簡要論點為：鴛蝶文學的風行對於大眾識字率的提升有顯著效益，卻因此對
知識分子來說產生威脅，五四知識分子因而將鴛蝶文學斥為缺少社會意識、重複落後
語言（文言文體）的低俗作品。周後來比較了夏志清與林培瑞對於鴛蝶派文學的解讀
與定位，他的分析是：即使這兩位對鴛蝶派文學都抱持肯定與欲為之翻案的態度，然
則各自是為了恢復「文學傳統」與「帝國主義知識」而重新定位鴛蝶派文學。藉此，
周蕾將議題拉高至超越單一父權（及性別二元對立）、單一國族內部問題，同時又利
用了兩位男性學術權威顧及到的「文學」與「社會性」為後續分析鋪路。另外，若說
林培瑞將鴛蝶派文學視為「客觀中立的文獻」即是在重新建構「知識」，進而將它功
能化為「削弱西化威脅」、「撫慰社會焦慮」、「引介現代進程」，那為何當時急需
將文學賦予上述「功能」的五四知識分子反倒在此收手？周蕾的答案是：鴛蝶派文學
體現了「大眾讀寫能力的普及」，這威脅到知識分子的特權性。而上述男性文人則皆
忽略女性問題（Chow 1991: 56-83）。

提，沒有生殖功能的性與愛都需要被抑制。但是婦女解放或女性啟蒙讓女性產生自主慾望，新女性主體對社會進而產生威脅。新女性與多元性樣態的出現，反而成為自由戀愛不自由的證明。我將在下章透過分析台朝兩部大眾戀愛小說、連結周蕾的觀察，進一步討論翻譯、語言、資本主義與戀愛論述之間的緊密交織，而這一切都匯集於「文學」這一新的制度中。

三、現代愛的制度化（二）：文學實踐

除了翻譯等各種體制介入，「文學」在 20 世紀初期的東亞各地現代愛的建構中扮演著核心角色。以朝鮮現代文學的啟蒙開端為例，李光洙在日本明治學院學習後回到朝鮮不久即發表了〈文學的價值〉（문학의 가치，1910）[32] 一文，提出「文學」與「情」將是朝鮮發揮獨立精神的場域。他認為「我們的思想受三個主要認知原則的支配，即知識、情感和意志」，而文學是一種重要的媒介，「正在慢慢獲得獨立的地位，其意義也越來越清晰：在東亞現在是指體現人類感情和情感的書寫創作──所謂的情」（pp. 287-289）。李光洙將這種文學傾向視為是對中國和朝鮮儒家社會長期以來偏重知識和意志的抵抗。為此，他除了試圖重新定義原本在儒學系統中已存在的「文學」一詞之外，還將文學發展與「文明進程」相提並論。他將文明進程比作歐洲文藝復興，並將其與科學／工業文明（以牛頓、達爾文理論或瓦特發明蒸汽機等為代表）區別開來（p. 290）。對他來說，文明即是文學的同義詞，為人類表達情感和個性提供了條件。[33] 而台灣的知識分子亦從

---

32 此處討論、引用自：Yi Kwang-su. trans. Rhee Jooyeon. 2011. *Azalea* 4: 287-291.
33 韓國文學研究者 Michael D. Shin 在其討論韓國現代文學的「內在地景」研究中指出，李光洙認為過去「情感」被長期忽略是因為人們對於「個性」一直沒有清楚的概念（Shin 1999: 256）。

五四運動中汲取「言文一致」、「新文學運動」等改革方向，隨後成立文化協會、推動台灣話文運動等進程，亦出自同樣的文明意識。

由此觀察 20 世紀初生產的小說，即可發現「愛」在這個時期與兩地的「新文學」發展有其共通特質與功能，也是本節聚焦討論的數篇作品所帶有的重要歷史意涵。為了補充上節對於愛的翻譯性與社會歷史轉變的分析，我將從 1920、1930 年代出版的小說作品中，觀察文學如何再現（同時也是實踐）「壓抑性和道德化的愛」，以此調節社會轉型劇烈之際、人們的（性）慾望與社會規範之間的矛盾張力。然而，正如我將在下段討論中呈現的，自由戀愛的「啟蒙」暗示，反倒讓「性慾」成為人們認識自身所處世界的手段。這些作品裡的主角（特別是男性知識分子）經常在面對「異常」時表現出困惑與掙扎，而「異常」在作品中即再現為肉慾、猥褻、或非法的性對象 （如娼妓），以及與其相應的、規範化的社會關係。[34]

在殖民地朝鮮，「現代愛」與「新小說」的發展時期幾乎一致。韓國文學研究者黃善美即曾以「韓台最早近代戀愛小說」為題，比較兩篇分別被稱為台韓第一部現代小說——李光洙的《無情》與謝春木的〈她要往何處去？〉（彼女は何處へ？ 1922）——裡的戀愛主題（黃善美 2014）。就「台韓第一部現代小說」的定位，[35] 目前學界較通行的界定方式為：朝鮮的

---

34 相較於男性作家經常將「性」的矛盾衝突放入小說，女性作家則較著重人際關係的矛盾與挑戰，少見直接對「性」的書寫。殖民時期朝鮮女性作家如鳳毛麟角，最知名有姜敬愛、金明淳、金一葉、羅惠錫，他們的代表性作品討論可見：崔末順 ，2013：250-253、258-261。

35 除了內文的討論，在我追溯台朝「第一部」新小說或現代文學作品的觀察中，「語言」差異是台朝文學史對「第一部現代小說」定位不同的明顯原因之一。〈她要往何處去？〉是用日語寫的，而不是白話中文。這部小說是由殖民時期建立台灣文化的最重要組織台灣文化協會的刊物出版，因此，即使是以日語寫成，〈她要往何處去？〉依舊被認為是台灣小說。另一方面，李人稙發表的第一部小說《寡婦之夢》（寡婦の夢，1902）是以日語寫成並在日本出版，這部小說在日本被認為是新文學創作的源頭，但在朝鮮／韓國卻相對被忽視。《寡婦之夢》的情節對於寡婦再婚禁令的相關社會束縛有所批判，而該禁令在甲午改革期間被解除（參考：李建志 1999）。另一位重要的

第一部「新小說」為 1906 年 7 月至 10 月、李人稙在《萬歲報》（만세보）連載發表的純韓文小說〈血之淚〉（혈의 누），而李光洙的《無情》（무정）則被視為是韓國第一部現代小說（Kim Kichung 1985）。台灣則至 1920 年代（1922 年）、署名鷗的作者發表白話文小說〈可怕的沈默〉與追風（謝春木）的日文小說〈她要往何處去？〉後才標誌新文學的起始（陳萬益 2006）。台灣文學研究者暨作家文集編選者張恆豪在 1990 年代初期提出〈她要往何處去？〉為台灣第一篇現代小說，然而他也保留新出土史料將修正此定位的可能性（張恆豪 1991）。文學研究者陳萬益曾仔細考證 1921 至 1926 年間於台灣發表的小說作品，將台灣現代文學的起點回溯至〈可怕的沈默〉，強調這部小說的時代內涵與代表性（陳萬益 2006）。

　　李人稙的〈血之淚〉（1906）描寫一位生長在 19 世紀末、20 世紀初的少女玉蓮在經歷戰爭、失去家人、遇到收養他的日本軍官、接受新式教育、最後前往美國留學、遇到論及婚嫁的朝鮮青年的過程中的重重困難與個人抉擇，更呈現了 20 世紀轉型期的歷史複雜性。例如小說末段女主角玉蓮雖然將論及婚嫁，但其追求的婚姻關係既不是傳統婚約的安排、也不是自由和浪漫的選擇。「婚約」在小說中呈現為理性和透明的合約關係，是小說中的兩位青年伴侶為了自己的未來協商決定的，且指向職業生涯和更好的生活。這似乎是一種自己選擇的婚約關係，但不是基於兩人之間的愛，而是基於對人們啟蒙的意志。小說以此諭示：在當時社會動盪與現代化國族建構的與望下，沒有空間讓給個人的激情。事實上，玉蓮象徵著殖民地朝鮮的命運與追求文明世界的努力過程；同時也暗示了現代性的最終來源，即是西方（美國）。小說中，玉蓮的智性能力的增長、與理想的伴侶的浪

文學人物李光洙在東京明治學院學習時，也首次出版了他的第一部現代小說〈愛？〉（愛か，1909）。〈愛？〉也因爲以日文寫成、且描繪一名朝鮮學生與日本學生之間的同性愛而被排除在韓國相當多的作家作品全集中之外，這篇作品的韓語翻譯被推遲到 1980 年代才出現。我將在第四章進一步討論這部作品。

漫愛關係、與其曾經失散的父親的和解等內容都發生在美國。但是十年後，當玉蓮在美國的未婚夫表示，他和玉蓮已經了解婚姻的自主選擇與重要性時，玉蓮則補充強調說，婚姻其實不是他的優先選項，因為他想進一步學習，希望有朝一日能「解放」朝鮮婦女，並且教育他們成為愛國公民。而這種文明意識形態，在同被譽為台灣第一部現代小說的作品〈她要往何處去？〉[36] 中如出一轍。

　　正如台灣文學研究者張文薰在其研究中分析的，〈她要往何處去？〉對啟蒙有著明確的指示。透過並置「傳統安排婚姻的不利」和「自由之愛的至上性」，作者正當化改革社會的需要（張文薰 2005：94）。小說的主角是一個在台灣的年輕女性，雖然對於自己被安排的婚姻感到不安，但也有所期待。到了小說中段，我們知道他被在日本學習的婚約對象拒絕了，對方堅持反對傳統的婚姻制度，想要自主選擇自己的妻子。女主角在感到失望和恥辱後，很快地振作並也決定去日本學習。在出發前往日本的船港，女主角遇到了另一個遭受同樣情況的年輕女人，兩位最後互相鼓勵，決心「點燃台灣女性的革命之火」，「為奴隸台灣婦女努力學習」（p. 59）。這部小說的女性啟蒙路徑，與〈血之淚〉中女性角色最後的訴求產生共鳴。在這類以「啟蒙文明」、「合格國民」為訴求的新小說／新文學中，若是將「自由戀愛」作為推動改變的主題（燃料）時，大多以女性為主角，以此體現女性在加入新型態的社會關係與民族建構的重要角色。然而當場景換為呈現「不合格之愛」時，則大多以男性為主要角色或敘述者，女性則成為性慾望的對象，或充當不合格、戀愛失敗的原因。這類型的小說都傾向描繪性慾望——且性慾就意味著主體與其行為的反常，並且與性偏見、內疚等負面情緒或性病有關。

---

36 追風（謝春木），〈她要往何處去？〉（彼女は何處へ？），《臺灣》4 至 7 號，
　　1922 年 7 月至 10 月。

　　張我軍是從事新文學運動和在殖民地台灣生產現代愛論述的主要知識分子之一，除了提倡白話文新文學運動外，也致力於創作、翻譯（特別是魯迅與日本作家）和文學批評，更翻譯許多日本戀愛論述（如廚川白村的作品）。他的前三部、也是最知名的短篇小說是在 1920 年代後半寫成的，標誌著台灣新文學運動的新階段，以及戀愛和性論述的全盛時期。這三部小說中有一部名為〈誘惑〉（1929）[37] 的作品，描繪了一個年輕的知識分子在現實和慾望之間的掙扎。小說中主角失業了幾個月後，終於獲得了一筆錢（二十元）；雖然他是家中的經濟支柱，但他最終花了幾乎一半的錢在其他地方。小說開頭他經過公園、先把錢花在茶和香煙，後來更跑去跟朋友打麻將。然而，小說也明示了，他之所以臣服於這些消費商品，是由於他無法擺脫的「性慾望」所引起的，且這種感覺是由感官（視覺、嗅覺、聽覺和觸覺）引發的。小說雖然描寫了觀看、聲音和氣味，但主角努力與「誘惑」抵抗的結果盡是空虛：「他醉了、飽了，但他的心的空虛，卻無法可飽。背後的三個人，嘻嘻哈哈的笑聲愈來得緊，他愈寂寞了，他的心愈空虛了」（〈誘惑（二）〉，p. 9）。

　　我們可以從小說開篇重新觀察到，主角的空虛來源與真實慾望，即來自於對於「自由戀愛」的追求。從小說的一開始，主角就從遙遠的鋼琴聲中建立了自己的慾望，無法抑制地想像著是什麼樣的人在彈奏琴音，那人「也許是女人吧？漂亮的女人？女學生？我的候補愛人？」（〈誘惑（一）〉，p. 9）而想像之人的細膩手指緊緊抓住他的心。從那一時刻起，這部小說的敘述取決於一個「理想的愛」該如何被定義。小說中許多篇幅描寫他在與「時髦女人」相遇時，總是被忽略而感到挫敗，而他忍住不去妓院即成了一種補償與安慰（因為這避免成為他未來追求浪漫愛的一個「黑

---

37 張我軍，〈誘惑（一）〉，《臺灣民報》255 號，1929 年 4 月 7 日，9 版；〈誘惑（二）〉，《臺灣民報》256 號，1929 年 4 月 14 日，9 版。

點」)。最終這樣的（性的）挫敗得以「理想之愛」來補償；理想之愛的體現，
即在於壓抑性慾。

　　1920 年代出版的多部朝鮮文學作品，與張我軍作品中的數個主題相呼
應。現代短篇小說的先驅之一玄鎮健（현진건，1900-1943），在 1920 年
代十分活躍，而此一時期他出版的小說作品中，主角經常深深地鑲嵌在現
代愛和性的矛盾中。「愛」在他的小說是「理想」和「不可能實現」的，
相反的「性」總是容易發生、且無關緊要。如小說〈墮落者〉（타락자，
1922）[38] 中描述了主角「我」（韓文第一人稱代詞나）把他的「理想之愛」
託付給一個妓生，並經驗了失敗的戀愛。渴望與妓生的理想浪漫關係，來
自於他欲逃避現實（因為孝道），並導致他出國讀書的抱負與野心必須中
斷。這種逃避主義似乎反映了 1920 年代朝鮮人民的集體心態：一方面受到
1919 年三一獨立運動失敗的影響，政治的挫敗導向精神文明的追求；另一
方面也開始認知到「啟蒙理性」的局限性，重新思考殖民朝鮮的現實問題。
現實與精神的不同步，就體現在現代性的矛盾主體中。

　　這樣的矛盾精神狀態，經常表現在 1920 年代小說中的代表性角色，這
些角色總是能預期自己即將面臨的厄運，邁向毀滅的道路。這個道路可能
是性、酒、社會事件或一些內在的強制力，有時則是上列所有事件的加總
（O'Rourke 1977）；而在這些因素中，「性」是最神秘的存在。〈墮落者〉
與玄鎮健在同一年發表的〈蹂躪〉（유린，1993〔1922〕）[39] 都強調了性活
動或性慾的毀滅性。在〈墮落者〉中，發生在「我」和妓生之間的第一個
性愛場面被描繪為「像被巫婆攻擊，我感到顫抖 …… 認為我肯定不會再來
這裡」（p. 116）。在〈蹂躪〉中，女主角京淑與小說中的伴侶 K 的浪漫關

---

38 韓文原文發表為〈타락자〉於《開闢》（개벽）19 至 22 號，1922 年 1 月至 4 月。我
　的討論基於後來匯集的小說選：현진건 1993[1922]：85-154。
39 韓文原文發表為〈유린〉於《白潮》（백조）2 號，1922 年 5 月。我的討論基於：현
　진건 1993[1922]：78-84。

係是基於自由的愛，並由此經歷了第一次性愛。然而，在與「動物本能」激發的 K 性交之後，他感到「K 鬆了一口氣。但他的笑聲聽起來像魔鬼的」（p. 81），並感到莫名的恐懼、內疚和悲傷，為失去童貞的自己哭泣。由上述小說主題來看，無論出於什麼條件（是否基於愛）和社會關係（合法或非法的），無論角色人物與誰發生性行為，結果都是毀滅。〈墮落者〉中的「我」最終被妓生背叛，感染了性病；而京淑則在遭受了自由戀愛的破滅後，陷入悲慘的精神狀態。就如張我軍小說主角遇到的障礙一樣，這些作品都體現了一個無法實現的理想之愛，與性所帶來的毀滅性結果。

　　最後，隨著「自由戀愛」的精神性與道德化逐漸強化，1930 年代出版的小說更直接描繪人的性衝動與動物本能，並將性行為等同於性病威脅。台灣記者兼作家吳希聖（1909- ？）在小說〈豚〉（1934）[40] 中描繪了一個無辜的女孩阿秀的遭遇。阿秀犧牲自己嫁給一個富有的老人以支持原生家庭，但這樣的安排最後失敗，這歸因於兩點：婚約被取消，阿秀也失去童貞。之後這個家庭繼續因貧窮受苦，年輕女孩阿秀不得不賣淫，最終感染性病，並在故事結束時死去。正如標題所暗示的，阿秀的命運與豬的命運相似，都受苦於身體被剝削（用於生殖和賣淫），最後也都犧牲生命。小說透過阿秀的命運暗示了「失去貞操」、「性行為」的後果就是導致疾病，而這樣與「性」連結的悲劇角色經常是由女性來擔負。即使小說明確批評了傳統的社會等級和（性別與經濟的）階級關係，但對於「性」的動物化、病理化描寫，呈現了社會在現代愛出現後對於「性」的認知。

　　殖民朝鮮的自然主義作家李孝石（이효석，1907-1942），也透過「性病」體現愛和性之間的衝突。〈染病的薔薇〉（薔薇병들다，1938）[41] 這篇小說

---

40 原文以日文發表於：《福爾摩莎》（フォルモーサ）3 號，1934 年 6 月 15 日，頁 33-47。 我的討論以原文為基礎。

41 原文發表為：〈薔薇병들다〉，《三千里文學》（삼천리문학）1 號，1938 年 1 月，頁 37-52。我的討論以原文為基礎。

的標題和主題，靈感來自英國浪漫主義詩人威廉‧布萊克（William Blake）的同名詩作，[42] 皆在謳歌純潔和美德（即童貞）的喪失。女主角南竹為了實現自己在一個新成立的劇團擔綱職業演員的夢想而輟學，卻在追求夢想的過程中遇到一位男性並發展了親密關係。最終南竹被這位男性遺棄，後來不得不出賣自己的身體、以籌措旅費回到家鄉。女主角的一個老朋友賢輔，與南竹相遇後，知道女孩的夢想與掙扎，後來也與之發生性關係。他目睹了南竹的經歷與轉變，並說：「（他）不能想像，有這樣堅定的夢想的女孩，七年後，將成為一個夜晚的女人。曾經美麗的花不僅開始枯萎，而且生病了」（p. 49）。「病」在此是指的同時是失去「德行」和「道德」的病，也是「性病」。

在前述小說中，主角們的經歷和遭遇暗示了一種破壞文明的模式：「女性＝性墮落（自願或非自願）＝性病＝對男人的威脅（性病感染）」。 這種模式表明，透過現代愛的制度化影響，男人和女人之間的傳統關係，從原本一種具體的單向征服，轉變成了一個複雜的規則。這一規則在台灣女性作家葉陶（1905-1970）的〈愛的結晶〉（愛の結晶，1936）[43] 中表現得更為明顯。這篇短篇小說描繪兩名受過教育的婦女討論彼此的悲慘生活，並以生孩子為中心。其中一人因為與信仰社會主義的丈夫自由戀愛而丟掉了工作；另一人因參與社會活動被捕，繼而感染肺結核。這場災難導致了第一位婦女的「神經質」徵狀，孩子也因營養不良而失明。另一名女子雖然出身豪門也嫁入豪門，卻身患某種疾病，害怕生下「精神殘疾」或「梅毒」的孩子。「愛的結晶」這一標題象徵了「孩子」，以及人們「因愛而繁衍」，

---

42 發表於 1794 年的作品〈The Sick Rose〉，於 *Songs of Innocence and Experience* 這部詩集中。

43 原文以日文發表於《新文學月報》1 號，1936 年 2 月 6 日。我的討論基於：葉陶著、向陽譯，〈愛的結晶〉，《土匪婆 v.s. 模範母親：楊逵的牽手葉陶》，台中：楊逵文學紀念館，2007，頁 148-150。

同時亦諷刺了被強加給女性的貞操、道德義務和生育義務的規範性觀念。男性（和其他一些女性）則透過現代「性」和愛的規範觀念參與了啟蒙文明工程，更暗示不符合規範的女性，將會影響後代的「性」。[44]

除了上述各篇作品，殖民時期文學研究者許俊雅在〈日據時期臺灣小說中的婦女問題〉選評了十數篇由提倡婦女解放、自由戀愛、社會改革的作家所描寫的小說作品，[45] 指出這批作品共有的父權壓迫、女性面對悲劇與掙扎求生的過程，是對舊社會的批判（許俊雅 1997）。這些論述都將女性與民族緊密連結，也是典型的文明論述；女性的解放反映了國家的啟蒙進度，成為衡量其成敗的尺度。然而，殖民知識分子熱衷於透過知識生產創造個人及其內在性，這意味著將權力部署到個人身上，並將其規訓對象從異性生殖關係轉變為兒童、婦女和精神面的治理。因此，他們也將現代愛規範化和制度化為一種權力關係，製造了一種精神與婦女解放的虛假意識。也是透過這個過程，愛本身獲得與系統相關的交換價值，並受到各種例外性相（sexualities）的維護，因此只能在某種被規範的親密關係中實現。

四、小結

　　阮是文明女　東西南北自由志
　　逍遙俗自在　世事怎樣阮不知
　　阮只知文明時代　社交愛公開
　　男女雙雙　排做一排

---

44 感謝審查人提醒我葉陶的〈愛的結晶〉明顯地批判位於不同階級、但因身為女性必須生兒育女，而受到諸多限制與不幸。因此「愛的結晶」這個標題確實潛藏反諷之意，亦即對於「愛」之體制的反思。
45 如朱點人〈紀念樹〉、王白淵〈偶像之家〉、楊千鶴〈女人的命運〉等。

跳 TOROTO　　我尚蓋愛

舊慣是怎樣　　新慣到底是啥款
阮全然不管　　阮只知影自由花
定著愛結自由果　　將來好不好
含含糊糊　　無煩無惱
跳 TOROTO　　我想尚好
　　——〈跳舞時代〉，1932。

　　於 2003 年獲得金馬獎最佳紀錄片的的作品《Viva Tonal 跳舞時代》，
片名取自古倫美亞唱片公司（Columbia Records）在 1930 年代發行的流行音
樂作品。紀錄片頭播放著上列引文中的同名主題曲，由台語演唱，並搭配
著時下青年男女在學校、遊樂園、公園划船、休憩、社交的黑白影像。影
像中出現的大多是摩登女性，頂著一頭流行捲髮、穿著西式衣裙、踏著高
跟皮鞋、指間夾著香菸，牽著彼此的手跳著狐步舞。我在撰寫本書各章節
時，常常想起並回頭看這段影片，即使隔了將近一世紀的時間，影像中愉
快的氛圍依舊透出螢幕，歌詞中不斷強調的「自由」也變得十分有說服力。
而這首大眾流行歌（且是以台語傳唱閱聽），不僅呈現了殖民台灣社會在
1930 年代已發展出各種現代消費空間，歌詞的各個關鍵字更證成了我在本
章回溯的「愛的制度化」內涵。「自由」、「文明、「新舊慣」與戀愛一
同出現在年輕男女的口中，高唱戀愛等同於追求自由與文明。
　　如同本章聚焦分析的殖民時期台灣與朝鮮生產之文學作品與大眾論
述，這些作品記錄了「現代愛」的歷史建構與殖民遺緒，也揭示了 20 世紀
初期台灣與朝鮮兩地之殖民親密關係的建構與轉化。我將「殖民親密關係」
定義為：以愛為名、透過殖民權力運作而產生的新型態社會關係；在此社
會關係裡頭，人與人之間、人與社會之間出現一種親密性，藉以磨合各類

殖民矛盾與社會差異。對於殖民台灣與朝鮮來說，20 世紀初期的文學與語言運動密切地與殖民現代性、國族建構、社會改革等慾望密切鑲嵌在一起；其中，自由戀愛的主題更是同時展現了現代化慾望中解放與壓迫的雙重結構，也作用於縫合社會規範與個人自主的矛盾斷裂。

　　但這些現代概念與社會關係並非憑空出現，我在本章將「翻譯」與「文學」視為現代愛制度化的重要機制，是為了在醫學、教育、甚至經濟等官方政策、史觀之外思考這些思想的「基礎結構」，而「語言」正是啟蒙者與殖民者皆爭相掌握的手段。台朝知識分子正是在發展新文學運動的同時，以文學與語言實踐戀愛內涵；而提倡戀愛不僅滿足個人自由的想望，也能與社會改革的意志接軌，但終究因為兩相矛盾而少有理想之愛的實現。如前面討論中分析的，自 1920 年代起，描寫戀愛主題的小說經常致力於展現戀愛追求與個人慾望間的掙扎衝突，並透過壓抑肉體、性慾來強調戀愛的神聖與精神道德性。而這樣的「解放－壓迫」機制最容易在（新）女性主體身上展現。

　　然而這機制內含的衝突矛盾，不只是「性別」差異的問題，如我將在第三章探究李箱與翁鬧的小說人物，並透過他們的掙扎看見，這些衝突矛盾不只是追求「戀愛」的失敗導致，更是被殖民的台灣與朝鮮人在日常生活中處處感到格格不入的生命經驗，也是無法被寫進現代進步史觀的那些「脫隊」的人們共同經驗的窒礙。這些脫隊的人們，在第四、五章的分析中將具體顯影，指的正是那些經常被劃分在「不正常」、「變態」、「犯罪」的類別中，或是以死亡告終的現代愛實踐與追求。這些個人追求被視為非法且不符合現代文明社會的價值，警示著超越社會規範的後果。即使是如〈跳舞時代〉中享受自主的年輕女性與五光十色的消費生活，在李光洙等男性知識分子創作的大眾小說中，亦經常被視為需要解決的社會亂象，我將在下章進一步細緻討論。

　　綜合本章各節論據，我希望強調現代愛透過新文學運動、翻譯等語言

實踐揭示了一種明確的社會等級與內在區隔。這也與「現代愛」的歷史生
成與「知識生產」、「地緣政治」的權力系統密切相關，即：地緣政治主
導了當代東亞各區域間的相互關係，並阻礙了殖民地間的參照想像；現代
愛則在各個社會內部展現相似的主導性，並阻隔不同性主體間的結盟。易
言之，我認為台韓之間參照系統的建立，與社會內部不同性主體間的結盟，
皆在回應並擾亂既有的殖民歷史參照系統。而為了挑戰「現代愛」，必須
全面性反省「現代愛」的規訓內涵，及其不滿，這將在下兩章針對商品化
與性的資本主義化進行探討。

資本主義初期的愛情

李光洙與徐
坤泉小說中
_____ 的愛與金錢

　　前一章透過「制度化」的討論，闡明「現代愛」如何一方面體現了殖民主義與現代化意識型態中的制約與規範，另一方面也提倡自由與解放精神，以此形塑現代個人主體。但若細究「個人自由」在 20 世紀初期的台灣與朝鮮殖民社會的表現為何，除了著重「現代愛」精神面的各種論述以外，在「物質」層次亦有所發展。如上章結尾提到的〈跳舞時代〉透過高唱「舊慣是怎樣，新慣到底是啥款。阮全然不管， 阮只知影自由花，定著愛結自由果」，反映的正是「社會規範」與「個人自由」之間的協商與抗衡。而透過流行音樂大眾文化呈現的，同時也是新的媒介（唱片）參與傳播新的生活型態（娛樂消費），並引入本章聚焦探究的、另一制度面向的討論：資本主義社會的生成。

　　我在本章所指的「資本主義」並非政治經濟學式的內涵，而是與這一新的經濟制度有關的生活變化，具體著重於兩個面向：生產結構轉型與財產私有的觀念。前者反映在既有的公共與家內、性別領域的分工，特別是女性開始進入到公領域從事勞動，以及工作與休閒時間明顯區隔開來等現象；後者則讓「金錢」觀念成為新的社會轉型指標，在本章討論的小說中則具體表現於「借貸」經濟的象徵功能。在台灣和朝鮮同一時期生產並受到大眾歡迎的戀愛小說，與〈跳舞時代〉這樣的大眾流行文化有著共享、相似的文化反應。透過對台灣和朝鮮大眾戀愛小說的考察，我想進一步提出的問題是：「愛」在現代社會中的「價值」是什麼？我將借助周蕾於《婦

女與中國現代性》（*Woman and Chinese Modernity*）中提出的「愛的戀物化」
（fetishization of love）概念，以在此提點本章將聚焦的幾組命題：語言與愛
共構的民主化想像，愛的交換價值，以及愛與金錢的恆常對立。而周蕾書
中分析的鴛蝶派文學與本章聚焦分析的兩部小說、及作者們對於語言的思
索亦有所呼應。

　　周蕾於前述專著中重探 20 世紀初期的鴛鴦蝴蝶派文學（以下簡稱鴛蝶
派）爭論，而鴛蝶派文學被當時拋棄過去、擁抱現代的中國五四知識分子斥
為相對舊式的文類，兩造間的爭論展現的傳統與現代的糾結，更是重新思考
中國現代性與現代主義的一個切入點。周蕾指出，鴛蝶派雖然是以文言和白
話並用寫成、且有著傳統社會關係的忠孝節義教條，卻因其所描寫的愛情主
題而得到廣泛接受，展現的是「愛情」被戀物化為一種「全球性貨幣」（global
currency）。而此戀物化的過程，「並不僅表現在中國與西方文本之間存在
的明顯相似或可相互對照的地方。當愛情被物化成為全球性流通貨幣的時
候，其影響程度，其實依賴『外來的』範例能夠被翻譯成為適合當時中國
的規範的成功程度。」（Chow 1991: 72）。[1] 這一論點也是周蕾在後續章節
討論法國小仲馬（Alexandre Dumas fils，1824-1895）的《茶花女》（*La Dame
aux camélias*，1848）在中國極度受到歡迎的因素之一。[2] 這部小說描寫的正是
青年男主角透過與一位曾經是名妓的上流女性間、受到重重阻礙的愛情故
事。這類愛情敘事中的自發性、革命性情感，突破了階級、道德、文化差異
等社會藩籬，讓小說的西方文化內涵順暢流通進入中國讀者的社會生活。

　　而在殖民地台灣與朝鮮的脈絡中，「西方」是由日本中介，並透過多
層次的翻譯和改寫的過程移轉到台朝社會。對此，一個絕佳的例子就是尾
崎紅葉（1868-1903）的《金色夜叉》（こんじきやしゃ，1897-1902）在

1　本書討論以原文為主，此處譯文引自麥田出版之中譯本（周蕾 1995：135）。
2　由清末民初著名翻譯家林紓（1852-1924）與王壽昌（1864-1926）合譯為《巴黎茶花
　　女遺事》（1897）後風行數十年，成為最受 20 世紀初期中國讀者歡迎的西方作品之一。

東亞形成的文化現象。借助於周蕾對「愛的戀物崇拜」的闡釋，我將討論
台朝兩地深具代表性的大眾戀愛小說——李光洙的《再生》（재생，1924-
1925）和徐坤泉的《可愛的仇人》（1936）——如何挪用《金色夜叉》中
的「金錢與愛情」的對立世界觀，並將「戀愛」作用於不同的象徵交換與
文明尺度。當然我也注意到本章討論的兩部作品有著十年的出版差距，而
這個時間差距就座落在兩地、以及殖民政策劇烈轉型之際：1919 年之後的
啟蒙運動正式進入文化政治時期（1919-1926），如殖民地台灣有文化協會
的成立、第一波新文學運動，朝鮮則發展出一個世代的韓語語言實驗、以
及雨後春筍般的文藝雜誌的創立，卻到了 1937 年後因進入戰時總動員嘎然
而止。這段時期正是「語言」與「愛情」同時透過文學實踐成為「貨幣」
的高峰期，兩部作品捕捉到了這樣的時代氛圍，或說兩位作者的經驗就鑲
嵌在時代背景之中。

　　而為了探討這兩部小說如何呈現當時社會對愛的「戀物崇拜」，我將
集中闡述「愛」如何透過跨文化交流和資本主義的發展來獲得交換價值。
更具體來說，兩部大眾小說「翻譯」的現代愛，不只是在回應「民族意識」、
「文明啟蒙」的欲求，亦反映了殖民社會的基礎建設。對我來說，討論
1920 至 1930 年代的戀愛小說，必須關注的主題絕不只限於「愛的再現」，
而是藉由「愛」構築的社會現代化工程中的諸多環節，其中一個面向即是
戀愛小說與「語言現代化」的緊密交織，透過翻譯與文學實踐這一基礎工
程，並體現在兩部作品對於《金色夜叉》的接收與反應，這將在下節闡述。

一、愛的戀物崇拜：《金色夜叉》的東亞傳播

　　我在前一章已提及，李光洙被譽為韓國現代文學之父的主要貢獻在於
創作了第一部「純韓文」書寫的長篇小說《無情》；而他更豐厚的文學遺

產則是曾以「愛」為題書寫多種長短篇小說與社論，並嘗試以「情」的文
學論為朝鮮文學提出在地的實踐與文學內涵。李光洙在〈何謂文學？〉[3]一
文中進一步將文學理論和「情」的文明觀，與使用「韓語」創作聯繫在一起。
他強調文學的文化意義，提倡在日常生活中使用現代韓語寫作。這篇文章
嚴厲批評了儒家道德規範的僵化和韓國對中國文化的依賴阻礙朝鮮的進步。
李光洙企圖以西方文化傳統為範本，來「更新」朝鮮社會的想法是顯而易
見的，因為他強調「文學」一詞必須以英文「literature」一詞的翻譯來解釋，
並認為這一詞的人文主義取向豐富了西方文明自文藝復興以來的發展。正
是透過翻譯，李光洙開始追問：何謂（朝鮮）文學？依此，他進一步將文
學與民族建設聯繫起來，透過檢視傳統來建構新文化，他認為「每一代人
的累積成就了一個國家的精神文明，支撐著一個國家的人民。」為此，他
明確地將文學轉型與社會轉型並置，主張文學必須「超越道德」，因為「過
去的文學，無論是散文還是詩歌，都嚴格謹守儒家道德規範。」而超越道
德是指「一個人應該將自己從社會規範和規則中解放出來」（上列引文皆
引自 p. 301）。因此，文學應該「盡可能真實地為讀者喚起思想、情感和日
常生活的真實世界」（pp. 298-299）。

　　由此我觀察到，與其說李光洙是在抗拒儒家社會的道德傳統，不如說
是在尋找應對「新」（newness）的方法。因為他認為，「（文學的傳播性）
可以幫助我們了解外國人與古代人」，並「適應社會」（p. 300）。這或許
正呼應了後殖民理論家霍米・巴巴（Homi Bhabha）在〈新事物如何進入世
界〉（"How Newness Enters the World"）[4]這一研究篇章中闡明的：「未來
（再次）成為一個懸而未決的問題，而不是由過去的固定性來指定」（Bhabha

3　李光洙，〈何謂文學？〉（문학이란하오），《每日申報》（매일신보），1916 年 11
　　月 10 日至 23 日。此處討論與引用基於：Yi Kwang-su. 2011. "What Is Literature?"
　　trans. Jooyeon Rhee, *Azalea: Journal of Korean Literature and Culture* 4: 293-313.
4　Bhabha, Homi. *The Location of Culture*. London and New York: Routledge, 1994: 212-235.

1994: 219）。巴巴對「新」（newness）的闡釋出自他對於後殖民文學作品
（如魯西迪〔Salman Rushdie〕的《惡魔詩篇》（*The Satanic Verses*）的解讀，
他提出特定時代的「新」體現在那些以「意想不到的組合表現的混合、雜質、
轉變」，這即是「新事物進入世界的方式」（Bhabha 1994: 394）。這裡的
新事物是對已知規則的破壞，是超越已知界限的實踐。但他也同時提醒，
新事物也經常是被帝國權力強行引入世界的，是將同質性（sameness）偽裝
成新事物，並取消殖民空間的邊界。

我認為巴巴此處的思考正表現在台朝社會在 20 世紀轉型之交回應時代
變局的文學實踐中，特別是透過現代愛這一主題模糊、擾動了新（new）舊
（same）之間的界線。更進一步來說，如果我對巴巴的解讀是正確的，李
光洙的文學觀念得到巴巴對歷史與藝術聯繫的論證的支持，他提出的文學
／藝術的價值不在於超越邊界，而在於移動邊界的能力：在媒介、材料和
流派之間移動，重新標記和重塑差異的邊界。文學（及其翻譯性質），對
李光洙來說，可以連接新舊、傳統和現代、本土和外國，同時將之聯繫在
一起。然而，他隨後強調在翻譯西方和日本文學時使用「韓語」（翻譯）
體現了上述信念，即實踐「韓語」的翻譯與寫作將有助於民族文化和身分
的發展，這導致他將文學及其語言限縮為具有排他性的民族主義。

在〈何謂文學？〉中，李光洙斷言「文」等同於「文學」，但「漢文
是延遲朝鮮文學發展的主要障礙」，因為「朝鮮學者一直在浪費時間和精
力學習難學的漢文」（p. 305）。儘管他知道要在短時間內擺脫文言文是不
可能的，並妥協「如果我們需要使用文言文，我們應該想辦法使其自然地
融入我們的口語中」，並進一步倡導：「在描述當代現實時，我們應該使
用我們鮮活的現代語言」，「致力於我手寫我口」（p. 306）。由此，李光
洙將寫作（文學）視為個人和國家的救贖，同時也培養了一種希望，即文
學可以幫助朝鮮實現啟蒙進步與文化進化，這也是他早在 1910 年代即以
韓文創作發表《無情》等作品的背景。但隨著 1919 年獨立運動失敗，他

將民族振興的主力轉移到精神面向，特別是，他希望透過西方和現代日本文學中的「情感元素」（情的成分），將朝鮮人民從封建習俗中解放。因為「情」指涉心靈與思想，是發展個人「內在性」使之成為獨立主體的重要實踐，這即是《再生》的創作核心。

如同李光洙在語言、創作上的思忖，徐坤泉於《可愛的仇人》[5] 自序中亦寫道：

> 在台灣這樣的環境，要寫成一篇能被認為『大眾化』的小說，是難上加難的事，老先生輩好古文，中年先生輩好語體，青年同志們好白話，既然所謂『鄉土文學』，有時亦當用台灣鄉土的口音造句描寫，所以這部《可愛的仇人》，是以不文、不語、不白的字句造成的，其目的在於能普遍讀者諸君，內中定有許多的俗字俗句，希望讀者諸君加以斧正諒解！（p. 20）

當然徐坤泉不像李光洙一樣有著清楚的民族啟蒙意識，也沒有證據表明他曾經參與 1920 至 1930 年代的兩波文學運動，因此上述的語言思考更多來自於寫作上的考量與時代情境；這樣的表白不是單一本創作衍生的經驗或觀點，而是反映了他的生命歷程。

徐坤泉（1907-1954）生於澎湖，於高雄成長，幼時受漢詩文教育，後於青年時期前往上海聖約翰大學接受教育，習得白話中文並以此為創作主力，這與 1930 年代知識分子較常使用日文創作的情況不同。他先後擔任《臺灣新民報》駐海外記者、漢文欄編輯，後於 1935 年在該報連載發表的《可愛的仇人》，被公認為是殖民地台灣最受歡迎的戀愛小說。[6] 緊接著《可愛

5　《可愛的仇人》原在 1935 年間，於《臺灣新民報》連載 160 回，次年結集為單行本。
　　本章討論與引用資料取自：徐坤泉。1998。《可愛的仇人》。台北：前衛。
6　稍早於徐坤泉發表、廣受歡迎之大眾小說也都以婚戀故事為主。如畢業於京都帝大的林輝

的仇人》大獲成功，他之後更陸續發表了主題相近的幾部作品，包含《暗礁》
（1937）、《靈肉之道》（1937）與《新孟母》（1937-1942 連載，未完）。[7]
這些大眾小說都傾向透過多線的情愛糾葛表現 1930 年代最盛行的戀愛主
題，亦都描繪了商業化、都市化發展下的繁華島都。主角們在公共場所約
會（如咖啡廳、舞廳、電影院、公園等新興空間），或對於城市夜晚五光
十色的消費娛樂活動既嚮往又退避三舍。從這幾部作品觀察，即使徐坤泉
並未與李光洙一樣提出具體的語言觀與文學論，卻依舊十分敏銳地捕捉了
時代精神：無論是對於多元語言的體現、現代化經驗的矛盾感受、善用媒
體與印刷科技等，而他本人也對於戀愛與女性提出諸多見解，這容後再敘。

　　我從兩位作者的「現代語言」經驗與見解開啟本節的討論，是為了提
點：殖民知識分子在「翻譯」、「接收」外來文化與新知識時，並非已有
一套既定的、對等的語言系統，因此在討論「跨文化」主題時，必須拋棄
傳統的翻譯觀（語言與語言間的交換）。同時，這一社會現實也更凸顯了
「愛」並非完全透過既有語言系統的支持，才順利被「翻譯」進入在地社會，
更直接的影響或許是新的媒介載體的出現。其中最直接的即是印刷媒體為
知識與文學流通方式帶來的變革：不僅是增加其流傳的廣度，更成為可以
販賣的商品。因此當我在思考《金色夜叉》與台朝兩部大眾戀愛小說間的
關係時，絕不是將日本小說視為是台朝作品的「原本」（original），而後
的作品都是複本（copy）。從底下的討論很快就可以發現，殖民時期東亞各

　　焜（1902-1959）於 1932-1933 年間發表的《命運難違》（爭へぬ運命）。這部作品呈現
　　自由戀愛（革新）與父母專制（傳統）兩條故事線的新／舊範式，以及台灣社會尚在新舊
　　文化轉型期的嚴重價值衝突。如小說主角宣稱「我主張結婚的第一要件就是自由戀愛，也
　　要去身體力行。沒有愛情基礎的婚姻等於是包裝體面的人口買賣。尤其是台灣的婚姻，是
　　最典型的代表。不能自由戀愛的地方，當然找不到人生的幸福。因此，我不希望我未來的
　　妻子被當成買賣的物品看待，同時藉由結婚，發現人生的幸福」（林輝焜 1998：110）。
7　更多與徐坤泉之生平、作品之研究，請參考：徐意裁。2005。〈現代文明的交混性
　　格——徐坤泉及其小說研究〉。台南：國立成功大學臺灣文學研究所碩士論文。

處的文化交流很少以上面的公式進行，原因一樣在於，當時各地都在進行
語言現代化（標準化）的運動，日語同樣也是。因此必須強調，《金色夜叉》
在東亞的跨文化翻譯同時也是跨媒介的：不僅透過文字系統，還透過戲劇
表演、視覺藝術等形式；尤其是在二戰後，以電影、戲劇改編、歌舞劇等
形式持續傳承下去。而能夠促成這樣的多元傳播，正是因為周蕾所稱的愛
的「戀物化」與「商品化」的結果，因為《金色夜叉》的主題內容，在在
體現了這一機制的內涵。

　　《金色夜叉》[8] 或許是明治時期出版的小說中、以及 20 世紀初期東亞
各地間流傳的流行文化裡，最受歡迎的作品。這部作品自 1897 年開始於《讀
賣新聞》連載六年之久，且最後並未正式結束。而該作品的主軸，即是金
錢與愛情孰輕孰重的論題。故事透過一對中產階級父女──隆三與女兒阿
宮──在兩位男子──男主角間貫一與銀行家公子富山──間的關係，象
徵金錢與愛情之間的抉擇。阿宮雖欣賞貫一並心生愛意，但也抵不過富家
子的追求與誘惑，最後在金錢與愛情之間，選擇了前者。這讓間貫一認為
自己是因為金錢失去愛人，而後為了報復，甚至選擇以放債為業，成為金
錢的惡魔。《金色夜叉》的書名直指金錢如何成為吞噬人心的惡神（Ito
2008: 88）。

　　小說將放貸描述為資本主義社會中一種極端的經濟剝削形式，挑戰且
貶低了人類的道德和情感。貫一放棄學業、忘卻追求受人尊敬的職業的初
衷，轉而成為放債人，進入一個他鄙視的世界，給自己帶來痛苦。然而，
尾崎紅葉也賦予經營放債行業的重要性，如貫一的老闆在對兒子的談話中
透露了他的愛國主義。兒子認為他父親的生意是不道德，但小說將兒子這
樣的擔憂視為不了解社會「真正」的運作方式，是「學者式」的「過度敏

8　此處的討論、引文基於：尾崎紅葉。1971。『日本近代文学大系 5 尾崎紅葉集』，東京：
　角川文庫。

感」。在嘲諷知識分子的道德勸戒後，他進一步表明自己的生意不僅滿足了人們積累財富的願望，而且還有助於國家的進步（尾崎紅葉 1971：226-227）。

回到小說主軸，尾崎紅葉曾經說過他寫小說的意圖是為刻畫「愛與金錢之間的鬥爭」（Ito 2008: 88），這個意圖體現在主角間貫一如何在失去愛情後，成為一個令人憎惡的金錢魔鬼，以及選擇嫁給了有錢人的阿宮。就此情節來說，我們現在比較習慣這種由金錢和愛情構成的通俗劇、與二元道德論調，但在 20 世紀初期的東亞，這種矛盾的發生是透過社會關係的重構而展現，亦即：在現代化進程中，封建傳統、現代親密關係、以及資本主義系統都同時運作在人際關係的發展中。「愛的戀物化」在此社會轉型的過程中，就展現在「愛與金錢」成為人們在婚姻市場、新興社會階層和其他親近連帶關係中獲得流動性的重要資本。因為「戀物」本身投射的對象（物）是焦慮與解方的替代對象，就如「愛與金錢」的對立，在社會轉型之際，成為小說角色遭遇困難與尋求解方的敘事核心。《金色夜叉》捕捉到了這種特定的社會歷史條件，因此對其同時代人產生了巨大的影響。除此之外，這部作品如此廣泛流通，一部分受惠於現代技術媒介的發展，如電影、印刷市場、廣播和公共運輸建設，皆參與促成了其知名度與傳播。在這樣的背景下，儘管因為作者逝世而未能完成，《金色夜叉》仍然透過在東亞其他地區的電影、戲劇、歌曲和翻譯等各種改編，成為轟動一時的文化現象。

以殖民朝鮮為例，當時最著名的韓文「譯本」作品是趙重桓（조중환，1863-1944）的《長恨夢》（장한몽，1913）。這部嚴格說起來並非「翻譯」而是「翻案」的作品、於 1913 年 5 月 13 日至 10 月 11 日在《每日申報》以連載的形式刊出，在朝鮮引起極大迴響。[9] 如我在前一章提及的，趙重桓

9 關於《長恨夢》與《金色夜叉》的內容比較，可參考：Rhee Jooyeon. 2015.

翻譯的《金色夜叉》和其他早期的日本小說（菊池幽芳《己之罪》〔己が罪，
1899-1900〕）是最早向朝鮮社會介紹「戀愛」一詞的作品，這種現代「浪
漫愛」概念的流通，也與新文體（新小說）的出現密切關聯。因此，對於《長
恨夢》的普遍理解，被再現於下面的此一系列小說的出版預告中：

> 一部「新小說」（신소설），長恨夢
> - 這不是一部普通的小說
> - 它描繪了人性，和社會狀況
> - 讀過的人怎能不泫然落淚？[10]

　　這則廣告將趙重桓的翻案作品介紹為一部「新小說」，如上章所述是
由李人稙等小說家開展的現代文體。這一新的文體影響了趙重桓翻譯《金
色夜叉》的意圖，以及新聞報紙認為這部翻案作品可以「為李氏朝鮮年輕
人提供精神食糧，讓這部小說成為李氏朝鮮的小說」的原因。[11] 趙重桓本人
曾表明，他翻譯日本小說《己之罪》和《金色夜叉》時，為了要讓小說更
像「朝鮮」，特地將背景和角色名稱改為韓文語境。如在漢字脈絡中，《金
色夜叉》中人物的名稱有其巧思，如富山（財富之山）代表物質財富凌駕
於道德情感之上的力量，間一（中間人）陷入金錢與愛情之間的道德衝突，
阿宮（神社／公主）則代表日本文化精神的衰弱（Ito 2008: 88）。韓文翻譯
則將女主角名字改為「順愛」、間一為「守一」、富山為「重倍」，分別
強調：女主角的溫柔忠貞，並在故事最後透過男主角的堅守下恢復愛的信仰；
重倍則相對的被改寫得更加傲慢、貪婪、淫亂。另外「放債」這一職業在
當時的朝鮮社會並非合法行業，主要由日本人經營（손정목 1980）。在這

10《每日申報》，1913 年 5 月 9 日，3 版。
11 趙一齋（趙重桓），〈翻譯回顧，「長恨夢」與「雙玉淚」〉（飜譯回顧「長恨夢」과「雙
　　玉淚」），《三千里》（삼천리）6 卷 9 號，1934 年 9 月，頁 234-236。

種情況下，放貸可以是一個敏感議題。因此趙重桓在韓文版中，刪除了上面簡短提及的、放債與國家富強與之間的聯繫，並將「國家」一詞改為「世上」。韓國學界對於趙重桓的《金色夜叉》譯本多有研究，說明了日本原文和韓文翻譯之間有著極大的差異，並重申了兩部小說在殖民地朝鮮的流行現象（박진영 2004, 2005; 권보드래 2007; 노혜경 2013; 최태원 2017）。

　　同時，改編後的《長恨夢》的故事中心人物是一名學生這一事實，也可能吸引了朝鮮新興的社會精英，因為彼時公眾對接受高等教育者的期望，往往與國家進步聯繫在一起；男主角守一的學生身分，也反映了朝鮮年輕讀者嚮往自我提升的欲求。守一在學校認識的交友圈，都是透過在日本接受教育成為政府官員和銀行家，由此獲得了社會成功。然而守一自願放棄了這樣的機會，成為放債人的選擇，亦象徵了年輕人的道德喪失：不僅放棄了為社會服務的義務，而且放棄確保個人進步的未來。藉此我想要再次強調的是，趙重桓對日本流行小說的翻案改寫，體現了現代「愛」的概念、翻譯活動以及新小說於在地脈絡中的實踐之間交錯匯集。更重要的是，外國文本的在地化，只有在精神（對現代的渴望）與物質（現代技術的配備）的層次、都準備好以服務於一個國家的現代化的情況下，才能實現。

　　不可預見地是，《長恨夢》是當時台灣與朝鮮對於《金色夜叉》的唯一「譯本」。台灣一直要到 1981 年、才有了安紀芳在達觀出版社出版的完整譯本。而在殖民地台灣，對《金色夜叉》的接收主要是透過 1910 年代的原著小說以及 1920 年代的新劇與電影改編。[12] 台灣文學研究者張詩勤即曾聚焦討論《金色夜叉》在戰後台灣的傳播與在地化，除了電影也包含同名台語歌曲、電視連續劇、以及不同版本的小說翻譯比較。日治時期曾於 1918 年至 1937 年間放映過四個不同版本的《金色夜叉》電影，主要由松竹

---

12 日治時期新劇運動研究者白春燕即曾討論留日學生如張深切等人受到《金色夜叉》影響，而張深切也參與了戰後《金色夜叉》的電影改編（白春燕 2021，李政亮 2008）。

映畫製作（張詩勤 2015：125）。電影文化研究者李政亮於〈《金色夜叉》
的台灣之旅〉一文中引介日治時期台灣文化圈對於《金色夜叉》的接收，
特別是新劇改編與電影放映。二戰之後台灣電影製作技術逐漸成熟、並產
業化後，更迎來一系列影像改編，最早為林福地改編之電影《金色夜叉》
（1963）（李政亮 2008）。除了直接引進電影或影像改編，《金色夜叉》
對於台灣流行文化的影響面向之廣，如流行歌〈熱海岸散步〉就取自《金
色夜叉》的主角們相偕殉情之地。而將《可愛的仇人》翻譯為日文的張文
環在〈落蕾〉（1933）也曾提及這部作品，《可愛的仇人》與《金色夜叉》
的直接聯繫也是如此（張文薰 2003）。

　　而當時對於原著小說的討論，則不免與傳統作品相比，並且從中提點
出當時人們尚未能掌握的作品元素。如一篇在 1912 年出版、以半文言半白
話寫成的短篇文章評論道：「《不如歸》與《金色夜叉》這些小說是如此
地受歡迎，即使有很多新興的作品都跟隨著它的步伐，但沒有一個可以與
之相比。近來有許多試圖描繪時事的中國小說，但其中很多都未能充分地
考量道德問題。《金色夜叉》比起《水滸傳》和《西遊記》等作品都更具
價值。」[13] 就這些評論看來，中國小說跟《金色夜叉》的區別，在於後者所
描繪的「道德問題」。這裡沒有進一步明確點出「道德問題」所指為何，不
過從古典小說和現代小說最重要的區別來看，我們可以猜測到那個主題就是
「愛」。

　　然而，在 1910 年代的朝鮮和台灣，社會大眾對《長恨夢》或《金色夜
叉》的接收並未發覺「愛與金錢」的二元對立是一個值得辯論的話題。即
使在《長恨夢》中，女主角也是被描繪成是受父母逼迫才嫁給富人，而不
是像阿宮一樣按照自己的意願結婚。日治時期文學研究者與出版編輯陳雨
柔在分析張文環小說時則曾表明：「戀情的實踐與物質基礎密切相關，但

13《臺灣日日新報》，1912 年 2 月 5 日，3 版。

戀愛論述卻獨崇精神排斥物質，致使經濟未能獨立的青年男女無法逃脫金錢的魔障」（陳雨柔 2017：255）。儘管如此，這個二元結構後來成為李光洙《再生》和徐坤泉《可愛的仇人》中的核心問題。

二、愛國者到拜金女：《再生》中「愛」與「女性」的商品化

　　《金色夜叉》、《長恨夢》和《再生》[14] 之間值得注意的關聯已被提出過（서영채 2013, 2021；정하늬 2017）；李光洙的同代人金東仁則曾指出《再生》深受《金色夜叉》的影響，但未提到《長恨夢》。無論如何，《再生》都是 1920 年代朝鮮殖民時期最受歡迎的小說之一，但由於其通俗的面向，在李光洙的作品中相對地受到文學批評家的忽視（방민호 2021）。然而《再生》的出版時期與小說內容都清楚涵蓋了殖民時期最重要的事件之一：1919 年的三一獨立運動。雖然這一事件先前也曾在廉想涉的《萬歲前》（1924）[15] 中作為背景出現，但《再生》在篇幅與主題上都更清楚描寫了該歷史事件，並且觸及到 1920 年代的「革命」氛圍與社會主義思想的快速興起。更重要的是，在此時期「戀愛」與「新女性／摩登女」在文學創作和社會輿論佔據極大版面與可見度（Shin 2010: 136）。
　　如殖民時期十分有影響力與代表性的啟蒙文藝雜誌《開闢》在 1925 年的一篇社論[16] 中表明：

---

14 此作於 1924 年 11 月 9 日至 1925 年 9 月 28 日間連載於《東亞日報》，共 218 回。
　　本章討論、引用版本為：李光洙（이광수）。1964。《李光洙全集 2》（이광수전집 2）。
　　首爾（서울）：三中堂（삼중당）。

15 廉想涉（염상섭，1897-1963）這篇小說，以三一運動前夕的現實為背景，最初是以《墓地》為題在《新生活》雜誌上發表。1924 年改題為《萬歲前》，單行本出版。

16〈近期在朝鮮流行的新詞語〉（최근 조선에 유행하는 신술어），《開闢》（개벽）27 號，
　　1925 年 3 月，頁 70。

> 無論如何，朝鮮的萬歲運動有著廣泛影響。以往不常見的各種現象
> 一一發生。出現了很多以往沒見過的新詞語、或沒使用的新文字。在
> 拋棄了一切之後，己未年（1919）後朝鮮的流行術語中……「戀愛自由」
> 在性遲發的朝鮮青年男女間，有如七年久旱逢甘霖般，是最常被使用
> 的文字。……無法忍受、無法言說、無法書寫各種不遇與境遇的煩悶
> 苦痛，在不幸的朝鮮青年男女間，（戀愛自由）成為最常被寫下的文
> 字。（p. 70）

當時與「戀愛自由」一起出現的熱門流行語還包含文化運動、實力養成、無產者、布爾喬亞、孩子、解放、階級鬥爭、煩悶苦痛等。換言之，不安、苦痛和自由戀愛這三組詞在某種程度上呈現了新的階級、現代和年輕人主體的內在精神狀況，同時也體現殖民朝鮮社會的感覺結構。尤其是苦痛和愛，是青年男女之間經常使用的術語，新的情感概念同時有如生命之水、也會造成痛苦的心理現象。

《再生》就發表於上述時期，除了反映政治文化現象，也對這些現象有所批判。整部小說因連載中斷過三個月而讓故事結構分為兩大部分：第一部分聚焦對於時下戀愛論述商品化的批判，第二部分則將國族寓言置於「摩登女」（modern girls）這一社會角色，並帶有更強烈的批判。[17] 小說基本情節類似於《金色夜叉》，且在核心價值體系中將愛情和金錢相互對立起來：一位美麗的女學生金淳英（김순영）選擇嫁給一個有錢人白允熙（백윤희），這使得他的革命夥伴兼情人申鳳求（신봉구）深感絕望，而後成為金錢的奴隸。

---

17 分為兩大部分有一主因，李光洙在小說連載到一半時生病手術，因此停了三個月，這直接影響了小說內容規劃，在敘事上也有明顯差異。

　　鳳求是一位年輕學生，也是三一運動的組織者之一，因為反抗運動而入獄，被釋放後即面臨人生抉擇。淳英也是學生，且因為個性開朗、長相出眾而聞名。兩人因為在運動中躲避警察追捕時相識相愛，並體現了當時「浪漫愛」的啟蒙內涵：兩人出於自由意志發展戀愛，並且是在追求國家／民族自由時發生。然而，李光洙在小說中安排了更多複雜元素，讓一個標榜自由戀愛、建立國家的故事，反倒成為自身的批判。在此之前一樣以戀愛為核心的《無情》等作品中，李光洙為青年主角（男性知識分子）設定的挑戰是「現代與傳統」之間的矛盾與抉擇，並且經常以女性角色在「性」方面墮落貞潔與否的特質來體現。而《再生》中的女性角色，已不再被設計來體現男性知識分子在傳統價值、現代慾望間的擺盪，而是被全然賦予現代化的欲求與實踐；這反映了李光洙自身經驗（作為三一運動主要參與者），也與他對於政治思想、知識論述的反省有關。更明確來說，《再生》在很多方面都包含了對當時資本主義出現後社會發生的轉變、以及對國家敘事的深刻見解。

　　小說開場描繪了淳英離開一場音樂會，然後前往火車站見鳳求，準備私奔。在火車上路後，小說開始回想兩人過往相遇的情況。如前面已提及，金淳英和申鳳求都參與了 1919 年的三一獨立運動，他們在這場運動中愛上彼此。但這個出於對民族的激情，並未加持自由戀愛、讓這價值堅不可摧，反倒是隨著運動失敗，兩人關係發生變化，更明顯的轉變則集中在描繪淳英的部分。如在運動失敗後，從獄中釋放後的鳳求在一封給淳英的信中寫道：「我愛李氏朝鮮——我愛那個生養了淳英的李氏朝鮮。如果沒有淳英，我還有什麼愛李氏朝鮮的理由？」（pp. 21-22）這裡鳳求將他的愛人與國家聯繫起來，為他對激情時代的記憶辯護。然而，當時淳英正努力恢復正常生活，並在各種來自家庭期待、性別身分與傳統要求的壓力下掙扎著，逐漸忘了鳳求。

　　在《再生》中，淳英被描繪成一個從「新女性」到「摩登女」的沈淪

墮落；後者是「過度的現代」之體現，特別是出於 1919 年後淹沒了朝鮮社會的極端唯物主義和對浪漫愛的狂熱。小說的開場鮮明地刻畫出淳英對於物質商品的老練，穿著「用 3-8 絲綢布製成的灰裙」，擦香水和化妝品，頭髮紮成了一個華美的髮髻，有完美的品味和風格。甚至在經歷了女子學校的學習生活、並對世界更加瞭解之後，淳英發展出家庭、學校之外的人際關係，並受到新事物的吸引，新的人際關係帶來解放的慾望，並逐漸沉浸在酒精、香菸和其他商品樂趣之中。這新的人際關係來自淳英事業失敗的哥哥淳基（순기），他為了籌措資金，計劃將淳英「介紹」給當地富豪白允熙，並安排了一次午餐聚會，而那個聚會實際上是一場交易，為了恬量淳英的「價值」而設。

白先生與淳英象徵不同世代的朝鮮人，如在語言教育（漢文與英文）、穿著（韓服與洋裝）上形成明顯差異。然而應該象徵「傳統」的白先生，卻讓淳英以英文詞描繪為「紳士、細心」，充滿西式魅力。小說亦透過淳英的目光描寫了白先生的豪宅，雖然保留了朝鮮傳統房屋結構，但每個房間都以西式物件作為裝潢擺設，不只十分壯觀、甚是超越了「西式洋房」的豪華（pp. 38, 51）。這個融合了傳統與現代的豪宅成為淳英第一個明確慾望的對象，甚至動了「如果我是這房子的女傭……」的念頭（p. 47）。而淳英在房子裡閒蕩時曾駐足於一幅畫作前面，看著西方畫作上的裸女，一度想到自己裸體的樣子，十分短暫、但有意識地看見自己成為（性）慾望對象（p. 44）。白先生透過豪宅驅動了淳英的物質慾望與性意識，更進一步將其商品化。在午餐過後，男人們定下了淳英的價碼：二萬元。在此婚約中，「浪漫愛」毫無用武之地。

廉想涉即曾在 1920 年代發表的小說作品〈愛與罪〉[18] 中直指：事實上

---

[18] 〈愛與罪〉為廉想涉於《東亞日報》連載（1927 年 8 月 5 日至 1928 年 5 月 4 日）之長篇小說。此處引用版本為：廉想涉（염상섭）。1987。〈愛與罪〉（사랑과 죄）。《廉想涉全集 2》（염상섭 전집 2）。首爾（서울）：民音社（민음사）。

物質資本主義已經侵入性生活領域，並造就性的資本化。……現代人的戀愛生活已成了金錢買賣。」（p. 8）這一結論並不僅僅在於承認愛情只不過是一種資本主義價值交換的商品，他認為：「無論多麼矛盾地強調愛的神聖性、自由和至高無上，我們都無法忽視物質條件。」（pp. 6-7）他很清楚「性」是通過資本主義交換價值買賣的，他稱之為「性的資本化」。白先生所代表的角色，正是這一殖民資本主義的體現：身為兩班貴族的他，不僅擁有大量土地、經營貿易公司等事業，且這些事業與新興的「性服務業」直接相關。

小說將白先生描繪得風流倜儻，經常出入妓院，連婚約都用錢處理。他與淳英的「性」隨後發生在釜山東萊一處日式溫泉飯店：一個具有多重象徵意義的場所。李光洙小說中的「現代化」空間、居家場所（如洋室、酒店、接待處、交通工具）等空間是其形塑角色背景的重要設計（류수연 2017）；這些現代化物質與空間，更經常與「性」的配置相關（신정숙 2016）。《再生》中出現的許多異質空間皆與淳英的重要轉變緊密鑲嵌，此處的日式溫泉旅館暗示了身體裸露與性的慾望，同時帶有強烈的貞操威脅。小說即讓淳英在此處失去童貞，並急遽改變其內在狀態。

為了到溫泉治療頸部疼痛的淳基，開著轎車來到淳英面前邀約他前往東萊溫泉。淳英猶豫了一下、半推半就地上了轎車。當他坐進車內即對車內奢華的裝飾感到讚嘆：

> 這輛車是財富的象徵。就像一輛高貴的、國王或王后的寶座，在無數人中，只有少數可以乘坐。一坐到座位上，淳英就體會到了自己從未有過的高貴和可貴。……淳英環視著那輛包裹著名貴綢緞的車子，用手摸了摸厚實晶瑩的玻璃窗，左手遮住了半垂下來的淺灰色紋飾，……此時，他的臉上閃過興奮的紅光，胸口燃燒著一股未知的慾望的火焰。」（pp. 37-38）

　　這不是淳英第一次坐私家車，去拜訪阿姨、與朋友去海灘時都已乘過轎車，但當時「只能說是愉快的，並沒有受到這麼深的撼動」（p. 38）。轎車在淳英到達溫泉前，已先驅動了他內在的慾望。這一慾望，在小說的描述中，是背離了淳英過往「十年來在學校從 P 夫人那裡學到的所有道德教訓」（p. 38）。這一場景預告了淳英到了東萊溫泉後，即將面臨的道德挑戰。

　　溫泉長久以來在朝鮮社會中主要作為治療的功能存在，而當現代社會的「休閒」概念出現後，溫泉空間做為休憩場所，成了與日常生活十分有別的存在。小說寫到的東萊溫泉在 1890 年代開始發展，1910 年後在日本殖民政府開發交通和基礎道路設施後逐漸受到歡迎，曾作為日本人與特權階級的渡假名勝。到了 1930 年代已成為聞名的旅遊勝地，一般朝鮮人也樂於前往，甚至在前往溫泉路上搭車、旅遊的經驗會被認為是「現代」與「富有」的象徵。但因為主要使用者仍為有錢、有權階級，且透過日本政府引入藝妓服務，讓該處染上酒色財氣，成為男人消費藝妓、妓生等與性服務有關的娛樂場所，在 1920 年代末期更有文人感慨這一曾經的淨土已淪為淫亂之地（신정숙 2016：201）。東萊溫泉作為「墮落之地」的象徵也經常出現在 1920 年代的小說中，如第一章提到的、玄鎮健的〈墮落者〉中即有多處出現東萊、清涼寺、楊柳等溫泉名勝。

　　如前面簡短提及的，淳英雖然是陪同想要治療頸痛的哥哥前往溫泉，但白先生也出現在同一個旅館，並在當晚潛入淳英房間，強勢誘惑他發生性行為。上述情節在小說中被描繪為淳英與自我人格的交戰，而非屈從於白先生強迫性的要求。當白先生擅自進入其房間時，淳英覺得受到汙辱，但白先生說了一句「有誰在看啊？」，他的心態有了改變：

　　「是啊，沒有人在看。神不知、鬼不覺。」這麼一想，淳英的憤怒消
　　失了。就這一瞬間，就在這麼短的一瞬間，一個人的性格受到了考驗。

淳英接受了嚴格的教育，聽了很多良言。也常聽到貞操很重要。但是，
「有誰在看？」或者「錯過了這個機會，一生的幸福可能就永遠過去
了」這些想法讓誘惑降臨，當受到其威脅時，沒有人是準備好的。P
夫人的教悔在此也無用武之地。（p. 75）

P 夫人代表的是新式女學校的基督教教育，男女間婚前的任何接觸都
被禁止，但當個人離開公眾視線（沒有人在看），原本強烈的道德倫理隨
之削弱。甚至在之後的一個暑假，淳英住進白先生的一處別墅，過著如夫
妻般的生活。那時淳英徹底轉變為只重視享樂消費的摩登女孩，開始抽煙、
喝洋酒，褪去過往十年學校啟蒙教育在他身上鑲上的金箔（p. 87）。

因此小說開場時，與鳳求重逢的淳英，幾乎分裂為兩個自我，一個屬
於鳳求，另一個則離不開白先生（p. 92）。鳳求與白先生，正代表了浪漫愛
的雙重結構：二元對立的精神（啟蒙）與肉體（物質、性），也同時帶有解
放與壓迫的內涵。金錢與性更直接體現為現代愛的「他者」，使淳英從愛國、
啟蒙文明、現代化的隊伍中脫隊。由此小說明確地描繪了（以淳英為代表
的）新女性們，如何從一個愛國者到一個拜金女的轉變，李光洙寫道：「受
到家庭，或三一運動時代的精神所影響，幾乎所有的人都是愛國者。……
那時，他們都沒有想到過結婚，而是致力於為國家犧牲奉獻。這樣的女孩，
在首爾和當地約有四、五百人。」在三一運動五年後，這些女孩的狀況變
成了：「到了二十三歲或二十四歲，〔如果一個女人〕沒有特定職業——
妻子、母親或教師——情況好一點的，可能是女性中的貴族階級，或者，
情況壞一點的，則會變成浮浪者。」在這些女孩中，有如淳英許身給富人，
並過著看似幸福的生活。然而，肉體與物質享樂漸漸侵蝕自我，即使最終
憶起自己對鳳求的愛，並試圖洗盡鉛華與他重聚，但淳英已經染上性病、
深陷性放蕩的醜聞，在大眾的目光下成為被高度性化的摩登女（p. 304），
無法安身立命，最終走上自殺一途。

　　在女主角身上，愛情與金錢之間的矛盾被體現在從國家逃避到物質享樂的選擇之間，而在男主角鳳求身上，這個矛盾則表現為人性與金錢之間的抗衡。小說第二部分情節支線較第一部分紊亂，其中一條線聚焦描寫鳳求因為淳英的背叛而成為放債人，「既然是金錢讓他失去淳英，他現在唯一的渴望就是金錢。」（p. 176）因此，鳳求和白先生原本在小說的第一部分分別代表現代愛的兩個對立內涵（精神與肉體），在第二部分則表現為「資本主義」的兩種面孔（私有與累積），差異就在於鳳求感受到人性的危機：

> 「我不能關照別人。這工作就是要了結事情。為了收到錢，就算是一匙米飯都不應該留下。在收錢的時候，一個人的心必須像野獸一樣。」他回想到他曾在某處聽過這些話，而若再聽到這些話，他會認為這些是正確的。鳳求決定不再照顧別人，並決定擺脫溫暖的人性之類的東西。〔他〕想到了日本小說《金色夜叉》的主角，間貫一。 他有時會試圖將自己與貫一進行比較。當他這樣做的時候，他會驚訝地感嘆他們在很多方面都如此地相似。（p. 97）

　　鳳求自比間貫一當然來自作者李光洙對《金色夜叉》的接收，但更深層的文化影響不只存在於小說的設定中。事實上，日本在 1876 年與朝鮮締結《江華島條約》後就取得政治、貿易、地理等不平等權利，也從那時起開始在朝鮮經營合法的放債業務（Sin 2003: 158）。此後於 1895 年和 1905 年之間分別在京城、開城、釜山和仁川等地都有合法經營放債；到了 1910 年正式殖民朝鮮前夕，日本幾乎已經完全控制了朝鮮半島的貿易和資源（Duus 1995: 245-288）。因此當鳳求意識到自己失去人性想到並自比間貫一時，不只是日本小說《金色夜叉》自身的魅力與影響，還有著殖民地當時無法不面對的社會現實。「放債」也因此體現了「帝國、殖民、資本主義」

等多重結構的交織性象徵。

　　而鳳求與間貫一雖然都因為愛情挫敗而投身金錢借貸，但與女性角色不同之處在於：男性角色選擇金錢總是出於被迫與無奈，因此有朝一日會清醒過來；女性角色則是主動投懷送抱，最終自取滅亡。所以小說安排鳳求在這之後受到陷害被判殺人罪入獄，即使沒有犯行，他對判決仍直認不諱，就像在為自己放債收債時的惡行贖罪。小說由此轉化迷失於金錢的主角，使之能夠贖罪、重拾道德精神，並再次為國家清醒過來。之後鳳求回到家鄉協助建設鄉里，甚至願意重新接受身敗名裂回到家鄉的淳英，以履行未完成的「戀愛」。原本受資本主義與帝國主義壓迫的男主角再次以「愛」（國族愛、浪漫愛）重振旗鼓，但這是在放棄金錢誘惑的前提下才能達成。

　　《再生》中的男女主角面對金錢與愛情的選擇與角色塑造，反映了一種性別化的現代性。一方面，在現代化和國家建設的過程中，儘管受到不同性別期望的制約，女性和男性看似是平等地擁有為社會的解放作出貢獻的機會和義務；另一方面，小說和社會所稱頌的「愛」，結果具有根本的毀滅性：男性體現了人性的毀滅，而女性則最終只能自毀。《再生》中女性知識分子（新女性）雖然被賦予了文化資本，但基本上被孤立且無法施展。而男性知識分子的文化、經濟、社會象徵資本則不斷加乘、複製和傳播，加劇了性別間的不平等（윤영옥 2014）。這一敘事上的落差，就清楚體現在：一樣受到金錢誘惑，男主角卻得以「重生」，女主角則墮入絕境。這類性別化敘事，在殖民時期兩地的新文學作品亦不斷被重複操作，也可見於同性愛、殉情等社會現象中，我將在第四、五章進一步探討。而《再生》透過戀愛所凸顯的性別、國族、資本主義等議題，也可以在徐坤泉《可愛的仇人》中看見。

三、愛、金錢、性:《可愛的仇人》中的慾望階序

徐坤泉於 1935 年發表的《可愛的仇人》,[19] 被公認為殖民地台灣最受歡迎的戀愛小說,甚至由另一重要作家張文環翻譯為日文。[20] 當時的文人許炎亭即評論道:

> 「可愛的仇人」在台灣新民報一開始連載,就受到熱烈歡迎,連報社的幹部也大吃一驚,這部作品好在那裏?讀者見仁見智,但他運用適合大眾口味的筆法,巧妙地描述本島人的生活裡層,同時也表現作者要復興頹廢的東方婦女之道的意願,加上男女主角志中和秋琴的戀情終究只停留在永久的幻影——柏拉圖式的純精神戀愛,不讓它發展到肉體性的交歡,保持人性美好的一面。換言之,它捕捉住被純化的熱情和神聖純真、樸實的愛情,因而受到一般大眾的喜愛。[21]

文中的「柏拉圖式的精神戀愛」、「肉體性的交歡」、「人性美好的一面」準確定調了這本「大眾小說」的世俗性:一個普遍化的、精神與肉體的二元對立,即是戀愛的核心內涵。而「復興頹廢的東方婦女之道」,則是當時戀愛論述經常「借題發揮」的場域,亦即「婦女問題」、「婦女解放」等論述總是伴隨著戀愛論述出現。這一子題在文學場域的實踐,就化為各種落入悲劇下場的女子,如同《再生》的淳英,以及《可愛的仇人》中短暫出現的許許多多無名的摩登女。

---

19 針對此作品的相關研究可參考:林芳玫,2012;林姵吟,2014;翁小珉,2016。

20 關於日文譯本的詳細研究,請見:柳書琴,2011。

21 原載於《可愛的仇人》臺灣新民報 1936 年版,此處轉引自:下村作次郎、黃英哲。
　　1998。〈臺灣大眾文學緒論〉。《可愛的仇人》。台北:前衛。頁 1。

　　就結構而言，[22] 這部小說描繪了兩代人的三段愛情關係：第一代以秋琴和志中為主線，這對愛侶無法擺脫傳統的媒妁婚姻，只能與他人成婚。[23] 即使在他們的配偶病逝後，仍然無法表達對彼此的愛。然而志中會私下試圖透過一個基督教禮拜堂援助秋琴母女，他們各自的小孩——志中的兒子萍兒，秋琴的兒子阿國和女兒麗茹——則發展出兩條愛情軸線：一是萍兒和麗茹相愛，並在後來留學東京；二為阿國愛上了麗茹的友人慧英，而慧英雖是一個富家女，而他的母親是一位不知名的日本女人，其混血血緣是社會上的禁忌。[24] 上述兩組三角關係，與李光洙的《無情》和《再生》中的設定十分類似。這就如台灣文學研究者林芳玫曾指出的，在「羅曼史」文類中雖常以男女主角間的戀愛關係為主，但也常見三角關係的設計（林芳玫2009：35）。但林芳玫進一步將台灣1930年代以吳漫沙、徐坤泉為代表的大眾小說定位為「婚戀小說」，強調其「多人物、多主題、多線發展」的敘事模式，且更「著重愛情的內部關係」（林芳玫 2009：36）。而無論通俗的故事軸線關係如何地複雜，《可愛的仇人》都明確地將「愛與金錢、肉體慾望」的矛盾對立起來。整部小說中，愛情被幾近盲目地稱頌，而金錢和肉體則受到嚴厲的譴責。徐坤泉透過秋琴的經驗，在小說開篇兩頁即呈現了我在前一章討論的戀愛論述內涵。

　　小說開場即表明秋琴的丈夫建華是一位不負責任的男人，他將時間和

---

22 小說的劇情結構摘要亦可參考：柳書琴，2011，頁 279。柳書琴透過細緻化分析小說的文化翻譯、漢文與和文版差異比較、與文本脈絡，對於小說情節與敘事提供了極完善的分析。

23 兩人的戀愛故事在 1936 年出版的《暗礁》中有明確情節描述。《暗礁》主要敘事者為王志中，被認為是《可愛的仇人》的前傳。

24 就此社會意涵，林芳玫在其研究中指出，小說中與「日本」連結的女性身世處境相對弱勢，是作品「將陽剛強勢的殖民者逆轉為柔弱可憐的女性，一方面滿足了被殖民男性對殖民國家女性的情慾想像，另一方面也很弔詭的呈現出集體潛意識層次台灣認同的焦慮：日本一半的是根源，卻又注定是被拋棄與失落的根源，台灣父親則是既定的現實」（林芳玫 2009：47）。

金錢花費在酒精和娼妓上，最後因為性病而喪命。建華並非粗鄙之人，家境好、受過高等教育，但「根性有些不好」。在秋琴的認知裡，建華根性不好的原因來自「對於愛情這兩字、不大十分明瞭」（pp. 1-2），因此在君子外表下濫用愛情、引誘姦淫無知少女、出入花街柳巷，最後染上梅毒，且怕性病醜聞外傳而不敢就醫，暗服偏方而亡。「愛情」在此被視為是人性與道德的尺度，而失掉尺度的表現即為肉慾。秋琴進而感嘆自己不乏人問津，卻因父母安排嫁給建華，不滿於自己的命運是受傳統媒妁之言拖累。

相對於建華，志中這個角色則完全為了實現「戀愛」價值而設。[25] 他也因無法屈服於媒妁之約而成婚，但心裡一直無法忘懷秋琴，甚至夢見秋琴時，不僅止於高呼「我的愛！我的秋琴！」甚而是「癡癡的含笑、而亂吻她的香唇及全身的各部分、他如死人一般的縮身在她的乳部下」的肉慾場景（p. 36）。透過夢境粉飾的慾望無損精神與道德的戀愛，並讓他感受到了靈魂與肉體的合一，即為「至高無上的愛」的實現。這樣的追求，就表現在小說的最後，志中發出的感嘆：

> 唉！秋琴、自我們互相嫁娶後、雖然未曾再交嘴、說過一句話、但是始終心神是合一的呀！我相信、你的肉體是屬於〔你的丈夫〕建華的、但是你的精神完全是屬於我的、「體離神合」、對天對地、我們是絕對神聖的呀！在這、「肉慾」與「金錢」的現社會、我們的工作可謂成功的了。（p. 411）

與《再生》、《金色夜叉》的設計相似，上段感嘆中的兩位男性分別被配置了「肉體－精神」的二元化象徵，而代表「精神」的角色，總以「金

---

25 文化史工作者照史曾指出，王志中這一角色取材自詩人、台灣文協成員王天賞（1903-1994）的遭遇，亦具有傑出的漢詩文能力（照史 1983：92）。

錢－肉慾／性」作為「純粹之愛」的威脅與失敗，亦即：「愛」是美德，
「金錢－性」就是惡習。但不同於前兩部作品中的女主角帶有現代化的負
面特質，《可愛的仇人》中的主要女性角色（特別是母親秋琴）被賦予了
更道德化的特質。華文文學研究者林佩吟曾討論《可愛的仇人》中性別化
的敘事結構，將之歸納為「賢妻良母與花心男性之對比」（林佩吟 2014：
12）。由此可以進一步觀察到的是，小說中的男性也被分配不同的負面象
徵。建華就如《再生》中的白先生，富有且受過良好教育，但在「性」方
面無比墮落，「性病」也總是作為懲罰的毀滅象徵。而鳳求與志中則是追
求與實現自由戀愛的範例，他們被隔絕於淫亂行為之外，並將國家興亡連
結於戀愛的真正實踐，他們的良善特質，亦部分來自對於國家與革命的堅
持，這將在下方討論。此外，當男性的墮落與「性」連結在一起時，小說
中部分女性亦偏離了賢妻良母的規範；這些女性的墮落，則被交付於資本
主義式的物質享樂。

　　彼時消費社會開始發展，夜晚原本是生靈休息的時間，卻成為帶有休
閒、社交、享樂的功能，與白日的工作時間區隔開來。小說中不乏類似的
觀察再現，諸如海水浴場、百貨店、戲院、舞廳、咖啡廳、登山、旅行，
都是社會進入資本主義化生產勞動後才出現的活動，並透過新式教育帶
入遠足、畢業旅行等文化。根據馬克思主義學者昂利・列斐伏爾（Henri
Lefebvre，1901-1991）的研究，前工業化社會的歷史型態的特徵之一即表現
在日常生活型態，是由自然循環（natural cycles）──白天和黑夜、星期、
月份、季節和生命週期──構成的，並被框限在宗教意義和使用價值之內。
馬克思則闡明，早期資本主義的日常生活，被生產現場的工作日程主導；
資本主義就存在於日常生活裡並不斷自我再生產。列斐伏爾對於日常生活
的批判研究始於 1930 年代的西方社會，認為「日常被現代性的表面覆蓋了。
生活被隱藏在新聞故事和來自藝術、時尚和各種事件的動蕩影響下，……
那轉移了我們對於日常生活的認知，並以為那些奇觀就是日常性」（Lefebvre

1987: 10-11）。但也正是在這樣的現代化空間與時間中，新式的社會關係因應而生。

　　秋琴即將眼前所見的社會情景奇觀化為「滿眼盡是夜市熱鬧之景、現出人類生存競爭之緊張場面、紅燈綠酒的咖啡館、遊客們……百貨店的見本櫥裡、排列著奇形巧樣的物品、摩登女郎、一出一入、大有滿載而歸之慨……」（p. 182）由此，他譴責資本主義化的消費社會中、虛假的解放風習，人群如洪水般淹沒的商品之間的競爭，像老虎一樣可怕（「市虎」）。從秋琴的觀點來看，「就是自稱之所謂婦女解放之女同胞、無不都是外皮而已、奢侈無度、日趨逸樂之方、胭脂水粉之解放而已」（p. 69）。而這段批評，針對的即是淳英那樣的「摩登女」。但不如《再生》中細緻描繪的女性主體轉變，徐坤泉透過秋琴之口，道出當時社會幾近刻板印象化的普遍認知，明示連女性都看不慣摩登女的墮落，而非僅是出自男性的壓迫目光，但反映的更是徐坤泉彼時對於摩登女性的道德譴責：

> 近來台灣女子真是變得令人可怕，尤其是一些受過教育的女子更利害，奢侈無度，惟能研究美容術，日新月異的服裝，和往來於娛樂場而已，其他的都可置之於腦後，富的還不怎樣致到敗名失節，貧的難免走入傷風敗俗之途，家貧而愛美，金錢從何而來？以其肉體貞操大賣出罷！[26]

　　事實上，他曾在《島都拾零》（1937）中發表數篇短論中批判當時的女性問題，同時也記錄下他在街道巷尾、乃至百貨店等現代空間對於女性的觀察，顯示上列引文論點就來自徐坤泉的女性觀。他將女學生稱作「高

---

26 阿 Q 之弟（徐坤泉），〈臺灣目下的婦女〉，《島都拾零》，1937 年 4 月 20 日。後收錄於《暗礁》，台北：文帥，1988 年，頁 143-145。

等遊民」，描述「島都如某女學院的女學生，終日濃裝濃抹，胭脂、水粉、綢緞洋裝、長衣、高跟皮鞋，以讀書為名，實為結婚之廣告，所求的出路，便是拜金主義的婚姻。」[27] 或將中產、上流階層的婦女（摩登女）描繪為只重視物質消費、性關係混亂，批判「島都的這個地方，風俗的壞真是破全台灣的記錄，婦女奢侈無度，因之墮落者不勝其數，全台的『女給』、『娼妓』，大都是由島都批發出去的，甚至對岸如廈門、福州，除了走水的以外，大行其海外『娼妓』、『女給』的移民工作！世風日墜，人心不古，男盜女娼，真是島都的一種特殊怪現象呀！阿修羅的都市，令人可怕而難提防其被腐化的地方！」[28] 這樣反映了大眾目光的價值批判，幾乎與各種時論、說教建言並無二致，唯獨不斷受到譴責的摩登女未見任何發聲管道，女性在當時依舊是只能被再現的對象。當然這樣的社會集體價值已成了意識形態化的政治操作：無論男女都歡迎這樣的論說，並以此規訓需要管控的對象。就如第一章指出的，婦女問題彰顯的是一種新興的權力系統，女性在其中受到更多元、甚至隱而未顯的治理規訓。

　　然而若從年輕一代的心境變化來推敲，較具啟蒙與道德精神的「新女性」與沈溺於肉體物質享樂但高喊虛假解放的「摩登女」之間僅有一線之隔，兩者間的差異，最終決定於「性」的有無。秋琴的女兒麗茹，在小說中是被賦予經歷愛情洗禮的角色；其慾望與對神聖之愛的想法，受到源於日本的戀愛的小說、歌曲和電影的影響，也來自新式教育的啟蒙（與規訓）。如小說描寫到，麗茹和萍兒等人相約去參觀「衛生博覽會」，對於眼前陳列的（梅毒、林病防治的）生殖器一方面感到害臊而面紅耳赤，一方面又被激起好奇想看得更仔細（p. 241）。又或者當他與友人在劇場觀看電影改

---

27 阿Q之弟（徐坤泉），〈他們的話〉，《島都拾零》，收錄於《暗礁》，台北：文帥，1988 年，頁 107。

28 阿Q之弟（徐坤泉），〈風流的夫人〉，《島都拾零》，收錄於《暗礁》，台北：文帥，1988 年，頁 135-137。

編的《金色夜叉》時，心裡湧起了這樣的感受：

> 看到貫一與情人御宮在那悽蒼的月夜、決裂於砂坡的時候、不覺為貫
> 一撒了無數的清淚、同時亦恨御宮不該為金錢所迷而嫁給罪惡資本家
> 的富山、麗茹真的哭起來了、她的手緊拉著萍兒的手、顫顫的微動
> 著……電燈忽然光亮起來、麗茹急急的放開萍兒的手。（p. 204）

這些與「身體／慾望」相關的情節，都是透過殖民者帶來的現代「性」
認知，以「文明開化」之名進入人們的日常生活。麗茹跟隨萍兒去到東京，
但後來得知萍兒與君子的關係後意圖自殺，在絕望的心情下，心裡批判的
卻是「近代的女性，因被社會的假文明所害……」（p. 483）這裡的「假文明」
指向的其實正是「自由戀愛」無法擺脫「肉慾」威脅的證明，亦即：「戀愛」
的啟蒙精神與「自由」的破除封建禮教間的矛盾，必須透過「性」的中介
來縫合。當自由戀愛允諾的文明啟蒙道路出現阻礙時，那一定是「肉慾」
造成問題，而非文明戀愛有錯。慧英就曾受一位過來人勸說，不要被新思
潮所迷惑，但原因並非思潮本身，而是在於她後來與同為革命夥伴的知識
青年不婚同居、失去貞操（p. 351）。但是萍兒自詡進步知識份子，卻經不
起誘惑，與日本舞女有染後還有了孩子，相比純潔處女之身的麗茹，無論
在「戀愛」與「結婚」面前都是失格者。因此小說最終讓萍兒與麗茹結為
連理，連孩子都以麗茹為母。但那之後，麗茹開始「對於化妝方面、深深
的研究、頭髮衣冠多加修整、也許恐萍兒遭第二次的被誘惑、沈淪的緣故」
（p. 506）。連身體接觸也更加主動。

在整部小說中，所有角色都參與了讚頌「純粹之愛」，並且大力譴責
金錢和性行為，而男性則被指派另一項職責：讚頌大東亞共榮。志中曾經
比較孫中山的革命與愛的革命，並進一步提倡亞洲聯盟（即亞細亞主義）
（pp. 187-189）。阿國由於家境貧困而無法前往日本接受高等教育，在完成

基本教育後不得不養家糊口。但當他在工作場所被日本人同事咒罵為「清
國奴」時，他以「在此日華親善、內台親善之秋、他們是破壞親善的惡分子」
反對種族差別，認為「我不承認我自己是他們所罵的『清國奴』我是亞細
亞民族的一分子、我要為整個的亞細亞洲而努力」（p. 297）。徐坤泉透過
小說人物侃侃表達日華親善基礎在於民間合作，不僅在學校裡的「內地人」
同窗應當視台灣人為同胞，同時也是每個台灣人的使命（pp. 274, 417）。
這樣明白地呼籲，與其說是服膺殖民政策，倒不如說是對於日華「不親善」
的現實提出解法。

　　但作者實則將慾望客體連結到「日本」，並有排除意味；女性在小說
中被賦予遮掩種族階序問題的功能。麗茹的友人慧英，如前面所提到的，
必須隱瞞生母的身分。作者透過將慧英生母的「日本」身分與另一個身分
「舞女」聯繫起來，以幽微地解決混血身分的爭議；也就是說，是舞女的
身分，使慧英的父親堅持埋葬這段可恥的歷史。另一個例子是，前面提到
萍兒在東京與一位日本女性的性關係，這個名叫「君子」的女人也是女給、
舞女，在小說中第一次出現時甚至只是一個慾望的剪影，讓萍兒對著富有
曲線的肉體遐想（p. 437）。作者在此情節出現之前，已先有對於東京的描
述，將之描繪為繁華而墮落之地，批評「戀愛是青年男女的生命」，只是
引出淫亂之人的癡狂醜態（p. 434）。萍兒在看見對門窗內的裸體剪影前，
更感嘆到東京這個城市「夜神一至、罪惡行威、變成阿修羅的世界、……
舞場、咖啡館的遊客、漸漸四散了、他們那赤色的熱血球、被那妖嬌溫柔
的舞女和女給、鼓動到破裂無餘、大家雙飛雙宿的坐著自動車、像那色魔
的樂府跑去了……」（p. 437）東京、舞女、乃至日本女性，就如同「摩登
女」的極致體現，是過剩的現代與商品消費。而隨著小說情節展開，君子
讓我們想起《金色夜叉》中的阿宮：先嫁給了一個有錢人，丈夫去世後，
又決定開始尋找真愛。當君子遇到萍兒時，他們在《金色夜叉》中出現的
標誌性景點「熱海」幽會（pp. 445-446）。後來，萍兒和君子的性愛事件導

致麗茹意圖自殺，君子被描繪為性墮落，並且是作為對萍兒和麗茹之間「純粹之愛」的威脅。

　　綜合本節各段分析，可以統整出一個透過「愛」運作下的慾望階序：愛依舊是至高無上的，性則更劣於金錢，處於絕對墮落的位置。其中，「金錢」在《可愛的仇人》中或許不如《再生》與《金色夜叉》中所描繪的、帶有明確的非道德、非人性的批判，但經常突兀地出現在諸如「爭之何益、積之何得、生不帶來、死不帶去的金錢啊！唉可怕的金錢──」（p. 353）；「在這『肉慾』與『金錢』的現社會」（p. 411）；「是資本家子弟交涉欺瞞的手段」（p. 433）。等感嘆譴責中。其背後隱含的批判，是資本主義帶來的價值紊亂，更直接威脅到傳統家庭價值體系，甚至是日台與東亞地緣階序關係。然而這些批判都是以愛的名義進行，更透過性別化、種族化的象徵操作，展現「現代愛」論述內含的權力系統。

四、小結

　　為了統整本章論點。我想回到周蕾的「愛的戀物崇拜」概念來討論。前面提及周蕾對這一主題的闡釋是基於對小仲馬的《茶花女》中文版翻譯和接受的討論。周蕾以唯物論式的閱讀方式、凸顯傳統與女人的關係來重讀鴛蝶派文學，並爬梳了鴛蝶派文學的歷史物質成因：包括出版市場與上海新興消費文化，之後的討論則轉以《茶花女》的翻譯與接受為例，將翻譯、愛情以及科技（火車）等現代性經驗連結。周蕾提出翻譯「情愛」的「可溝通性」或火車帶來的「無可復返」、重構傳統「氛圍的隕落」，是為了將鴛蝶派小說置放在傳統批評以外的「新世界」，這些訊息皆有助於讀者（跟隨周蕾重新）定位鴛蝶派文學。

　　若回到本章討論的《再生》、《可愛的仇人》與《金色夜叉》之間的

關聯性，或說《金色夜叉》對於《再生》、《可愛的仇人》以及殖民地社會來說的調節功能，就展現在將「愛」進一步商品化與戀物化。如周蕾指出的，將西方愛情故事翻譯成中文版，促成一種協調功能，提供了兩種不同的意義模式，根據不同的需要，這兩種模式可以互相調整：

> 當愛情被抨擊為兒女私情，有害於國家大事的時候，就「只不過是一種小說式的消遣」而已；但是要面對西方對中國的攻擊和侵略時，愛情則被稱為「全球性的人類本質」。感性的愛情在這兩種情況下都成了逃避的港口，用來淡化一些只能留待別些方法來解決的問題。（Chow 1991: 75）。[29]

我將周蕾對於「外國文本翻譯」的討論，擴展到此章關於日本與台朝間跨文化影響的結果，以瞭解人們如何在殖民文本中重新編碼「新」（newness）並解碼「舊」（sameness）。在《再生》和《可愛的仇人》中都有《金色夜叉》「出場」的情況下，我們可以看到周蕾的兩種意義模式，分別以「普遍的人性」作用在《再生》（當鳳求尋求自身對人性頹廢的和解）以及以「小說式的消遣」作用在《可愛的仇人》中（當麗茹試圖拓展愛情體驗時）。儘管如此，在這些情況中，每個協商的情境都不盡然遵循周蕾所提出的模式，而且遠比所謂東方（或是中國，周蕾的討論對象）和西方的二元分法更複雜得多。

考量到《金色夜叉》也是英國小說家 Bertha M. Clay（原名：Charlotte Mary Brame，1836-1884）《比女人弱小》（*Weaker than a Woman*，1878）的翻譯（堀啓子 2000），而且其流通也不僅限於書籍形式，還包含視覺和聲音等形式（酒井美紀 20120：35；李政亮 2008），這部作品在殖民地現身

---

29 譯文引自麥田中譯本（周蕾 1995：140）。

的方式，已是多層次和多文本的。因此，在「對愛的戀物崇拜」過程中，資本主義、現代技術、在地文化和跨文化交流等發展，是其發生的必要條件，這清楚體現在《金色夜叉》、《再生》與《可愛的仇人》彼此間產生連結的方式，以及在主題上幽微的差異。[30] 如以政治環境來說，《再生》中的政治狀態是在後三一獨立運動時代，「愛」被體現為逐漸消逝的政治激情的重要替代；而《可愛的仇人》則處於「復興東亞」及「日華親善」的時代，其中「愛」仍然是服膺於革命的精神，是至高無上的追求。

　　然而，無論在上述任何一種情況下，「愛」都具有強烈的「戀物崇拜」，透過資本主義關係中介，並以金錢來代替無法觸及的「愛」：《再生》中的主角們屈服於金錢，並且永遠無法表達對彼此的愛；在《可愛的仇人》中，志中對秋琴的無法言說的愛、被置換為他秘密支援的金錢。矛盾的是，兩部小說對金錢譴責的觀點，都是以「金錢」作為「愛」和人性的毀滅力量來證明的。鑑於「愛」在各種形式的文化藝術中被商品化，並且明確地與金錢相關，這表明了人們在資本主義制度中的生活反應，有激情的追求、也有極度不適應，我將在下一章進一步討論這個面向。

---

30 除了本章分析觸及《金色夜叉》、《再生》與《可愛的仇人》間的差異，若回溯最早的版本《比女人弱小》中的敘事主軸，其實強調的是女性角色對於金錢的迷戀，並且自始至終未改變態度。

「色」衰而「愛」弛

李箱與翁鬧
小說中的殆
盡之愛

　　如前兩章綜合指出的，「制度化」與「戀物化」不只是「戀愛」的內涵，亦是成就其普世、跨國流通的機制，因而愛的制度化與商品化的過程，是透過地方文化與外國知識技術之間的交流而獲得交換價值。其中，「性（慾）」成為資本主義關係中的經濟行為，具有貨幣交換價值；娼妓等非典型女性提供性服務（商品）者，則成為現代愛與社會矛盾間的調解中介。然而在前面兩章討論的作品中，「娼妓」經常被視為主角們被取消「愛的資格」、或在追求戀愛過程中極力避免的對象，「娼妓」本身也就是愛的失格者。而本章聚焦的兩位台朝作家及其作品則展現了不同的態度：一樣都是在極力追求實現精神戀愛、並將愛戀物化，但是選擇在非典型的對象上實踐現代／愛的追求。這一「非典型對象」更加凸顯愛和性都被商品化，以及如何共構成為我在本章所稱的、整個現代化過程中困擾殖民主體的「殆盡之愛」（exhausted love），這在李箱與翁鬧的作品中即表現為「殖民現代性」、「現代親密關係建構」的反面。

　　在回應現代性與現代愛的諸多殖民作家中，朝鮮作家李箱（이상，1910-1937）與台灣作家翁鬧（1910-1940）[1]共享了許多「非典型」的經歷。

1　關於翁鬧的生卒年，許俊雅曾於〈翁鬧生平著作年表初稿〉一文中透過相關資料考證推測其生年為 1908 年，卒年為 1939 年或 40 年。確切生卒年為林明德參考彰化縣戶政事務所「翁鬧戶籍資料」及陳藻香、許俊雅編譯之《翁鬧作品選集》推定（陳藻香、許俊雅 1997：316；翁鬧 2009：6-7）。其生平討論可參考：蕭蕭、陳憲仁編。

兩位作家於同一年出生，分別在三歲與五歲時因本家道業中落被其他家庭領養。寄人籬下的身世並未阻撓他們受教育的機會，與同時代其他知識分子一樣，他們能以日文與在地語言書寫。同時他們也屬於多語的世代，李箱能寫韓文與漢文，翁鬧也曾以白話中文與台語文發表文章，反映了前兩章討論到的語文改革與創作實驗；兩位作家的作品承繼了新文學、新小說的運動，同時也在寫作上多有透過個人經驗進行協商、斡旋。他們也都十分嚮往帝都東京，兩人在 1930 年代中期如願前往，卻也分別於二十七、三十歲的年紀病逝異鄉。[2]

　　李箱與翁鬧皆屬於能以流暢日文書寫的現代主義作家世代，在他們出現之前，台朝殖民社會已經歷與殖民日本連動的同化政策（1915-1937）、文化政治（1919-1926）時期，以及民族政治運動的興起（一戰後各地的民族自決風潮和大正民主）和挫敗（朝鮮的三一獨立運動和台灣建立議會的請願運動）。這些文化和政治趨勢培養了一代文人，他們在 1920 年代中期試圖在當地的語言和無產階級藝術運動中寫作。然而，從 1931 年開始，日本軍事優勢加劇、並肅清了普羅／無產階級文學運動；爾後在 1937 年，參與二戰前夕，殖民政府開始嚴格審查殖民地的文化活動。在這些困難的條件下，現代主義作家團體在境外蓬勃發展，特別是在東京的台灣和朝鮮知識分子和文學界，這也包括李箱和翁鬧所屬的文學團體：李箱參與了海外文學派於 1933 年成立的「九人會」（구인회），致力於現代主義文學；翁鬧則與台灣留日學生在 1932 年 3 月 20 日東京成立的「台灣藝術研究會」密切往來，並在其官方出版品《福爾摩莎》（フォルモサ）首次發表文學

2009。《翁鬧的世界》。台中：晨星。

2　關於兩位作家的其他生平比較，可參考：姜秀瑛。2009。〈「愛情」成全不了「逃避」——以翁鬧〈天亮前的戀愛故事〉與李箱〈翅膀〉為主〉。《臺灣文學評論》9 卷 3 期，頁 62-92。翁鬧與李箱的現代主義作品與日本作家之比較可參考：謝惠貞。2019。〈東アジアにおける横光利一「皮膚」受容の射程－劉吶鷗「遊戲」、翁鬧「殘雪」、李箱「童骸」をめぐって〉。《臺灣日語教育學報》33 號。241-270。

作品〈淡水的海邊〉（淡水の海に，1933）。[3]

　　除了上述短暫的生命中平行的交集之外，更讓我印象深刻的是兩位作家在描寫社會／親密關係的作品中，共有的一種強烈「枯竭殆盡」的情緒，以及，與娼妓角色的連結。我將從這兩點出發，分析其相關性並展示這兩個特質如何表現在他們各自最為人熟知的作品——李箱的〈翅膀〉（날개，1936）[4] 與翁鬧的〈天亮前的愛情故事〉（夜明け前の恋物語，1937）[5]——之中。這兩篇小說皆發表於 1937 年前夕，彼時日本殖民政府正在加速其同化政策以利戰時總動員之急；也是現代化發展了幾十年後，由僑居「內地」（即殖民母國日本）與本地仕紳促成發展的布爾喬亞式消費社會、且因殖民地社會高踞不下的失業率與貧富差距而顯得不合時宜之際。在此背景下，李箱與翁鬧的作品經常被視為是現代主義巔峰時期的代表，同時也最能展現殖民／現代個人主體內在的矛盾，以及我所稱的「殆盡之愛」：不僅窮盡追求「愛」（即文明的象徵）的可能性，也表現在「敘事」（即再現自我的方法）面向的枯竭，這將在下節仔細說明。

一、現代／愛，及其不滿

　　本章討論的「殆盡」（exhausted）之意涵，部分來自後現代理論資源。

3　原文於 1937 年 1 月以日文發表在《臺灣新民報》。我的討論基於：翁鬧。2013。〈淡水的海邊〉。《破曉集——翁鬧作品全集》。黃毓婷譯。台北：如果。90-91。

4　原文以韓文〈날개〉發表在：《朝光》（조광）11 號，1936 年 9 月，頁 196-214。我的討論基於原文，中文引文則取自：李箱。2020。〈翅膀〉。《吹過星星的風——戰前篇》。游芯歆譯。台北：麥田。191-216。

5　原文於 1937 年 1 月以日文〈夜明け前の戀物語〉發表在《臺灣新文學》。我的討論與引文基於：翁鬧。2013。〈天亮前的愛情故事〉。《破曉集——翁鬧作品全集》。黃毓婷譯。台北：如果。297-323。

美國後現代主義作家約翰・巴思（John Barth）在其頗具爭議的〈枯竭的文學〉（"The Literature of Exhaustion"）一文中聲稱：傳統的文學再現形式已被「用盡」，這些形式因為被過度使用而失去可能性，甚至為小說帶來終結。「枯竭的」不是物質、道德或知識等主題的消耗殆盡，而是寫實主義（realism）與現代主義（modernism）等形式，但這並不一定導致絕望（Barth 1984〔1967〕）。近三十年後，哲學家德勒茲（Gilles Deleuze，1925-1995）在〈精疲力竭〉（"The Exhausted"）一文提出類似的看法。此專文分析劇作家貝克特（Samuel Beckett，1906-1989）作品中的人物如何 「窮盡可能性」，並且在筋疲力盡後轉化為新的主體（Deleuze 1995）。精疲力竭是創造新主題的基礎：只有在所有可能性都耗盡時，才能出現真正的新事物。我並非將這些後現代批判視為是李箱與翁鬧的文學徵狀，而是藉由上述討論指出，這些批評預示的未來（耗盡之後將出現新主體），已在「過去」發生，凸顯這些文學時間（temporalities）並非線性地（古典－現代－後現代）發展。所謂的已在「過去」發生，最具體的例子即是語言的混雜性。

　　「語言」作為創作形式的媒介，正是前幾章都提及的「新」文學／小說成立的依據。如我在第一章提及的，被認定為朝鮮第一部「新小說」作品的〈血之淚〉，是因為以「純韓文」寫作而獲得歷史定位，之後殖民朝鮮知識分子幾乎是用盡氣力來喚醒塵封近五世紀之久的書寫系統。[6] 韓文字後來代表了「新」的形式，因為在於當時世界主義盛行下，對於世界語和言文一致等運動的追求，作為拼音系統、口語文字的韓文，有如進入了一個遲到的未來，並與另一個被斥為落後傳統的「漢文」共存近半世紀。如李箱在〈翅膀〉原文開頭的引文中使用許多漢字，本文則幾乎是韓文；前者凸顯漢文的視覺性、後者則是韓文的音感，但因為韓文的音感較重、

6　一般認為韓語文字系統源自李世宗大王於 1443 年完成製作的《訓民正音》（훈민정음）。

辨識意義費時、使得閱讀變慢（Em 1996）。這樣的文體多少帶來閱讀之「難」，除了不同書寫語言層層疊加的意義與音感，讓閱讀不再直觀之外，也讓作品主題的多重複雜性透過語言更加具體化。

而翁鬧亦曾在思考創作中的「鄉土色彩」時，以語言作為體會媒介，表明自己「在作品裡放進台灣才有的名詞」（如日文沒有的「大廳」），而非直接替換成日文有的名詞（如「廣間」〔ひろま〕），即是鄉土色彩表現時刻（翁鬧 2013b：264）。彼時台灣知識分子已從第一波高唱白話中文為新文學運動主軸、進入第三波的台灣話文創作。儘管因進入皇民化、戰時動員高峰期，翁鬧等人真正開始實踐台灣最接近「言文一致」的創作實踐時即已告終。有趣的是，即使當時不被肯認，日文或許才是殖民地台灣新文學運動的推手，這從〈她要往何處去？〉的歷史定位即可推敲，也在翁鬧的「日本文學在形式與世界文學並無二致」的認知上（翁鬧 2013b：269）。從上述兩位作者及其語言經驗來看，「翻譯」的問題也由此浮現，亦即：閱讀之難處、鄉土之表現，都在翻譯中被消解了。這也體現了殖民現代性意識形態的核心內涵：透過同質化的時空想像，普遍性（universality）凌駕於特定性（specificity）之上，中介了各地自身的歷史與現代化進程。

語言的同化政策或許讓殖民地作家們無法在原本熟悉的語言中安身立命，甚至在既有語言中也找不到對應於現代、新社會處境的表達方式，因而其自我再現的枯竭與危機，同時也促成作家們的跨文化協商能力。若進一步就小說形式來推敲「窮盡」之意，可在兩部作品皆起用的「獨白體」敘事風格開展討論。〈翅膀〉的第一人稱敘事者「我」從來沒有放棄他的（獨白）觀點，故事進展嚴格限於他自己的幽閉恐懼意識，讓這個故事讀來幾乎沒有什麼行動、沒有對話、也沒有角色發展，敘事中出現的舉動也只會干擾我們對於主述者的看法、判斷的信任。〈天亮前的愛情故事〉的敘事與上述〈翅膀〉所具有的特徵幾乎相同。而這樣的敘事風格，亦可見於兩位作家的同代人、同為現代主義旗手的朴泰遠、巫永福的作品中觀察得到。

巫永福（1913-2008）和朴泰遠（박태원，1909-1986）不僅也是殖民台灣和
朝鮮的標誌性現代主義作家，他們也分別於 1929 年和 1930 年赴日本留學，
並在 1932 年和 1933 年開始文學創作。[7] 我曾在別處討論他們的中篇小說──
〈首與體〉（首と體，1933）與〈小說家仇甫氏的一日〉（소설가 구보씨
의 일일，1934 ）──體現的「不可譯性」，做為現代與殖民主體矛盾的一
種表徵（Chen 2021）。但就此處討論的語言與文學形式來看，這些殖民作
家觸及到的問題不僅是外部現代社會的劇變，還包含作為被殖民者「自我
再現」的窮盡。

　　正如韓國文學研究者克里斯多佛‧漢斯康（Christopher Hanscom）系統
性分析朝鮮殖民現代主義作家及其作品後所闡述的，這些殖民作家的「再
現危機」（crisis of representation），來自於無法將語言視為是有意義的世界
參照，這一信念的喪失，成為現代主義者在日本殖民統治下的核心關注點
（Hanscom 2013）。漢斯康指出，在朴泰遠的作品中，「語言的創新，總
是與『疾病』和『無法溝通』等主題連結，也因此凸顯了語言作為表達媒
介的不確定性，以此向讀者展示了參照性（referentiality）的破壞」（Hanscom
2013: 630）。這與前述〈翅膀〉中的閱讀之難相呼應，也是台灣殖民作家
共同面對的難題。特別是「疾病」與「無法溝通」的特質，不斷出現在這
些現代主義作家的作品中。

　　與本章聚焦討論的兩部小說中的主人公一樣，〈首與體〉與〈小說家仇
甫氏的一日〉的小說主角也都處在一種不穩定狀態，這種狀態也都透過現代

7　對於巫永福的時代特質與《福爾摩莎》文學社群的研究，請參考：王惠珍。2011。
　　〈殖民地青年的未竟之志──論《福爾摩沙》文學青年巫永福跨時代的文學夢〉。
　　《文史臺灣學報》3 期。167-210。本文將著重討論翁鬧（與巫永福）等殖民作家的處
　　境，而與此主題有關的討論已有林芳玫提出的「帝國凝視」分析論點，請參考：林芳
　　玫。2010。〈日治時期小說中的三類愛慾書寫：帝國凝視、自我覺醒、革新意識〉。
　　《中國現代文學》17 期。125-159。殖民朝鮮兩位現代主義作家的相關討論，則參
　　考：Hanscom, Christopher P. 2013. *The Real Modern: Literary Modernism and the Crisis of
　　Representation in Colonial Korea*. Cambridge, Massachusetts: Harvard University Press.

主義手法——漫遊者（flâneur）與意識流（stream of consciousness）——呈現。
兩部小說的主角們如同漫遊者在城市景觀中游盪，捕捉和投射出（東京與兩
座殖民城市，京城和台北之間的）疏離感和懷舊感，藉此描繪了 1930 年代
在殖民統治下、知識分子的生活與心境。[8] 班雅明式的漫遊者，[9] 是受納粹迫
害而自殺身亡的班雅民創造出來的布爾喬亞式現代主體，被認為是在批判消
費資本主義，是西方現代歷史的另翼主體；其無意義的慢／漫遊，挑戰了納
粹政權建立的速度和進步範式（Fulford 2013: 28）。結合德勒茲的新主體預
言，漫遊者們可以有意識地知道自己是在「為生活耗盡」而非「耗盡生活」，
進而創造出有別於西方中心主義的歷史主體。然而殖民版的漫遊者，不僅與
西方內部的現代性危機（及納粹主義）有關，也反映了台灣和朝鮮必須透過
殖民主義接收西方現代性，因而衍伸出的多重內在危機。

　　然而與巫永福和朴泰遠的（被殖民版）漫遊者不同之處正在於，李箱
與翁鬧的小說主角幾乎失去移動的能力，或更強調其停滯在單一空間中的
心理狀態。[10] 本章提及的作者與其作品所處的時代，也是著名心理學家佛洛
伊德（Sigmund Freud，1856-1939）發表《文明及其不滿》（*Civilization and
Its Discontents*）[11] 的時代。在這本涵蓋心理學、社會學、文化分析的論著中，

8　對於此主題的分析可參考：橫路啟子。2008。〈混合的身體－論《福爾摩沙》時期的
　　巫永福〉，《台大日本語文研究》16 期。61-79。謝惠貞。2009。〈臺灣人作家巫永
　　福における日本新感覚派の受容：横光利一「頭ならびに腹」と巫永福「首と体」の
　　比較を中心に〉。《日本臺湾学会報》11 號。217-232。
9　因此一現代主體是由德國思想家班雅明（Walter Benjamin，1892-1940）透過分析現
　　代主義詩人波特萊爾的作品創造出來的，因此稱為班雅明式的漫遊者（Benjaminean
　　flâneur）。更多與該主體批判資本主義、消費社會有關的討論請參見：Benjamin,
　　Walter. 1983. *Charles Baudelaire: A Lyric Poet in the Era of High Capitalism.* Translated by
　　Harry Zohn. London: Verso Editions. 54, 61.
10〈翅膀〉中的我甚至在意識到這樣的封閉狀態後仍稱：「內人一直以來對我近乎囚禁，
　　但我沒有任何怨言。」（p. 202）
11 德文原著發表於 1930 年，本章討論引自：Freud, Sigmund. 1995. "Civilization and Its
　　Discontents." In Peter Gay ed., *The Freud Reader.* New York: Norton.

佛洛依德斷言，「文明」不僅沒有為人類提供契約化的安全保障，反倒成為人類不快樂最大的來源之一，因此他曾將這種「不滿」（discontents）稱為「文化挫折」（cultural frustration）。德文原文書名中的「文明」為「Kultur」，包含科學、科技、藝術、社會等所有人類文化的成就和發展，也是普遍化（或說西方中心化）的啟蒙理性與現代性的內涵。但佛洛依德不從狹義的科學理性著手，而是從性慾、家庭、宗教、價值、幸福等範疇闡明：文明本身是一種重新分配快樂的機制或策略（Freud 1995: 752）。

　　與上述西方理論家、文學家的思考有所共鳴的是，殖民時期的現代主義作家們，透過「新文學」形式與「愛」的主題面對的，同時是心理與物質的現代性矛盾，並與下方將討論的商品化的情感與社會關係有關。我將英文的「exhausted」、「exhaustion」統一轉換為中文的「殆盡」，強調對於現代性追求的「疲勞」、「不安」，以及「窮盡」啟蒙與敘事之形式與可能性之處境。更重要的，「愛」是這兩篇小說的共同主題，並如前面幾節所討論的，與同時代的其他文學作品共享著複雜性與矛盾性。「愛」同時作為普遍化的文明啟蒙價值之體現，及其失敗與不滿之指標，更加複雜化佛洛伊德對於文明的闡釋。換句話說，「現代愛」確實改變了既有社會關係，並透過重新定義親密關係的標準、從而分配了幸福、快樂等情感價值。然而，就如同前述殖民版的漫遊者一般，殖民現代性中的「文明之愛」及其不滿，揭示的不僅是（西方）現代文明內部的問題，或追求現代／愛失敗而生的挫折（這預設了會有成功的版本），更是所有其他的選擇都被抹除殆盡的內在狀態。

　　因此弔詭的是，當佛洛伊德的文明人類在思考快不快樂的問題時，現代愛的殖民主體們，「只有」快樂一種選項；換言之，文明窮盡之處不在於充滿悲傷痛苦，而是強迫快樂與幸福的精神壟斷（與分斷），這與美國酷兒理論家伯蘭德提出的「殘酷的樂觀主義」（Cruel Optimism）不謀而合。伯蘭德指出，殘酷的樂觀性得以存續，最主要的原因是幻想（fantasy）的存

在：當人們在日復一日的生活中，逐漸失去、也尋不得任何可以想像「美好生活」的可能性時，會轉以其他方式慰藉自己，尤其是在資本主義的世界，人們經常以消費、物質生活作為想像生活美好的憑藉。但實現的並非「美好生活」，而是美好生活的「幻想」，甚至在更加窮絕之境時，方法也都被拒絕、捨棄，僅剩下「幻想」本身（Berlant 2011）。如〈翅膀〉開頭向讀者提問「知道『變成標本的天才』嗎？」並隨之稱「我很快樂。這種時候，連戀愛都成了一件愉悅的事情！」（p. 191）然而讀者將會從後來的故事發展質疑，「快樂」從何而來？〈天亮前的愛情故事〉亦在開頭即宣告了：「我想戀愛，一心一意只想戀愛」（p. 297）。這種窮盡心力的欲求，亦是當時殖民知識分子共同的徵狀，這在前幾章都有觸及。

然而如我在本章前言已提點，這兩部作品與其他作品的明顯區別在於，小說主角訴說、證明「戀愛」的對象是我稱為「非典型」的女性（即舞女、女給、娼妓等性化的女性主體），而不是一般現代／貞操／純潔的（新）女性，或更傳統版本的賢妻良母。這個作法幾乎等同捨棄「愛的資格」，但也同時凸顯愛的資格系統如何運作與如何失效。據此，在底下兩小節針對兩部小說內容的分析中，我挪用《漢書·孝武李夫人傳》中「夫以色事人者，色衰而愛弛，愛弛則恩絕」之言，[12] 並將容貌姿「色」轉換為 20 世紀初期逐漸在現代文學中退場的情「色」（eroticism），以此寓言情色、性慾自現代社會中衰微，才是「愛」弛弱乃至殆盡之因。透過強調主流社會規範中依然存在、但因象徵現代文明的愛而壓抑的慾望，「色衰」、「愛弛」在兩部小說中同時指向「非典型女性」與「無法成為現代」之人。

12《漢書·孝武李夫人傳》記載孝武皇后李氏（前 2 世紀－前 100 年代）重病時，因容貌毀壞，婉拒與武帝見面，並發出此嘆言。

二、「色」衰者：現代「非典型」親密關係

　　李箱與翁鬧都因與「非典型女性」的關係而聞名，這在他們的生活和
文學作品中佔有重要地位。1933 年，李箱與一位名叫錦紅的妓生住在黃海
道的白川溫泉養病（肺結核），也曾在京城一起經營茶坊；錦紅也在李箱
數篇小說作品中出現過，包括〈翅膀〉。[13] 翁鬧則在他的第一首詩〈淡水的
海邊〉中即曾向一個十六歲、「販賣自己身軀」的女性表達他的愛和同情；[14]
而〈天亮前的戀愛故事〉和另一個中篇小說〈殘雪〉（残雪，1935）皆涉
及對於某位年輕的、從北海道來的咖啡館女給的追求。需特別說明的是，
兩位作家作品與相關記事中提及的「妓生」、「女給」並非嚴格意義上的「娼
妓」；李箱與翁鬧對這些女性有獨特的欣賞之情，與傳統上的、對於與性
服務有關的女性的觀念不同，我在討論時權衡以「非典型女性」稱之。

　　除了在寫作中不斷提及這些非典型女性，翁鬧曾經在他最後一部中篇
小說〈港町〉（港のある町，1939）[15] 中描述了他對神戶港的「阻街女」、
「賣笑婦」的態度：

> 如果有莫名其妙的人把海港特有的這些女人的存在視為國恥，恐怕只
> 會被譏為愚昧吧。外國人遺落在海港的錢，大約有三成其實是靠她們
> 的本領撿起來的，這無疑才是海港的意外收穫。（p. 350）

---

13 李箱於 1930 年診斷出肺結核，後於 1933 年搬到黃海道的白川修養，在那裡他遇到了
　　錦紅。李箱與錦紅的關係曾被改編為電影《錦紅啊錦紅》（금홍아금홍아，1995）、
　　《58 年狗年》（58 년 개띠，2014），韓裔美國劇作《李箱數到 13》（Yi Sang
　　Counts to Thirteen, 1999），以及韓國劇作《我們的美好年少時光》（깃븐우리절믄날，
　　2008）。
14 詩中明確指出「未到十六正含苞的妳／不得不販賣自己的身軀！」這樣的文句（翁鬧
　　2013：90）。
15 翁鬧。2013。〈港町〉。《破曉集──翁鬧作品全集》。黃毓婷譯。台北：如果。
　　348-501。

> 海港的警察署裡頭，每天都會有普天之下的海港皆有的特產—阻街女、
> 賣笑婦被揪進來。那段時間報紙的社會版上，刊登了多少非法賣淫被
> 檢舉的報導啊！這種報導在海港的報上尤其氾濫。這類一無是處的新
> 聞—用當地的俗話來說，就是廢材新聞—像麵種一樣會不斷地發酵。
> 那時候的中學生應該還記得，自己是怎麼從這類新聞開啟了奇怪的幻
> 想，因而增加了自慰的次數。（pp. 399-400）

與翁鬧後來在〈天亮前的愛情故事〉中描繪的「性焦慮」有所差異的
是，上兩段引文中明確將遊走於神戶港邊的非典型女性視為慾望（幻想）
對象，並且肯認這些女性的社會價值，也將（在當時性學、教育中逐漸被
病理化的）自慰行為的普遍性明白點出。一般人（中學生）並非直接接觸
這些非典型女性，而是從「新聞報紙」獲得「性」的符號，並以個人慾望
回應這樣的訊息。這樣的態度在殖民時期的知識分子中或許也有，但直接
在公眾媒體中表明正面想法實屬少見。

儘管與這些女性維持一定的關聯，並帶有同情、傾慕等心情，兩位作
家仍然無法與其建立合格、可能的「親密／戀愛關係」。據此我欲進一步
提出，本章討論的兩部小說中有個無法忽視的敘事張力，來自於「讀者理
解得很清楚、但被敘述者拒認」的事實差距：即，他們對著「不可愛」之
人（the unlovable）追索愛。因此，兩部小說中的獨白敘事、對於作者們建
構主人公的內部性和場景是不可或缺的。在這些場景中，個人與現代資本
主義社會關係隔絕開來，並同時產生批判性內涵。我在此並非指向主角不
能愛上這些非典型女性，而是想強調：愛和性皆通過現代化的過程被制度
化，因此人與人之間的關係是由他們與不同機制關係形成的；然而「妓生」、
「藝伎」、「娼妓」、「酌婦」、「女給」等來自不同行業、但經常被「性
化」（sexualized）的非典型女性，被認為是「愛」的反面，或至少可以說是
愛的「失格者」，因而不該成為戀愛的對象。再者，若透過兩部小說的獨

白敘事來觀察，主角與這些女性的「非典型」關係，正是兩部作品共享的「敘事結點」（hinge-point of narrative）：亦即，只有當主角與同處一室的女性沒有達到與性交或親密關係時，敘事才得以推進。

在〈翅膀〉中，「我」設想自己已「愛弛」、甚至「精神分裂」般地與一個女人共同生活。[16] 他們兩人在三十三番地共用一個有隔間的房間，房間所屬的屋舍有另外十八個家庭，「十八戶人家的白晝，靜悄悄的一點聲響都沒有」；「我」曾直接表明「這個地方，結構上不免讓我有類似妓院的感覺」（p. 193）。但他對自己的「房間」很滿意。在房裡時，他會蝸居在房間其中一邊的空間裡，不分日夜昏睡。夜裡，會有男人造訪他的女人並留下錢——他開始想著，為什麼他們這樣做？有時他會出門在街道上晃蕩一整夜，直到他謹慎地認為可以返回房間的時刻。他非常感謝女人為他做的事，包括帶給他飯菜，讓他在另一個空間獨自進食。而在自己一方潮濕的被褥中，他發明了各式東西，寫文章、還有很多首詩。但他多數時候不分晝夜昏睡，盡力避免跟鄰居照面打招呼，也沒有慾望出去外頭，因為「我對人類社會感到害怕，對生活感到畏怯，對所有的一切都感到陌生」（p. 197）。

這種「遁世」、「逃避」的癥狀，就清楚表現在「我」對於「金錢」的茫然無知。例如，在「訪客多的日子，我就必須依整天躺在棉被裡。……碰上這種日子，我就會故意變得很憂鬱，那麼內人就會給我錢——五十錢面值的銀幣，我很喜歡。但是我不知道錢該花在哪裡，所以總是丟在枕頭旁邊」（p. 198）。在房內發生的很多事對他來說是一個謎：「為什麼內人總是有錢，錢還有那麼多？」「內人有職業嗎？我對內人的職業是什麼一無所知」，並且「開始著手研究內人的職業到底是什麼，但限於見識不足，很難研究出個結果來」（pp. 198-199）。他後來參透這些錢是訪客留下來的，

---

16 原文為「에다자 서먹서먹해진」，可譯為「戀愛技法生疏」，我將之簡譯為「愛弛」。

「但訪客們為什麼要留下錢，內人又為什麼必須接受那錢，這種禮儀觀念令我百思不得其解」（p. 200）。一天，他試圖將銀幣倒在廁所中來挑釁女人，但沒有效果。女人不聞不問，只是繼續往他床頭擺錢；雖然錢持續變多，但他想不到怎麼花那些錢。有時他趁著女人夜裡外出也溜到外頭，雖然不忘記帶錢，但即使在街頭晃蕩一整夜，錢卻「一分都沒花，我根本沒想到要花錢，大概已經完全喪失了花錢的本能吧」（p. 202）。「金錢」對於「我」來說一方面是失能的象徵，他不僅對資本主義式的以勞動換取金錢、財產積累感到困惑，也缺乏私有財產的認知。但在另一方面，他認為「金錢」又是實現其慾望的一種手段，只是為了快感：「不管是訪客留錢給內人，還是內人留錢給我，都是出於一種快感——除此之外應該就沒有別的理由吧？」（pp. 201-202）

對於「我」來說，女人每天的行程幾乎是隨機的。因為不知道怎麼花錢，他有次錯估在外遊蕩的時間，提早回家撞見在女人房裡的男人。他為此很懊悔，一邊在心裡向女人謝罪，一邊反省著「如果我能用掉五圓錢，我就不可能在子夜前回來」，但是「我根本摸不著頭緒該揪著哪個人把那五圓錢遞過去」（p. 204）。隔天他又在晚上出門去了，決心在街上停留夠長的時間，以避免造成前一天晚上的尷尬：

> 不管怎樣，我出門了。我有點夜盲，決定盡量只逛明亮的街道。於是我晃進了京城火車站一、二等候車室旁邊的茶室，這對我來說是一大發現。首先，這裡我認識的人都不會來，就算來了，他們也會馬上走，所以我早就想好每天到這裡來打發時間。最重要的是，這裡的時鐘比其他地方的時鐘都來得準確。我可不能隨便看個不準確的時鐘便信以為真，在預定時間之前就回家去，那就糟糕了。（p. 209）

「我」擔心自己把握不了時間，又犯錯回家太早，所以他要定點查看

火車站（京城站）外的鐘樓，認為上頭的時間一定是準確的。但熬不到半夜他就累極了想回去，路上不巧下了雨，被淋濕的他到家發現客人還在，雖然想避免犯一樣的錯誤，但體力不支糊裡糊塗的又穿過女人的房間打擾了她的工作。「我」的心理和身體健康，就這樣持續在困惑、壓力和疲勞下渾渾噩噩。然而「時間」正是殖民現代性和資本主義時代的重要標誌，京城站外的鐘樓即象徵著公共空間與殖民空間中的現代時間。在資本主義制度下勞動結構重組，人們的勞動與生活不再只是依循日升日落的自然時間，而是轉換到工廠、學校等有著規定作息的生產方式；並如前一章討論到的，出現消費娛樂等夜裡的活動。同時，商品在生產中以速度和累積為準則，人們的日常生活很大程度都是需要透過勞動、商品的中介；在這種社會中，時間和勞動是重要的資本。小說中的「我」脫離資本主義生產社會，不僅生產力低下，經常要「打發時間」或不知日夜的昏睡，讓時間總是過剩，因此毫無用處。

　　至此，小說中的場景從一個空間切換到另一個空間，但僅限於三個：「我」的房間、女人的房間以及殖民地京城（現在的首爾）的街道。敘事在這些轉換間向前推進，而這些轉換皆發生在「我」試圖向女人證明他的愛：亦即，把自己完全從女人的日常生活中抽離。例如，「我想到在她回來之前應該離開這裡，趕緊回到我的房間」；「趁她夜裡出門時，我溜出來了」；「我趁她外出不在時，偷偷進了內人的房間」（pp. 200, 204, 211）。然而，當他沒有成功迴避女人、或打斷她在房裡的活動（愛意展現失敗），兩人之間的情感交換（關心、擔心、憤怒或歉意）或身體接觸／交易（唯一一次在女人房間過夜）才得以發生。至此，「我」與房內女子之間的親密性無法達到的原因有兩個：「我」不僅脫離了女人的生活（無法履行應有的關係，也無法加入他的生活方式），也脫離了資本主義日常生活（無法工作，不知如何生產與消費）。

　　綜合上述討論，「我」無法使用現代生活中的兩個象徵中介，即「時間」

和「金錢」，也無法履行現代親密關係的兩個調節媒介，即「愛」和「性」。
他唯一接近親密關係的時刻，是前面簡短提到，當「我」太早回家打斷女
人招待男客時（因為他必須穿過女人的房間才能回到自己的空間），「我」
因為身心都太過疲累而昏昏沈沈的到女人的房間想道歉，卻不支倒在床鋪
上、無意識地掏出錢幣給了女人。那是小說中他唯一一次在女人的房間（工
作空間）過夜（p. 205）。同時，他也因這次經驗「洞悉了訪客留錢給我內
人，和我內人留錢給我的心理秘密，所以我感到無比快活」（p. 206）。這
段描述清楚將「金錢」與「親密關係」連繫在一起，但不是單純的性交易，
而是干擾了透過啟蒙論述中介後的、「性與愛」之間的分斷與界線。此外，
他對女人的慾望總是透過商品中介：

> 一種充滿情欲的異國香氣滲進肺裡，我不知不覺輕輕閉上眼睛。這的
> 確是內人一部分的體味。……（房裡掛著內人華麗的衣裙）各種不同
> 的紋樣，十分好看。我總是從那片片裙子聯想到內人胴體，以及那胴
> 體所能擺出的各種不同姿勢，我也隨之心猿意馬起來。（p. 196）

> 內人的體味飄過鼻端，蠱惑著我。我翻來覆去扭來扭去，不斷回想陳
> 列在內人梳妝台上各式各樣的化妝品瓶子，和拔開瓶蓋時散發出的味
> 道。（p. 205）

> 我想著今天該去理髮，順手又拔起化妝品瓶塞，聞聞這瓶，聞聞那瓶。
> 一度遺忘的香氣中，傳來一股挑逗人心的體味，在我心裡呼喚內人的
> 名字。蓮心……（p. 211）

商品（化妝品、衣物、香水）代替了總是誤解、謎樣、缺席、無法
觸及的慾望對象，這讓無法與他人建立親密關係（與其他社會關係）的

「我」，依舊需要透過資本主義商品行使慾望。同樣十分矛盾的是，在最具匿名性的公共空間、殖民首都的新式建築空間中，他終於感到某種親密感、以及與他人的聯繫。當處在火車站茶室時，他發現這個地方：

> 很感傷。但我真的很喜歡這個地方的悲傷，比其他街邊茶室裡繁重的氣氛更讓我珍惜。偶爾的火車車聲於我聽起來比莫扎特更熟悉和親密。我幾次上上下下閱讀菜單上的名字。食物的名字看起來像我早期童年朋友的名字般遙遠。（p. 209）

雖然是透過消費、商品中介情感與生活想像，此段敘述則模糊了公共空間（科技、速度）與私人空間（記憶、過去）的界線，「我」所珍惜的「悲傷感」，或許正是前述伯蘭德對於資本主義生活的透徹看法：樂觀主義同時是美好的，也是殘酷的。為了實現「美好生活」，我們想像的是戀愛、婚姻、金錢等，並把注心力追求這些要素（或說籌碼）的實現。因為如果捨棄這些「好的」生活要素，就有如偏離社會期待與運作規則，甚至失去了幸福快樂的可能性。如此一來，殘酷之處就在於，人們寄託生活與未來「可能性」的對象，正是讓未來生活、慾望、心願不可能實現之處，因為這經常與慾望初衷相違背。如殖民之愛成為普遍的欲求，是殖民主體成為「好的現代國民」的實現方式之一，卻也經常被殘酷地拒絕，或需要壓抑、捨棄其他的生存慾望（如「色衰」代表的情慾無法正當化）以達至這樣的美好生活。

透過閱讀小說中對愛與性的理解，上述無法達到的親密關係在〈天亮前的愛情故事〉中表現得更為明確。〈翅膀〉中容易被「誤認」的關係（究竟是夫妻，還是性交易對象）在翁鬧的小說中有了相對清楚的設定，也就是說，我們知道敘述者和對話者是處於與性服務有關的經濟關係中。小說透過自問自答，在以下幾個段落提及這位女性的身分：「你是北方的雪國

吧。」「你十八歲是嗎？」「你一定從幾十個，不，從幾百個男人口裏聽到同樣的話題吧？不過。遇見像我這樣意志與行為極端分裂的男人，今夜怕是第一次。啊，我整個晚上躺在你身旁。我多麼希望可以摟住你啊！」最後這一段可以判斷這位女性的職業應是接男性客人的服務性質工作。然而，在整部小說裡，主角與年輕女性徹夜同處一室，唯一做的事情卻只是交談，更明確來說是主角單方面不斷訴說自己異常的性經驗，以及如何渴望理想的愛情。小說主角在面對同處一室的年輕女性同伴，既不要求愛、也不要求性，而是將這兩造（性與愛）都投向經驗與記憶的重構。

從故事一開始，主角（隔天就要邁入三十歲）不間斷地談論著三個主題：一是他的性慾、性啟蒙和性挫折；二為他對現代科技的怨恨、他的孤獨感、以及他對城市生活的沮喪心態；最後是他在生命走向盡頭之前「唯一的願望和抱負」，就是得到真正的愛。如前面簡短提到的，主角唯一的聽眾是來自「北方雪國」的十八歲、從事性相關服務的女性，除此之外，讀者無從獲知這位女性其他背景訊息或人物性格。而如同「蓮心」的缺席之於〈翅膀〉的敘事推展，「來自北方雪國的十八歲女性」是〈天亮前的愛情故事〉中敘事結點、或一個重要的媒介，讓敘述者將他的意識流轉換成一種說故事的形式。

雖然主角對話的語調更像是在自問自答、或單方面表述自己的想法，這位女子的存在仍使得敘述得以向前發展，透過女子推進敘事的表現方式如下：首先，女子無聲的提問（由主述者自己問出問題），使敘述者必須停止無休止地講述同一個話題；第二，女子提供敘述者線索，以打開一個新的話題（例如，其年齡提示了主角切入講述他十八歲左右的經驗）；更重要的是，女子代表了「不可能獲得親密性」的對象，其功能在於讓主角建立獨白敘事，同時未能實現任何形式的社會關係，甚至是客戶和服務者之間唯一的經濟關係（性服務）也被主角排除。如在小說開頭與結尾，敘述者皆強調自己「想要訴說」的慾望，以及這位女子是他唯一能告白的對象：

「就讓我把自己的經驗和想法不誇大也不扭曲地通通告訴你。」「如果我告訴你，我是連一個可以說這些話的朋友也沒有，你一定多少可以原諒我的失態吧」（p. 297）。然而，他想要訴說的意志，某種程度上與他到訪這位女性的「任務」相衝突。他必須在黎明前離開去工作，離開之前他坦承：「啊啊！我就這麼在你身旁躺了一晚。我是多麼地想要把你抱緊，卻做不到；我一點都不因此自豪，反而覺得羞慚——像我這樣窩囊的人只有被瞧不起，才算人符其名吧」（p. 322）。

在上述狀況中，主角的怯懦和自我鄙視可以透過理解愛的制度化來解釋，即：主角的「告白慾望」和「性的拒斥」具體展現了現代社會對於「精神愛的解放」和「肉體慾望的壓迫」。以翁鬧的小說來看，「性」在殖民文學中雖然並非全然缺席，甚至是核心主題，但並非自然、不帶批判的描寫，而是「前現代」、「野蠻」的，亦是需要壓抑、否定的對象。而若我們回頭看〈天亮前的愛情故事〉小說中高度的緊張感，實則來自理想的愛情、性慾望和現代日常生活之間的衝突，明確地體現了現代性的矛盾與精神耗損。我在李箱與翁鬧的小說中、以及前幾章討論到的殖民時期現代小說常見議題中觀察到，鑲嵌在殖民地社會關係中的「無法觸及的愛」，是慾望受壓抑的結果，「性」幾乎被隔絕於現代主體的自我實現之外，這是「色衰」的結果，並體現在「殆盡之愛」這個共通主題之上。

三、「愛」弛者：不可及的「現代」與「愛」

作為世紀之交、龐大的現代化進程的一環，現代愛的制度化乃與資本主義制度的發展相交集。我在本節欲進一步揭示：「殆盡之愛」明確反映了殖民主體精神和肉體的枯竭，同時也揭示了帝國現代化道路的意識形態枯竭。就如兩部小說主角除了窮盡追求愛的方法與慾望壓抑以外，小說敘

事表現更可以觀察到主角們（以及兩位作者）處於精神的極限、充滿不安囈語、脫離現實常識的狀態。而精神面的問題表現，除了回應了「愛的道德化、精神化」之霸權機制的展現結果，也是殖民社會「帝國化、現代化」意識形態的施展窮途。兩者結合呈現在小說中的，即是兩位作者對於「戀愛」與「東京」的慾望與失望。

　　〈天亮前的愛情故事〉第一部分描述主角從十歲開始，即目睹了不同動物（雞、鵝和蝴蝶）的性交場面而衍生的各種不愉快經驗。這些經驗在某種程度上帶給主角暴力和殘酷的感覺，喚醒他對自己的起源（嬰兒如何出生）的理解，並加速他的（性）成熟（像香蕉）。第二部分始於再次強調小說開頭的宣言，「正如我先前說過的，我只想談戀愛。只能夢見戀愛。這是我唯一熱烈渴望的。像我這樣一個廢材，沒有什麼如希望或理想那麼好的事情」（p. 303）。再次接收到主角的意志之後，我們準備好更進一步了解他對理想愛情的想法或經驗，然而他開始談論起性衝動和對一個想像中的理想情人的肉體慾望，因此變得尷尬和不安，並坦白承認「我是一頭野獸」，活該被譴責。然而，這種自我譴責，與他對現代性的尖銳批評緊密相關：

　　　　我想啊，如果這地上再次為野獸所據，該有多好啊！我不是期望人類滅絕，請你別動氣。我的意思是希望人類把所有的生活樣式和文化全忘掉，再一次回到野獸的狀態。說實在的，比如說當我看到那些花幾百圓買來不為保暖，而是掛在肩上給人看的圍脖就感到莫名的嫌惡。……還有，比如那個收音機，這東西實在讓人受不了。不管你走在路或坐在室內，那喋喋不休衝撞你耳膜的噪音是什麼東西！怎麼忍受得了。那東西沒讓人類集體發瘋才真叫我覺得不可思議。……只要一想到那些市區電車、汽車和飛機，我就全身發毛。（pp. 305-306）

　　這段對於圍巾、收音機、交通工具等消費生活與商品的批判，或許會讓人想到前一章討論的徐坤泉對於各種物質商品、摩登生活的侵犯與干擾提出的抗議。雖然兩人也身處於同一年代、生活於高度發展的都市（島都與帝都），但一個明顯的差異在於：徐坤泉是將「女性」作為商品物質中介，批評商品或消費文化時則在規訓女性的生活方式。而翁鬧在此呼籲「人類把所有的生活樣式和文化全忘掉」、「再一次回到野獸的狀態」是更根本的對於現代生活的反動，這一狀態就表現在「發瘋」、「發毛」等極端的情緒反應中。

　　再者，翁鬧在小說裡明顯地將「性慾」和「生活在現代世界的沮喪」並置在一起，因此他對於文明的批判、與恢復原始性慾相連結。如他在描述一隻公雞猛烈跳上母雞的背、開始要交媾時就停止說明，遂時「突然想，就是這個！就是這個瞬間！人類三不五時地奔波勞碌──說得更白一點，大家整天帶著一副聖人君子的面孔又是買股票、又是生意、又是公司云云地總是轉個不停的原因，想必是預想到了這一瞬間的歡愉，才能那樣義無反顧地汲汲營營吧！」（p. 298）然而這種原始的慾望受到精神（理想）戀愛的鄙視和壓抑，讓他將想著這些事情的自己斥為「一隻野獸」、「走上了歧路、活該被瞧不起的存在」（p. 305）。也因此有了上段的「再一次回到野獸的狀態」之說。

　　與翁鬧認知相反的是，被賦予文明精神內涵的戀愛，與商品和日常生活中的其他現代科技有著共謀關係。台灣文學研究者朱惠足則在討論翁鬧的〈音樂鐘〉（1935）時提點了新奇外來機械文化與生理性慾之間的關係，且此處的性慾又與挫敗感、焦慮、慾望初萌、以及傳統（祖母的家）懷舊的情感聯繫在一起（朱惠足 2009：12-13）。對於性慾的複雜情緒、無法觸及的愛情、生活在恐慌與危險的科技中，這些身心折磨帶給翁鬧強烈的世紀末之感（fin-de-siècle），暗示生命的破壞就在不遠的未來。他清楚地表示，「感覺到自己是一個不適合生存的人」；「對我自己發誓，如果到了三十

歲結束的最後那一刹那我還無緣經歷那一秒鐘——在那一秒鐘我的肉體可以與戀人的肉體完全相融、我的靈魂可以與戀人的靈魂完整——我勢必要了結自己的生命、絕對不要再歹活下去。」；但他也決心自己成為悲劇英雄，把自己與傾訴對象區別開來對著女子說道：「我的破滅可是和你一點關係也沒有」（pp. 307-308）。因為連他自己都不在乎這一切，也可能因為他們在種族（北方和南方，冷和熱）與年齡的差異。

我在前面提到過，翁鬧逗留東京期間寫就的作品中不斷出現一位「來自北方雪國〔北海道〕的年輕女子」，考慮到日本從明治維新開始在北海道進行的殖民擴張，來自北海道的年輕女子實則處在被殖民狀態，並由帝國現代化計畫動員到大城市，來自殖民地台灣的翁鬧也是如此。然而，這些被殖民者並非總是沆瀣一氣，而是根據其社會地位被分化為不同的群體。如翁鬧研究者黃毓婷考證翁鬧在東京蟄居的區域「高圓寺」中聚集了各種「浪人」：包含具有左翼政治傾向或失業經濟拮据的內地（日本）人和從中國、朝鮮、滿洲等殖民地與其他國家來的異鄉人（黃毓婷 2007：182-183）。而這一區域，與現代化資本主義化的新宿有所不同，呈現了日本帝國內部也有不同層級劃分，而這些人之間的連結也時有矛盾：一方面，被殖民者在大都市中透過日常生活經驗的物質和空間的中介而相遇，他們之間有著被結構化的連繫；另一方面，種族、階級、性別、甚至年齡的差異，則是不被處理或隱藏的分化條件，以維持殖民者和被殖民者之間（以及被殖民者們之間）的權力關係。這清楚地揭示了，浪漫愛假設了一個虛幻的自由和平等，並從而加強了殖民世界中的權力關係。

同樣受現代化欲望驅使而前往東京的李箱，其作品也是透過展現「殆盡之愛」來對殖民現代性提出批判。雖然〈翅膀〉的背景設定是在殖民地京城，但這部小說是在他在東京的最後一段時間，也是身心處在混亂、虛弱和疲勞的狀態下寫成的。李箱曾經賦予東京一個烏托邦式的希望與想像，但就在他 1936 年抵達彼處時，踩上的土地盡是失望：

我終於到了東京。真是讓人失望。這地方根本沒什麼……無論我走到哪，都沒什麼東西讓我感興趣！〔這個地方〕充斥著以分子式輸入的西方惡習；甚至更糟糕的是，人們將之視為真實，這真讓我感到厭惡。我沒想到日本會是這樣一個粗俗的地方。我本來認為，不管怎樣，東京是不同的，但它名過其實。[17]

　　當然，把這篇文章看作殖民地知識分子在帝都（colonial metropole）必然會遭遇到的衝突是完全合理的，而且事實上經常發生。[18]正是這些殖民現實構成了殖民主義的矛盾心理，創造了「殖民雙重性」，也如韓國文學與文化研究者崔忠暮（音譯 Choi Chungmoo）所闡述的，「（帝國）向被殖民者創造了一種生活在大都市、與殖民母國相同的社會文化領域的錯覺，卻同時無情地實行歧視性的等級政治。在這種情況下，被殖民的人僅能繼續生活在大都市的邊緣地帶」（Choi 1997: 353）。彼時身心俱疲的李箱，或許真的迷失在日本的核心都市，因而幾乎無法辨識他曾經巨幅描繪的、現代性的著名標的物「東京」。在那個時刻裡，作為帝國的流離失所主體，他也同時被「種族化」了。從被殖民者的認知中，殖民現代性所產生的城市經驗、在公共和私人領域之間並不是統一、錯位的。如韓國文史研究者林亨利（Henry Em）對小說的深刻見解表明，「〈翅膀〉可以被看作是一整代殖民知識分子如何在殖民地環境中尋求生存的一則寓言，藉由將生命經驗變成完全私人的、以自我欺騙蒙蔽自己，直到連這些方式都變成不可

17李箱（이상），金允植（김윤식）編。1993。〈相片6-7〉（사진6-7）。《李箱全集3》（이상전집3）。首爾（서울）：文學思想社（문학사상사）。轉引自：Choi, Won-shik. 1999. "Seoul, Tokyo, New York: Modern Korean Literature Seen through Yi Sang's 'Lost Flowers.'" Translated by Janet Poole. *Korea Journal* 39:4: 133. 但也有對於東京的興奮之情，參考：Yi, Sang. 1995. "Tokyo," *MUÆ: A Journal of Trans-cultural Production* 1: 96-101.

18 請見金允植的討論：김윤식。2007。143-172。

為」（Em 1996）。這指向窮盡各種方法後、被殖民者的生活目標已殆盡之境，更是連「樂觀主義」都失效的殖民處境。

而我認為，〈翅膀〉所描繪殖民主體的錯位和矛盾心理可以進一步說明為各種「無家」的時刻：「不管我身在何處，只會猶豫和不知所措。我就像個失魂落魄的人，漫無目的地走來走去」、「現在自己該何去何從……」、「該回家嗎？不然去哪裡？」（pp. 214-216）但那個「家」，「不是家，我沒有家」（p. 194），在小說一開始就被否定了。而這種「不屬於」或「無家」的時刻，實則將個人心理歷史的矛盾性與更廣泛的政治脫節連結起來。如我在目前各章節討論中不斷提點的「語言問題」，日本研究者荊子馨就曾以「語言」的政治性討論到，「日語」所代表的帝國意識形態，在於進一步強化了一種特定語言帶有合法性的觀念，這造成了「殖民者總是以他們的語言為『歸屬』（at home），而被殖民者則『無家可歸』（never at home）」（Ching 2001: 192）。對此，後殖民理論家巴巴曾將「無家」（unhomeliness）定義為「跨地域和跨文化啟蒙」的條件，因為他認為對被殖民者或後殖民主體來說，問題不在於「無家可歸」（homeless），而是「離家在外」（being outside of home），即被迫重新協商自己在世界上的位置的處境問題（Bhabha 1994: 9）。

透過對台朝殖民文學的解讀，我認為 1920 年代以來消費文化的高速發展、以及傳統社會關係的重組，使得殖民現代主體從私人場所進入公共空間，「家」亦被殖民資本主義強佔，同時也開闢了一片空白空間。換句話說，當被殖民主體透過「無家」的位置，體現了無法「安住」在殖民地現代空間（和經驗）的殖民矛盾心理，同時也以此模糊和打斷同質的時空關係（homogeneous time-space relationship）。若回到語言的比喻，荊子馨亦認為「殖民地語言本身不是一成不變的、也不是原初的，殖民地的語言也不僅僅是變體或副本。一個人在強調台灣人反抗或臣服於日語的困境時，不知不覺也陷入了殖民語言本身的自然化。就像帝國語言被強加給被殖民者

一樣，其本身也在不斷變化和分化」（Ching 2001: 193）。這是第一節我在討論李箱與翁鬧等人的「語言」思考時所欲強調的，他們的作品帶有強烈的「不可翻譯性」：在於語言的混雜非同質，也在於本段討論的無家的現代主體。但這一「無家」狀態絕非表現為浪漫化的漫遊者，而是充滿恐懼不安的精神危機。

除了〈翅膀〉，李箱在其晦澀的詩作中，亦有著強烈的、對於「現代」的不安與恐懼。台韓文學研究者崔末順即曾點明，「李箱詩的世界，主要是以現代本質的把握、作家內面情緒和自我意識等內容所構成，而是詩的解釋，與作家對現代性的認知有關：內面的危機意識達到極端時，寫出的自然就是頹廢的、病態的、破壞性十足的文本」（崔末順 2013：173）。例如〈烏瞰圖〉（1934）[19] 系列詩作對於科學、理性、資本主義世界觀的挑釁，就直接表露在「切掉兩隻手臂／以規避我的職務」這樣強烈的反動詩句中。[20] 最終，這種非常狀態即再現為〈翅膀〉在開頭段落中的象徵：「變成標本的天才」。成為標本的天才，可解讀在日常的殖民生活中耗盡了他的身體和靈魂，讓他發出「甚至哪天就會從充滿這些重複、無常的各種行徑的生活退出」的宣告。

就如同翁鬧的小說主角宣稱三十歲而依舊無愛的自己，必須要了結生命，決意絕對不要再活下去。這樣的死亡驅力，放置在親密關係裡，就表現在將任何可能對象皆阻絕在關係之外。〈翅膀〉的主角即使有著生活伴侶，也認為「世上的女人在本質上難道不都是未亡人？不！全部的女人在實際的日常中個個都是『未亡人』。」（p. 197）「未亡人」指向伴侶已死，是主角對於自我之死的明示與預告，並與小說的「自殺」結尾相呼

19〈烏瞰圖〉（오감도）為 1934 年 7 月 24 日至 8 月 8 日間連載刊登於《朝鮮中央日報》（조선중앙일보）的系列詩作，原本預計發表 30 篇詩作，但因為內容太難理解而縮減為 15 篇。

20 轉引自：崔末順。2013。173。

應。〈翅膀〉的最後一幕發生在三越百貨的屋頂花園，「我」呼喊著希望
腋窩下的人工翅膀可以再度生成，並有投身飛翔之意；然而考量到「我」
的精神狀態與死亡比喻，這一描寫（跳樓）亦可能暗示了自殺的企圖。[21] 無
論如何，〈翅膀〉中的「我」在其日常生活中與現代生活的時間裡是缺席
的，他回顧自己二十六年的歲月，只有模糊記憶，「無法認識自身的存在」
（p. 215）；甚至在小說開頭即表明「我大概是忍受不了人生諸般寡淡無趣，
因此才放棄的。再會！」（p. 191）。

　　綜合前述分析，我欲透過兩部小說主角的內在獨白，與其失能、無愛、
筋疲力竭之處境指出，這些作品不僅挑戰了（國族化後的）小說敘事的穩
定性，也拒絕了（資本主義化後的）貨幣與交換價值等概念。然而，勞動、
金錢和商品之間的相互依存關係，在小說中是透過重組殖民社會中的社會
關係而制度化；因此如果沒有「愛」、「金錢」這類調節制度，就難以融
入一般人的日常生活，或與他人建立某種社會關係。這與前一章討論大眾
小說中的「愛與金錢」的對立稍有不同，因其同時取消了「金錢」與「愛」
的社會功能。而主角們「過剩而無用」的愛，正正體現了被殖民現代主體
窮盡力氣、也無法安身於現代殖民世界。

四、小結

　　李箱與翁鬧透過兩部小說的主角體現了 1930 年代中後期人們的矛盾處
境。殖民地社會中的個人在面對現代與傳統、自我與社會、私領域與公共
化等各個場域的矛盾衝突後，落入自身生活的崩弛、與殖民日常生活脫節，

---

21 亦有研究者認為，小說的最後一幕實際上發生在街上（主角出了百貨公司後），而不
　 是屋頂上，因此不算是有自殺意圖。參見：이경훈，2010。

最終展現為永遠無法實現、殆盡可能之愛。這些小說人物的高度同質性，體現了現代化意識形態如何透過「戀愛」論述、中介了人們的終極欲求與未來想像，同時也將想像集中於單一型態，扼殺了諸多可能性。也正是觀察到這些在非典型親密關係中窮盡生活可能性的殖民現代主體，我將本節提出的「殆盡之愛」，視為是對殖民現代性的反思的標誌。當被殖民者耗盡了追求現代與愛的形式和材料，卻只能踏入沒有出路的死胡同，這些經歷同時也引發了對於殖民現代性、及其帝國主義意識形態的批判思考。而我們應如何正視這些歷史主體留下的批判思考呢？

　　如果我們將文學表現解讀為被殖民主體創傷與矛盾心理的寓言，那麼透過李箱超越國族主義的欲求：「當我意識到自己生存於一個以閃電般的速度穿越無限的空間、飛速發展的地球上時，我感到很沮喪。我想盡快離開地球，以免在那個忙碌的地球上感到頭暈目眩」（p. 203）。我們或許可以進一步思索，對於殖民主體來說，這麼一個延宕許久的「來世」（after life），可能是什麼樣子？那或許並非如上段提及的「回家」，而是必須同時體現歷史主體的矛盾與自我反思的精神。離家在外的（後）殖民主體，就如同李箱與翁鬧最後的人生終點，不是回到舊有的世界觀與殖民空間（傳統的家），而可能是居住於後殖民理論家史碧瓦克（Gayatri Spivak）建議的，試圖改寫地球主義的跨域「星球」（planet）上，這個地方將是一個：能以更敏感和協調的方式理解世界的物質性、以及我們作為人類在其中的集體地位和責任（Spivak 2003）。這樣的星球想像並非僅是烏托邦式的、自外於歷史的時空居所，而是基於前述歷史批判而來，可能朝向查克拉巴蒂呼籲的「跨文化和跨類別」的第三型歷史想像，為得是改寫由西方現代化理論及政治現代性主導的歷史書寫（History 1），以及後殖民主義式的、強調特殊性與多樣性的歷史書寫（History 2），避免再次強化「普遍－特殊」（universal － particular）這組二元關係（Chakrabarty 2000）。就如同伯蘭德認為的，改變生活可想像的內涵，重新定義什麼是「過得好」，是非常重

要的。

　　雖然李箱與翁鬧最終並未離開殖民母國，且病死於他鄉，但在他們生命最後留下的小說篇章，在在證明了殖民現代性刻在個人主體身心靈的痕跡。我們閱讀這些作品，就如同觀照停止跳動的心臟上面、那一道道細微的紋理，一幅不同於官方擘畫的殖民圖像就此浮現。當然無論是跨文化和跨類別、星球思維的歷史書寫，這樣的未來想像並非一觸可幾，我們大多時候仍在後殖民式的自我主體形成的進程中，並且在斷裂的、線性的史觀中遲滯等待。因此我試著在這本書中，實踐一個打破延續的線性史觀，以「愛」這個貫穿各個章節的主題，辯證地、系統化處理歷史遺緒，且必須仔細辨識不同系統的交織運作方式。為繼續探究本章聚焦闡明的、無法存續的非典型親密關係和耗盡的愛的後果，我將在以下兩章中以「同性愛」與「殉情」這兩組相互關聯的社會現象為題，持續梳理圍繞著現代愛的複雜問題。

愛的未完成式 ———————— 同 性 愛 論 述
與文學再現

　　著名的德國性學家馬格努斯・赫希菲爾德（Magnus Hirschfeld，1868-1935）在 1931 年到達日本時，曾被一位日本醫生問道：「為何在德國，人們聽聞許多同性戀的事蹟，但在日本這裡，卻一無所聞？」赫希菲爾德的答案，即使到今日都值得深思：「這個嘛，我親愛的同事，這是因為同性戀被我們禁止，但在你們這裡是被允許的。」[1] 赫希菲爾德的回答是傅柯提出的「壓抑假設」（repressive hypothesis）最好的註解。傅柯認為西方社會自 17 世紀開始將性視為管控對象，因此在一般認知中，那之後各種與性有關的行為與資訊都受到壓抑。但若檢視知識生產的權力運作，會發現與性有關的論述正式從 17 世紀後開始蓬勃發展，這也是赫希菲爾德在 19 世紀末成為世界知名性學家，甚至來到日本、中國、印度等亞洲區域訪學的原因。

　　本章討論殖民時期台灣與朝鮮社會出現的同性愛論述，而非追溯到 19 世紀之前，正是因為「性」在兩地正式成為受治理管控的對象的時期，就是在 19 世紀末、20 世紀初，也就是兩地社會開始進入現代化轉型之時。而將「性」推向治理的火車頭的權力系統，並非後來認知的醫學、道德等論述，而是「現代愛」意識形態。如同前面各章多少都有觸及到的論點，「現代愛」的成立就奠基在「性的壓抑」之上，「同性愛」也就是在這個特定的社會

1　這段對話記錄原見於：http://www2.hu-berlin.de/sexology/GESUND/ARCHIV/COLLMH.HTM（連結已失效）另可參考：Hirschfeld, Magnus. Men and Women: The World Journey of a Sexologist. *JAMA*. New York: AMS Press, 1974[1935].

歷史脈絡中浮現。透過同性愛（以及下章的殉情）主題，我想要強調的是，即便整個社會看似全面擁抱、擁護現代愛，但並非每個人都符合資格可以加入其行列。

「同性愛」以及同時期出現的各種「變態」主體，都顯示了這些新興的性主體是為了鞏固現代愛意識形態、從而被設計成「例外邏輯」（the logic of exception），用以製造和保護那些為了帝國建構而再生產的的性規範（Povinelli 2006: 193）。因此，同性愛論述在初形成時即被貼上「問題」標籤，同性間的情慾行為進而被論述化為「病」與「癖」，即刻進入性治理的複雜權力關係裡。在此背景下，殖民時期台灣與朝鮮知識分子在生產戀愛論述之時，並不清楚戀愛為何物（因此經常不斷地重複操作這個字眼），但他們總是很清楚什麼「不是愛」，同時也開始指認、命名「不合格的愛」（如同性愛、殉情），以及愛的「失格者」（摩登女、精神病、殘障等）。正是在這樣的理解下我開始討論「同性愛」論述，而非將殖民時期的記錄，視為當代同性戀（homosexuality 或 LGBTQ）的前身、同性戀歷史的線性延續或主體證明。就如同我在緒論中表明對於「檔案」的理解必須從「本源」轉移到「主題／主體」，即是不輕易將這些討論「同性愛」的資料視為是「同性戀／愛者」存在的證明，反倒要追溯、問題化這些資料形成的複雜因素。

一、從「色」到「愛」：同性愛的病理化與變態化

「同性愛」一詞源自 20 世紀初日本社會，乃一和製漢語詞。根據日本社會學者古川誠的研究，「同性愛」這組複合詞最早出現在 1922 年的性學專著中，用以指涉「男男間的性／愛」（取代「男色」一詞），[2] 後發展成

2　有關男「色」與同性「愛」詞語的競逐演變，與本書稍早提及的、佐伯順子對於「色」

通稱同性間的性愛。古川誠在該篇文章中也點明，「同性愛」一詞固定下來前，從 1910 年代起已有「同性之愛」（同性の愛）、「同性之戀」（同性の恋）、「同性戀愛」（同性恋愛）等詞組流通。特別的是，「同性愛」一詞在 1910 年至 1930 年間，則逐漸變成主要指涉「女女間的性／愛」（古川誠 1995）。[3] 因此，此一詞彙有其「語言」與「對象」的特殊性；必須留意的是殖民台灣與朝鮮挪用這個詞的時候，也清楚展現這兩點歷史性。而理解此一時期的同性愛論述時，也必須與我前半部分析的現代性主體與性治理、以及「自由戀愛」與「女性身體情慾」的規範化與同性愛論述有著特別密切的關聯。

現代「性」或性學的知識，在 1910 年代從日本和歐洲國家輸入台灣和朝鮮。例如克拉夫特・艾賓（Richard von Krafft-Ebing）的《性病態心理學》（*Psychopathia Sexualis*，1886〔1913 日譯本〕）、榊保三郎《性慾研究與精神分析學》（性慾研究と精神分析学，1919）等將同性愛作為「變態性慾」引介到東亞社會。在 1910 年代到 1920 年代初期，朝鮮社會同時流通著「同性愛（동성애）、同性戀愛（동성연애）、同性間的愛（동성간의 사랑）」等不同詞彙，並取代了「男色」（남색）等前現代詞彙，在外國作品的翻譯中相爭競逐（신지연 2006）。在殖民地台灣，關於這方面的大多數討論出現在報章雜誌上是以日文寫成的。因此，日文詞彙「同性愛」（どうせいあい）被廣泛使用，而漢文的寫作中仍可見「雞姦」、「男色」或「人妖」等以男性為主導的詞彙，或「陰陽女」、「半陰陽」、「妖婦」等指稱女

與「愛」的分析有關。簡單來說，是當時東亞社會把與「性」有關的「行為」與「精神」分離，並將「內在精神性」視為文明象徵的結果。

3 我在這章也傾向將「同性愛」一詞用以指涉女女間的性愛，在搜尋該時期報章雜誌與同性間性愛相關報導時也會發現這個詞通常與女女間的新聞事件一起出現。另有關日本近代男同性戀相關詞彙請參考：Pflugfelder, Gregory M. 1999. *Cartographies of desire: Male-male sexuality in Japanese discourse, 1600-1950*. Berkeley, CA: University of California Press.

性的字眼（林實芳 2008）。從 1920 年代後半到 1930 年代，「同性愛」一詞從其他詞彙中脫穎而出，並主要被用在指稱女女同性愛。必須注意的是，「同性愛」一詞的浮現及其所指涉的對象，在彼時並未意識到現今較習慣的同性戀或同志（LGBT）等特定類別的主體或認同的存在。但這個詞彙的浮現，確實體現了「命名」（naming）的權力。追蹤這些詞彙的時間性、語言差異與指示對象，也就是在定位社會歷史特定性以及這些現代概念的歷時性與共時性。這幾點可以從接下來在殖民地台韓的例子中觀察到。

首先，同性愛在 20 世紀初浮現時是被病理化和變態化的。殖民地朝鮮醫生鄭錫泰（정석태）[4] 曾指出「所謂的性慾，基本上是不同性別（sexes）之間的，而且不存在於同性之間。」當它發生在同性身上時，大家便認定它是一種疾病。它被稱為『同性之間的性慾』，或者換句話說，『同性愛』」（p. 64）。這種將「同性愛」視為疾病的觀點，對此時期的醫學專家以及其他知識分子而言非常普遍。台灣醫學從業者吳建三在〈同性愛這種病──該如何預防〉[5] 一文中即有明確定義：

患上同性愛的人，都具有多愁善感、意志不堅的特質，一言以蔽之，就是有精神病人格……患此病者，可能轉為長期憂鬱、妄想、甚至企圖自戕。那麼，同性愛究竟該如何治療呢？第一要務便是預防……若孩子有自慰的習癖，特別要注意讓他們透過其他方式消耗體力。另外，不讓他們接近意志優柔的同儕，避免他們之間有肢體接觸，也要嚴禁他們閱讀不健全的書籍等等。最好讓孩子進入男女共處的學校，一方面教育男女有別，一方面在自然的環境裡培養兩性的愛情、催生自然

---

4 鄭錫泰（정석태），〈性慾的生理與心理─男女兩性的性慾困擾〉（성욕의 생리와 심리─남녀 양성의 성욕고），《別乾坤》（별건곤）19 號，1929 年 2 月 1 日，頁 64-67。
5 吳建三，〈同性愛這種病─該如何預防〉（同性愛も一種の病氣─どうして豫防するか），《臺灣婦人界》4 卷 7 號，1937 年 7 月 1 日，頁 127-128。

情慾。總之，即便嘗試以上各種矯正的方法，仍然無法根治同性愛，皆因它是一種病。（pp. 127-128）

這篇文章將「同性愛」與「主體」分離，創造出一種「病」的類別，並且加入精神面的癥狀診斷，不僅暗示了這些病態或變態主體不具自主性或能動性，也脫離當時現代愛與文明論述中強調的「精神啟蒙」。這些醫學敘述與各種社會制度（例如教育、婚／家以及醫療科學等）共謀，將「性」命名和規範化為「男女有別的自然兩性情慾」。這類論述的核心目標是為了排除「異性男女間具有生殖功能的性」之外的各種性樣態；同性愛，與手淫、梅毒等性病被連結在一起視為不具生殖（再生產）目的的性，無益於帝國建造與富國強兵。然而弔詭的是，同性愛在殖民社會的某個部分是被允許的，即：女學生間的精神戀愛。

彼時將「同性愛」認知為限於「女性之間」的觀點十分普遍。朝鮮作家李石薰（이석훈，1907- 卒年不明）曾在 1932 年的《東亞日報》上連載〈同性戀漫談〉專題，在第一篇評論[6]中直言：「當談到同性愛（동성애）時我理性上能想像到的是女性。雖然在男性之間也能發現這種奇怪甚至病態的現象⋯⋯但如今我想到的總體印象是，同性愛是女性專有的」（p. 5）。這是他討論當時發生的女女同性殉情事件（下章將討論）後提出的見解。而在討論了「同性愛」之後，李石薰在（兩天後出刊的）文章第二部分介紹了李氏朝鮮時期的「男色」（남색）、「誤入者」（誤入강이）等詞彙的特定內涵。[7]

---

6 李石薰（이석훈），〈同性戀漫談 1〉（동성애 만담 1），《東亞日報》（동아일보）1932 年 3 月 17 日，5 版。

7 原文為：「據說同性愛的發展在李氏朝鮮時期達到了巔峰。它被稱為男色（남색），在那個時期，它成為追求成功的武器和資本的形式，就像腐敗的官員們圖謀獻上他們的愛妻給上級，以換取官僚的升遷。在文班和武班（「兩班」，양반）的官員階級中，這當然是常見的做法，但即使一個人沒有能力，通過屈服作為男色（남색）的奴僕，

　　對於「同性愛」論述的跨文化理解，也表現在作家與革命家金輿濟（김
여제，1895-1968）於 1937 年寫的一篇討論同性愛的長文中。[8] 在文章中的主
要部分，他討論了不同國家（包含埃及、法國、德國、英國、美國、義大
利等等）的同性愛文化以及各個社會的特定文化脈絡。隨著對這個主題的
多元理解，金輿濟討論了同性愛的多樣「因素」，並引起了公眾對這一議
題的注意。[9] 不同於李石薰將興趣放在探索前現代「男色」的文化歷史，金
輿濟反而主張「有鑒於在我們的社會中我們仍可以看到『男色』和『同性
戀愛』（동성연애）等詞彙存在，可以推測出社會仍有未解決的麻煩弊端」
（p. 294）。他指陳「即使同性戀愛乃人性表現是一個事實，但為了男女兩
性的完全發展以及性生活的平衡，像『同性戀愛』這種反社會的天性，是無
論如何都必須被管理與改變的，我們必須繼續為此努力」（p. 294）。這兩
篇寫於 1930 年代的同性愛評論，明確將這樣的性文化視為社會問題，但事
實上，殖民社會在接收「同性愛」相關性學翻譯之前，同性親密關係已可見
於文學、報紙報導，且並非一開始就被病態化，這我將在下方補充討論。

　　也可以很容易獲得令人嚮往的官職，以及所謂物質方面的成功和名望。關於這一切，
我沒有資料也無法提供任何具體的例子，但是在李氏朝鮮時期的男色（남색），可能
或多或少相若於在古希臘文化中發揮重要作用的『男同性戀』。在李氏朝鮮時期，誤
入者（誤入강이）這個詞彙事實上並不是指那些追求女人的男人，而是追求男人的男
人。我們不禁感到驚訝，據說這個詞彙指的是從事此類活動的人。將來，在經過深入
的研究後，我想寫更多有關這一時期有趣的男男同性愛的文章。」（李石薰（이석훈），
〈同性戀漫談 2〉（동성애 만담 2），《東亞日報》（동아일보）1932 年 3 月 19 日，
5 版。 轉引自：Kim Haboush. Ja Hyun. Ed. 2009. *Epistolary Korea: Letters from the
Communicative Space of the Chŏsŏn, 1392-1910*. New York: Columbia University Press.
243-244.

8　金輿濟（김여제），〈同性戀愛〉（同性戀愛），《朝光》（조광）17 號，1937 年 3
　　月，頁 286-294。

9　和許多其他知識分子一樣，金輿濟傾向動員各種現代社會制度來處理這個問題，他指
　　出「我們的態度是單純地譴責同性戀愛（동성연애）為一種骯髒的風氣或是世紀末的
　　黑暗。但我認為對這個主題，有必要嘗試以科學的方法研究，並以公平的態度對待它。
　　父母就不用說，連同教育家、宗教、法律學者、知識分子和作家都應該好好地理解這
　　個問題」（p. 294）。

綜合上述對於詞彙演變的觀察，性慾從身體轉移到精神的概念演變，影響了 20 世紀初東亞戀愛論述及其建構。社會關係的現代模式、平等概念以及現代愛已影響了對 1910 年代以來同性愛／慾的理解。而既有的性文化詞彙的被取代，如「男色」（男男間的色慾）轉為「同性愛」（女女間的戀愛），體現了此時期「語言」和「對象」間指涉的特定性，也是我們需要特別考慮的。此外，性治理和現代「性」主體的浮現，對於更佳地理解同性愛論述是不可或缺的，如同女性與身體的規範化也具有重要意義。

二、愛的未完成：精神化的同性愛論述與報導

在 1930 年代女女同性愛的再現佔據了公眾媒體領域之前，朝鮮男性知識分子、文人間的男男同性愛於 1910 年代已開始明確地與文學創作接軌，並如下節討論所示，是以「同情」之名展現。而在殖民台灣，「同性愛」以及女女同性間的情慾表現並沒有在台灣知識分子間形成論述。現有「同性愛」相關報導討論幾乎只出現在以日文書寫的文本資料中。以被譽為「為台灣人民喉舌」的《臺灣民報》為例，涵蓋殖民時期的出版期數裡未見與此主題直接相關的討論文章。而《臺灣日日新報漢文欄》則曾出現多篇以「斷袖癖」、「男色」、「人妖」、「雞姦」等指涉男性間性行為或扮裝易服者。[10] 但是，這些詞彙早就存在於中文脈絡，漢文書寫者與讀者並未採用日本相關詞彙與概念。

---

10 以下列舉幾則以供參考：〈學校中之人妖〉，《臺灣日日新報》，1917 年 7 月 19 日，6 版。〈人妖〉，《臺灣日日新報》，1928 年 12 月 25 日，4 版。〈歌劇班員斷袖癖被拘〉，《臺灣日日新報》，1931 年 8 月 19 日，4 版。〈斷袖癖漢〉，《臺灣日日新報》，1933 年 8 月 1 日，8 版。〈斷袖癖漢　誘豐原美少年〉，《臺灣日日新報》，1935 年 6 月 26 日），4 版。另外，有關「癖」的病理化與此處列舉的三個詞彙在漢文脈絡裡的沿革與文化分析請參考：Kang, Wenqing. 2009. *Obsession: Male Same-Sex Relations in China, 1900-1950*, Hong Kong: Hong Kong University Press, 一書中的詳細分析。

　　女女間的情愛性慾過往極少被提及，在此一時期官方報紙漢文欄討論與日文報導中則有零星數篇。法律與性別研究者林實芳曾以法律史研究取徑，仔細爬梳日治時期的檔案文獻，[11] 為「常常被從歷史中抹殺或被認為根本不存在」的「女女之間的親密關係」建立歷史。其中，日文與漢文報章論述以奇聞軼事報導女性間的親密關係時，皆有使用「陰陽女」、「半陰陽」、「妖婦」稱呼以男性裝扮生活的一方（林實芳 2008：26-40）。而我們必須謹記：論述、詞彙的出現時間或有無，並非直接證明了其對應的行為、情慾、對象的存在與否，而是「命名」在此展現了權力機制。我們在這些詞彙的出現時間、語言類別、文化脈絡、指涉對象上按圖索驥即可發現「命名」所具有的社會歷史特定性與歷時性。如：以下幾則報導書寫案例皆使用了「同性愛」一詞，但因寫作者不同的身分、以及文章出現於不同的時間脈絡，因此展現了意涵上的差異。

　　以下幾篇《臺灣日日新報》多採直述方式，報導同性愛相關社會案件或軼事。然而，當時各篇作者背景與報導動機著實難以判斷，我將抽樣取材分析，不將下列個案一視同仁、不認為單一機關或時期的總體態度存在。整體來說，這些報章論述無論敘述態度如何，皆扣合著「戀愛」、「性」、「殉情」這幾個概念，構成了一幅時代風景。如下面這篇〈不可思議的同性之愛〉刊於 1917 年，在報導開頭即點評了「戀愛」的多種樣態，並特別論及女性的同性愛在當時社會各階層普遍存在：

　　　戀情，有恬淡平凡甚至無趣的，也有令人頭暈目眩、瘋狂毫不理性的。
　　　而同性戀可謂不理性、不自然之戀中之最甚者。相較於異性之愛，男
　　　男、女女之同性愛更為深刻，女性同志之戀（女性同士の戀）情深愛

---

11 主要為司法檔案與報紙資料，包含：〈內閣刑科題本〉、〈日治法院檔案〉、〈臺灣省政府公報〉、〈臺灣總督府公文類纂〉、〈歌仔冊〉、《臺灣日日新報》、《臺灣日日新報漢文版》。

烈，更是至死方休，隨著日久情深，女性同志們常常走向殉情之路。
這樣不合理的愛是現今社會之一面，不僅存在於有相當教育程度的階
級或妙齡女子之間，花街女子之間更是常見。光是在這小小的台北，
我們不也聽過某妓女或某藝者的這類傳聞麼。[12]

此文接下來兩大段是有關男藝者靜太郎的傳聞：他跟一個「性格剛烈」
（男勝り）的三十歲女人同居，但並未遵從傳統男主外、女主內的性別角
色。嬌弱的靜太郎負責一般家庭女性的工作（例如洗衣、做飯等家事）；
而他的愛人則負責傳統男人賺錢養家的角色（在劇場裡擔任「茶子」接待
客人或照料藝人、在街市賣魚賣菜、仲介業等等，收入相當優渥）——然
而，他將大多數收入都用於買女人（女買ひ），跟眾多知名藝妓皆有往來，
身為女人卻性好女色（「女道樂」），對此文作者來說「實在是非常特別
有趣」。這篇雜文式的報導帶著一定程度的「標準」（理性、自然、性別
角色等概念）對各種性樣態加以分類，但尚未帶入病理化的判斷詞彙。如
更早的一篇〈女同志夫婦〉也有著類似的態度：

開天闢地以來，男女相戀本為天經地義之事。而台灣的男人就像秋季
的天色、貓骨碌轉的眼珠、火雞多色肉垂般不專一又易變，要想嫁個
性格懇實、努力養家的男人也是難事。在大稻埕六館街小島屋裡工作
的元子與花子原非舊識，也鮮少交談，然而因為在同一地方工作，同
病相憐，日久生情，感情漸篤……小島屋讓與兩人經營之後，眾人皆
知元花二人的夫婦之約。兩人以夫婦之禮相待、互約守貞，白髮不移，

12〈不可思議的同性之愛〉（奇しき同性の愛），《臺灣日日新報》，1917 年 8 月 26 日，
　　7 版。以下日文報紙資料若未特別說明翻譯來源，皆為筆者自譯。在此特別感謝陳瀅
　　如小姐提供日文翻譯的協助、訂正，惟翻譯內容若有任何錯誤概由本人負責。

生同寢死同穴。[13]

　　文中對於兩人的情感生活有十分生動的描述：他們「穿著打扮相互仿效（花子換了丸髻這種髮式，元子就跟著換。元子要是穿了褐色小鹿斑點的衣裳，花子也學著穿）；其中一人工作時，另一人就在旁幫忙（花子插花的時候，元子會幫忙熄掉炭火免得花蔫了等等）；分食早餐的醬菜（譯註：日式餐桌禮儀通常吃自己盤子裡的食物，這兩個人則感情好到會吃對方盤子裡的食物或互相餵食）；睡覺的時候也僅隔著一張枕紙，甚至以夫婦相稱。元子要是跟客人聊得久一些，花子就會吃醋，隔著紙門偷聽。花子要是在廁所待得久一些，元子看不到他的身影，甚至還會帶著竹杖四處找人」。而如引文所示，「男女相戀本為天經地義之事」、「夫婦之約」等偏向把異性戀關係視為自然標準以及理解前提的傾向十分明顯。

　　在這兩篇之後，同一份報紙的漢文欄裡則有〈女相如之求凰曲〉[14] 與前面提到的〈女夫婦〉[15] 兩篇指涉女女同性親密關係的短文。〈女相如之求凰曲〉就如標題所示，描寫一位已屆婚齡的女性追求鄰居女子的軼事，內容交代了追求的過程與失敗，並描述該女性因為無法求得凰女而銷骨立、病懨懨；但結尾突然告訴讀者他後來與一個年齡相仿的麗人同行，變成容光煥發。〈女夫婦〉則描述兩位女士戀愛情深並計劃結婚，而其親友竟都贊成，後公開舉辦婚宴，並獲得賓客祝福。看似與上篇內容一樣正面，但作者在文末卻突然嚴厲批判這情事簡直「世紀末之變徵，然亦可想見其恥也」。[16]

---

13 〈女同志夫婦〉（女同志の夫婦），《臺灣日日新報》，1899 年 12 月 21 日，7 版。
14 〈女相如之求凰曲〉，《臺灣日日新報》，1912 年 7 月 20 日，6 版。
15 〈女夫婦 〉，《臺灣日日新報》，1927 年 8 月 15 日，4 版。
16 關於「女性夫婦」婚禮儀式的報導，在朝鮮 1932 年也有一篇題文章講述了兩個已婚婦女的同性婚禮。（見：〈在同性新郎新娘婚禮中發生的無稽之談〉（同성의 新郎 新婦의 結婚式에서생긴넌센스），《女人》（여인）1 卷 4 號，1932 年 6 月，頁 6。儘管在台朝報紙發現的這兩篇文章中，記者將這些案例視為「無稽之談」（韓文報導稱之為

無論評價正面與否，這些報導、雜文都因其主角為「同性」伴侶而被認為有新聞價值，即使從標題即可明顯知道大眾依舊必須以異性戀夫婦關係來理解這些人們。

然而，我們在這幾篇殖民初期的報導中尚可看見某種非異性戀的性關係仍有存在、延續的可能，但前提是他們的社會關係都十分獨立而缺少「羈絆」：沒有家庭的影子或其他契約關係，多是經濟獨立的個體。如兩篇日文新聞的報導對象皆以日文名字呈現，且以內文具體指出的地點（大稻埕六館街〔即今台北市大同區永昌街一帶〕、台北）與所做的工作（服務生、陪酒婦）來判斷，極有可能為早期孤身來台之日本女性。一方面，根據《臺灣協會會報》資料，1900 年以前在台的日本婦女中，有不少從事藝娼妓、酌婦（陪酒女服務生）這一類的工作，組成家庭者並不多（王慧瑜，2010：21）。另一方面，日本殖民政府於 1905 年推出擴大市區計畫，大稻埕位處「城外」，被稱為「本島人的市街」，與日本殖民者所居的「城內」相對，較多台灣人（與低階層日本人）居住，並主要有餐飲、零售、娛樂與性產業等經濟活動。

生活於殖民台北的同性伴侶，無論是日本人或台灣人，是否因為其他社會制度的干涉較少而得以展現同性愛、顛覆傳統性別角色等性樣態？或因殖民初期，台灣的性治理尚未完全發揮全面性的權力技術？從我目前掌握的歷史資料來判斷，稍後幾年這類報導已不復見，代之以連結「心中」（自殺、殉情）的報導和預防性的教育論述，且無論階級、種族、區域，報導論述內容皆如出一轍。但我並不認為是因為這些同性相伴者黯然退場，而更可能是社會氛圍促使報導者或論述生產者自我控管，使得各類性主體的再現愈趨向「常態—變態」的兩極分類發展。

넌센스 nonsense）和「可恥」的例子，但在知識分子的討論、或公共媒體上卻很少見到報導男性的此類例子。

　　殖民時期朝鮮女性間的同性愛論述與台灣相比豐富許多，但有明顯的集中於 1930 年代、以及女性知識分子之間。最具代表性的，即是《別乾坤》（별건곤）雜誌於 1930 年的〈女流名士同性戀愛記〉[17] 專題，呈現了四位時下的「新女性」分享自己「過往的」同性愛經驗。[18] 各個受訪女性的陳述裡，都提到女校時期的同性愛風氣十分盛行，然而彼時的經驗大多十分美好但已成過去式。時任《別乾坤》和《中外時報》的記者黃信德述說的經驗即展現這些特質：

> 在女學生時代沒有過同性愛經驗的人應該是沒有。我自己就經驗過很多次。現在想起來有過十分有趣的事。我在崇義女校就讀時，與一位來自奉川的女同伴十分親近。這個朋友沒有父母、家境十分貧窮。也許一開始是由於同情他而滋生愛芽。我家裡如果有好吃的食物就會想要帶去宿舍與他分享，早晨上學的路上一想到他的臉就會加快腳步；寒假時，他返回故鄉的兩個星期裡不能看到他，兩人在車站都難受得哭了，絲毫不覺哭聲愈來愈大，只想把握當下所有的時間。他回家後，我一個人去教堂都感到很空虛，所以好幾次沒去。這是我最初的同性戀愛經驗。從那之後，雖然與許多同伴都很親近，但再也沒有像那樣情感純粹的愛了。（p. 120）

　　此一時期的朝鮮女性知識分子（新女性）有著十分複雜的社會角色，體現了知識能將個人（乃至於國家）帶向文明的希望，戀愛經驗能夠塑造

---

17 〈女流名士同性戀愛記〉（여류 명사의 동성연애기），《別乾坤》（별건곤）5 卷 11 號，1930 年 11 月，頁 120-124。

18 專題內容有《別乾坤》和《中外時報》的記者黃信德、婦科醫生許英肅（李光洙的妻子）、基督教女權運動者李德耀，以及一位匿名人士等四人口述紀錄，皆分享女學生時期的同性愛經驗。

個人主體性的成果，自此擺脫傳統束縛，是現代性計畫的模範。但這一切
也代表了「新女性」這樣的新興主體是一種文化建構，在極大程度上成為
各種知識權力施展的場域。我在這篇憶述過往同性愛經驗的自白裡讀到的
是一種自我建構（戀愛經驗的確立）、同時也是解構（經驗的不復返）。
必須要問的是，為什麼這些女性的同性愛經驗注定逝去且不復返？這可以
透過專題中婦科醫生許英蕭的回憶尋得蛛絲馬跡：

> 我在十四、五歲就讀進明（女）學校時有過很多同性戀愛經驗，跟其
> 他人一樣多……同樣就讀進明學校高年級的裴英順對我來說非常可
> 愛……一天，我聽說自己如此深愛的姊姊與另一個人相愛了。我因為
> 太生氣而抓住姊姊大哭，還說他如果不跟那個人分手我就一死百了。
> 不管怎樣，我當時非常嫉妒。這個姊姊結婚時，我也因為太過傷心嚎
> 啕大哭起來。後來恢復理智，對此感到挺後悔的呢。（p. 121）

這篇憶述中有許多與黃信德相仿的部分：同性愛的普遍、純粹之愛、
女校宿舍與教堂的場景等等。我在本書第一章已簡短提及，西方基督教關
於「愛」的觀念影響了 20 世紀初朝鮮社會的戀愛論述，並使得「愛」的概
念與身體慾望和性行為脫離，指涉其純粹性與精神性並具有文明象徵。如另
一位匿名受訪者（류○○）的敘述中可以觀察到對身體慾望或性行為的明顯
壓抑。與前面的故事類似，匿名的訪談回憶中也提到女校的生活經歷、宿舍
的場景、愛與同情的複雜情緒。然而，其中有一段讓他十分反感的經歷：

> 他喜歡我的方式，比起我對他的愛，更可怕。這與 P 的臉或身體無關，
> 也與他對我的愛無關。對我來說，就只是關於他的手。不管是白天還是
> 黑夜，看著他的手，我都感到心累，因為看起來很嚇人，令人毛骨悚然，
> 讓我無法忍受。夜裡，在我們睡在一起之前，他的手伸向了我，讓我覺

得像一條大蛇在攻擊我，因此非常令人毛骨悚然和可怕。即使現在想到他，我首先想到的還是那隻手。……哦，天啊，他的手！（p. 122）

　　雖然沒有公開全名，但這篇訪談回憶卻是最長的，也比其他人說出了更多的負面想法。問題來源的「手」在此表現了壓抑肉體慾望的問題。在此篇訪談最後，受訪者表示自己過去所經歷過的那隻手，比電影中的「惡魔之手」還要可怕。人們可以很容易地將手與兩個女人之間的性行為聯繫起來，揭示了於如何將其邪惡化並否認其存在。

　　這幾位新女性在傳教士興辦的女學校、教會等機構中實踐的同性愛因而具有這樣的時空特殊性。[19] 因為四位分享者的背景相似，使得上述這些內容普遍出現在專題中的四篇回憶文；且，他們的同性愛經驗的開始與結束都止於學生時期。許英肅在憶述中道出自己與學姊的戀情因對方結婚而告終，強烈的妒意甚至讓他以死相向。這一切特質都指向一個訊息：女學生同性戀愛的真空狀態。這個真空的環境表現在「特定時期」和「精神戀愛」這兩個最明顯的特質上，也全然地相對於異性聯姻的「永續」與「生殖」目標。這份愛情因而與下一階段的選擇（投入婚姻）相牴觸，若選擇衝撞這一真空環境，我們看到的結果盡是慘烈。殖民朝鮮的新女性知識分子扮演著極其複雜的社會角色，他們體現了知識可以將個人（甚至國家）帶向文明的希望，因而對他們來說，愛的體驗是一種將個體從傳統社會關係中解放出來，引導他們走向現代化工程的方法。然而，殖民現代性也限制了新女性作為一種新的現代主體和文化建設，並成為知識權力展示的場域（site）。上面的回憶敘事即證明了自我的構建（愛的堅定體驗）和毀滅（體驗永遠消失了）同時存在。而我們不禁要問（從黃信德的表述），為什麼那份純潔的愛情，再也無法經歷？

---

19 更多關於新女性與同性愛經驗的資料，可參見：서지영。2011。頁 213-222。

　　在當時的女性同性愛論述中，除了經常可見上方類似的經驗與元素外，同性戀愛的經歷都是在女學生／高中時代的某個時期開始和結束的。與異性戀的持續性、再生殖性關係相比，精神上的同性愛情關係相對較短，因此經常是以「回望」（backward glance）的方式存在，就如同華文性別文化與媒體研究者馬嘉蘭（Fran Martin）在當代華語作品中觀察到的女同志再現方式。女女同性愛關係被表示為既珍惜（主要是擁抱其純潔的情感）又必須放棄（為了有資格成為成熟公民）。儘管這種敘事編碼（encodes）具批判性酷兒能動性，能動性提升後也反映了這將對社會造成威脅（阻斷結婚生育的人生進程），因此成年後的女同性戀愛須被禁止（Martin 2010）。若回到上面討論的專題，許英肅記憶起在「姊姊」結婚時，自己無法對此爭論、或維護兩人的關係，什麼都做不了，只能考慮去死，而他自己後來也嫁給了李光洙。同樣，黃信德稍早在這專題雜誌發表的另一篇專訪中也提倡夫婦之愛。大多數有同性愛經驗的（新）女性都因此放棄了純愛，進入了人生的下一個階段。但有人可能會問：如果他們想保持這種關係、並抵抗主流期待時可以怎麼做？答案其實不是太正面，這我將在第五章進一步討論。

三、不在場的慾望：文學再現中的同性愛

　　女女同性愛的論述報導佔據大眾媒體領域的時期（1930 年代），已是「同性愛」論述病理化、科學化成為主導性認識的時期；而男男同性愛的再現與討論，則見於於 1910-1920 年代，並明確地與啟蒙文學創作接軌（실비안 2007；이정숙 2007；임은희 2010）。因資料收集成果有限，在此討論僅限於殖民朝鮮男性知識分子的創作與論述。如同前面幾章已提及的，在 1910 年代殖民知識分子的文學創作已開始去接軌「愛」的概念。但學界對該領域的研究證明了、愛的論述為兩種政治衝動背書，這兩種政治衝動於

愛的辯論中平行存在。這些動能中的第一個是出於：對傳統社會關係（即儒家社會秩序）的批判，婚姻與家庭成為解放現代個人的改革目的；第二個動機是透過強調精神戀愛、同時消滅肉體慾望，以培養啟蒙文明的個人。換句話說，愛是靈性純粹的，性則是為了生殖（再生產），靈魂與身體兩者都服務於國族建構的提倡。因此，如同我在底下觀察到的，朝鮮男性知識分子以小說描繪的男性角色之間的「愛」都無關於性慾，反而是關於精神層面的照顧，並且經常被命名為：同情（동정）。「愛」則總是被再現為一個未完成的計畫。

　　文學研究者孫有慶（손유경）在《痛苦與同情》一書中，以 1920 年代為中心，詳細分析日本殖民時期韓國現代小說中的痛苦與同情兩種情緒，將其視為是在 1920、1930 年代韓國現代小說的特定時間和空間中出現、有其歷史特定性意義的特殊情感現象，而不是非歷史的、本能的普遍情感。孫有慶特別觀察到，李光洙與金東仁等知識分子為回應底層人民的苦難，致力提倡的就是身歷其境地感受他人苦難的能力，亦即「同情」。「同情」作為道德情感，成為 1910 年代末到 1930 年代初在知識分子論述與和小說領域中重要的意識形態和審美特徵（손유경 2008）。李光洙在 1910 年代即已寫下了幾篇具有同性愛內容的短篇小說，同時也提倡「同情」論，在文學實踐上體現了知識分子內在的經驗和掙扎（박성태 2021）。韓國文學評論家徐榮彩（서영채）認為，對「同情」的強調表明了「李光洙試圖將他的主角的內心掙扎與對啟蒙的熱情聯繫起來，以拯救李氏朝鮮人民於患難與飢餓之中」（서영채 2004：167）。因此在這個時期生產的文學作品中，大多數角色都是年輕男性，他們在童年時遭受不幸，而後童年創傷變成了青年的悲傷和寂寞（波田野節子 2008：303），而療癒的方式通常來自同伴、友情或愛。韓國文學史家金允植（김윤식，1936-2018）評論李光洙作品的特徵為「孤兒的意識」以及「渴望愛情的徵狀」，這似乎是李光洙一代年輕人的共同經驗（김윤식 2001：213）。那麼，「同性愛」在他們的作品中

代表了什麼樣的角色？

對於這個問題，知識分子作家白岳（백악）在他 1920 年發表的短篇小說〈同情之淚〉（동정의 누）[20] 中有此表述：「在我和 B 的關係中，有一種愛的吸引力，我們在精神層面上彼此撫慰。我們只要一天不見彼此，想見到對方的想法就會變強烈，而心思也會變得雜亂。我只是對 B 的處境感到抱歉，表達了我的同情，B 也感受到我的同情與愛，他接受了它們，他對我的愛也自然而然地增長，就純粹是像這樣。但從第三人的角度來看，我們的關係只會被稱為同性愛」（p. 179）。在描寫男性之間情感關係的文學作品之中，[21] 白岳是唯一一個提到「同性愛」一詞的人，並且，如上所述，那意味著一種更廣泛的愛，並由「同情」（동정）所取代。正如文學研究者李貞淑（音譯이정숙）指出的：「民族有難當前，能以『同情』（동정）來情感團結是必要的，它透過『友情』模式的『同性愛人』關係來穩定和實現」（이정숙 2007：371）。李貞淑藉由考察白岳、李光洙和其他人的幾部文學作品，提出了「同情」的這個論點：「同情」作為實現啟蒙的修辭手段，並且與同性愛正好一致，是作為文明精神而成立。[22]

「同情」當然與 1910 年代精神文明的概念有所共鳴。李光洙即曾以〈同情〉[23] 為題表達了自己的看法：「所謂的『同情』就是我的身心關心對方的

---

20 白岳（백악），〈同情之淚 1〉（동정의 누 1），《學之光》（학지광）19 號，1920 年 1，頁 70-76；〈同情之淚 2〉（동정의 누 2），《學之光》（학지광）21 號，1921 年 1 月，頁 74-83。

21 除了白岳的作品以外，尚有：星海，〈追憶亡友崔彝君〉（亡友崔彝君의 追憶），《學之光》（학지광）21 號，1921 年 1 月；五山人（오산인），〈遙想 K 先生〉（K 선생을 생각함），《創造》（창조）7 號，1920 年 7 月；李光洙（이광수），〈給 H 君〉（H 군에게），《創造》（창조）7 號，1920 年 7 月。

22 蔡孟哲亦觀察到民國時期、男性間的同性友愛與文學社群和文明啟蒙緊密相關（蔡孟哲 2023：94-128）。

23 李光洙（이광수），〈同情〉（동정），《青春》（청춘）3 號，1914 年 12 月，頁 57-63。

地位和處境，也關心那個人的思想和行為。事實上，在人類高貴的平等之中，它屬最高貴的。」「『同情』與精神的發展（也就是人類的發展⋯⋯）成正比。精神、個人或國族的發展越進步，就有越豐富的『同情』的思想，反之亦然」（pp. 57-58）。文學研究者金賢珠（音譯김현주）則進一步主張，現代韓國文學中的「情」（정）和「同情」（동정）的政治，不僅是對新興主體（個人和民族）的想像，也是對意義——一種新的文化和文學，以及對殖民權力的抵抗——的想像。然而，如果我們回到同性愛角色的問題上，當它的災難性本質隱藏在「同情」之下時，正正預示了文明啟蒙計畫和和國族建設的未完成（김현주 2004）。

　　然而，跟上方討論的純粹精神化的男性情誼相反，在殖民朝鮮男性作家筆下的女女同性關係，總是偏向肉慾的描寫。例如自然主義作家李孝石的小說〈野杏〉（개살구，1937）[24] 就直接描寫了兩個處於不同社會階層的女性間發生的性慾望：「她很慶幸自己生為女人，這樣就可以伺候這一個村里所有男人都渴望的美人⋯⋯有時，為首爾女人準備洗澡時，一邊擦洗她潔白的後背，就被那美麗的身體靠在自己身上的慾望所壓倒」（p. 11）。李光洙則在他最知名的作品《無情》中描寫到，當女主角英彩（영채）為救家人而不得不賣身為妓時，名妓（妓生）月花（월화）成為英彩的心靈導師，兩人逐漸變得親密。有一次，當月花和英彩在深夜從一個派對上回來，並在同一張床上一起睡覺時，「英彩在睡夢中摟住月花，並吻了她的嘴巴。」月花叫醒了英彩笑道：「『英彩，妳剛剛摟著我，吻了我的嘴巴。』英彩將臉埋在月花的胸懷裡，彷彿感到羞愧，並咬著月花的白色乳房。『我這樣做是因為是

---

24 李孝石（이효석），〈野杏〉（개살구），《朝光》（조광）24 號，1937 年 10 月，頁 242-258。更多對於殖民地朝鮮女學生同性愛之描寫，請見：孤帆（고범），〈女人的一生 2〉（여인의 일생），《別乾坤》（별건곤）32 號，1933 年，頁 36-37；以及李光洙，〈愛慾彼岸〉（愛慾의彼岸），《朝鮮日報》（조선일보），1936 年 7 月 1 日至 12 月 12 日。

妳』」（Lee 2005: 148）。李光洙利用女性情慾來取代英彩對男人的性慾。因為就在兩位女性的同性情慾的描寫之前，有這樣一段描述：「英彩也開始對男人的性感到渴望。當面對一個陌生的男人時，他的臉變得很熱，而當他夜晚獨自躺下時，希望有人能抱著他」（Lee 2005: 148）。

　　無獨有偶，徐坤泉在《靈肉之道》（1937）中，以一種更含蓄的方式描寫了兩位女性——一位林姓女醫生和曾在酒吧工作的梅子——之間的情慾關係，且與梅子這一角色的性經驗有關：「林女醫亦待她甚特別……夜間的時候、她們睡在一起、在被窩裡談心」（p. 287）。雖然沒有在月花和英彩之間發生的肉體接觸，但林醫生和梅子「掉進了同性愛之海」，而她們的關係也與梅子過去的性經驗有所對應。我在第二章討論的兩位男性作家，在想像戀愛慾望時，以文學採取了折衷作法：以女女同性情慾取代男女之間的身體慾望——後者在現代文學和「愛」中已經被抹去。上述台朝男性作家以女性間的情欲取代了在現代文學和愛情中被抹殺的男女肉慾，而當他們將女性主體與情慾聯繫起來時，同時也取消了這些女性追求現代愛的資格，進而使其從文明和國族建設的工程中脫隊。儘管如此，當時更多女性同性愛的文學再現與相關論述都更強調精神關係。

　　除上述在內容稍有觸及女女同性親密關係的朝鮮作品之外，殖民時期再現同性情慾的文學作品數量稀少，尚待挖掘。延續上方分別對與男性間與女女同性情誼／慾的分析，我在本節最後將綜合討論三篇短篇作品：在殖民台灣出版的〈同性愛〉（芳久著，1932）、[25]〈花開時節〉（楊千鶴著，1942）[26]與李光洙於留學日本期間寫成的〈愛？〉（1909）。[27]這三篇作品

---

25 芳久，〈同性愛〉，《臺灣警察時報》46 號（1932 年 2 月），頁 147-148。
26 楊千鶴，〈花開時節〉（花咲く季節），原以日文刊載於《臺灣文學》2 卷 3 號（1942 年 7 月），後由鍾肇政譯成中文，收於施淑編。2007。《日據時代臺灣小說選》。台北：麥田。277-297。本章討論基於《日據時代臺灣小說選》收入之中文版。
27 李寶鏡（李光洙），〈愛？〉（愛か），《白金學報》19 號，1909 年 12 月，頁 35-41。

或明白描繪了同性情慾樣態、或隱晦偷渡了未能言明的情感，但皆各自展現了特定社會歷史脈絡、與作者自身的「身分」經驗。另外，這三篇作品在發表時間上幾乎橫跨了殖民時期，作者背景、使用的語言與發表地點也呈現跨族群、跨區域性，因此我不認為這些作品足以代表單一時期、社會、種族的同性愛書寫。反之，我認為這樣的複雜性才是理解殖民現代性與同性愛論述的起點。

　　署名芳久的作者在 1932 年於《臺灣警察時報》發表了一短篇散文〈同性愛〉，描述一名警察 A 在公園偶遇另一名男子後的對話互動；如篇名一般，小說內容明白指涉兩男子間的情慾交流。隸屬 M 警署的警察 A 在 S 公園巡邏後坐在長凳上休息。長凳另一頭，有個男子靜靜坐著。兩人坐了一會兒後，男子移到 A 身邊，A 揣想這男子的身分與企圖，這時男子先開口了：

> 「你一個人嗎？」
> A 聞言心想：這男人說話怎麼竟像個女人似的。
> 「一個人啊。在這樣的夜裡，一個人還真是寂寞啊。」什麼「寂寞」啊，真是說了多餘的話。
> 「應該不是一個人吧，是在等什麼人吧？」
> 「真的是一個人啊。如果不是，就不會在這個地方了。」
> 「我也是一個人。我可以坐這裡嗎？」
> 「請便。」
> 即使在夜色裡，也看得出男子皮膚白皙；言行舉止以一個男人而言也顯得不自然。（pp. 147-148）

　　在上面這段簡單的對話裡，警察 A 聽到男子的第一句話（你一個人嗎？原文：あんたお一人ですか）便判斷了該男子的「性別氣質」與「性意圖」，警察 A 在原文裡使用了「コケットリー／ coquetry」一詞描述男子的語法與

說話方式「女性化」並帶有「調情」意味，並再從外表評斷男子的「不自然」。然而警察 A 對於自己脫口而出、自白了寂寞之情感到懊悔，似乎對自己袒露心情有所顧忌，並留下伏筆。反倒是男子接下來更直白地說：

> 「你知道『同性愛』嗎？」
>
> 「知道。」A 毫不遲疑答道。
>
> 「那，有經驗嗎？」
>
> 「沒有。」
>
> 「沒有呀……那，我來教教你……」
>
> 說話的同時，男子已伸來左手撫摸起 A 的大腿內側。A 胸口一熱，心中升起一股搔癢難耐的奇異感覺，心臟怦怦跳動。再等等，等下一步。
>
> 「哪，可以吧。」說著，男子便往 A 腿上一坐。
>
> 現行犯確認！A 心想，警員本能啟動。A 啊，其實是柔道二段。
>
> 男子就這麼被帶回警署查問。（p. 148）

「同性愛」一詞在此出現的方式被賦予「探水深」、「敲門磚」的功能，用來試探的並非「情感」而是「行為」的可能性。這不同於我在前面分析的「同性愛」精神內涵，但很可能呈現出當時「同性愛」一詞的流通性較高的狀況，並已取代其他相關詞彙，使得各階層、性別的人在指涉同性情慾時多有挪用。而上述這段突如其來的「動作」場面，似乎就是前一段對話的目的。作者爾後讓被帶回警察機關的男子身分無所遁形：他是個劇團團員，平常演的是女角，自承沒有演出時就四處物色男性。警察 A 自始至終皆處於被動，連情慾被撩撥起來時都在「等待」，唯一主動的時刻就是行使警察身分、逮捕男子之時。

然而，警察 A 如「釣魚」一般以默許（或以退為進）誘導男子「出手」僅是在「執行公務」嗎？作者讓故事結束在「回家的路上，A 不由得想著：

其實男子長得也滿可愛的……」，留下無限想像空間。作者芳久的真實身分暫且不得而知，他曾在同份刊物發表其他兩篇散文作品，在〈同性愛〉中也使用了「非番召集」（非平常執勤時間／臨時奉命加班）這類警用詞彙，可推敲他與警察機關淵源頗深，作品內容也似乎有所本，深具紀實性。這意謂著同性情慾在某些人士身上是被壓抑的，在彼時不同社會階層潛伏著不得言明的性樣貌，也因此即使故事中的「性」與「慾望」明顯「在場」，依舊透露了在整體情境中具有不在場、卻中介著各種慾望模式的社會性。

在〈同性愛〉一文中富有想像空間的結尾，則被安置在〈花開時節〉的開頭。楊千鶴（1921-2011）畢業於當時台灣唯一的女子最高學府——台北女子高等學校，後服務於《臺灣日日新報》「婦女版」，是台灣第一位女記者。[28] 她的女校經驗提供了〈花開時節〉的主要場景；小說中對於「婚姻、友情、幸福」的思索掙扎即是當時女學生的共享經驗。小說裡的惠英在畢業之際與來自身邊友人凶猛的結婚浪潮搏鬥著、辯論著：

> 女人的一生，不就是從嬰兒期，經過懵懂的幼年期，然後就是一個接一個學校地讀個沒完，而在尚未喘過一口氣時，就被嫁出去，然後生育孩子……不久就老死了。在這過程之中，真的可以把意志和感情完全摒棄，將自己付託給命運的安排嗎？說實在，我對毫無懷疑、毫無任何心理準備地結婚，不能不感到不安與疑惑。難道每一位結了婚的同學真的都是在自己的同意下做選擇嗎？只憑一時的衝動，就可以決定自己的終身嗎？我只想靜下來，好好地想一想。我需要了解我自己，把握我自己。（pp. 282-283）

---

28 對於作者生平與小說主要情節導讀分析，請參考：許俊雅。2001。〈《花開時節》導讀〉。《日據以來臺灣女作家小說選讀（上）》。邱貴芬編。台北：女書文化。94-99。

　　惠英在小說通篇裡不斷地拜訪「結婚前輩」、觀察已訂婚的同儕、近身參與朱映（最要好的兩位姊妹之一）的結婚前後，再加上家裡的催促安排，卻皆無法讓她舉步跨入婚姻隊伍中。上面引文暗示了「把握、了解自己」與「步入婚姻」有所衝突，也就是「自我」與「體制」之間的衝突；惠英躊躇擔憂的似乎在於：未完成自我建立就進入婚姻體制，將失去自我意志與感情。現代主體的矛盾性即在於此，主體權力的獲得與失去在不同社會機制間相互角力，成為欲求的驅力。關於生活裡一切無以言說的情緒，皆是「我們日常裡所接觸、所感受的，可就是怎麼也沒法讓它具體地成形。唯一知道的是在我們來說，舊時代的因襲和新時世的動向之間的摩擦，更強固地糾結在一塊」（p. 286）。

　　在此我反而想替惠英發問：這樣理所當然的結婚願景究竟從何而來？以及，為何小說中幾乎所有結婚或已訂婚的女性的婚約都是以身分條件來安排。說好的自由戀愛呢？女性文學研究者呂明純即曾將小說中惠英對於身邊同學投入婚姻的不滿、擴展到對於整體教育結構的隱微抗議，因為號稱「新式」的女子教育，僅是為了「培養出溫良恭順的『大和撫子』」，限制了新女性的出路與未來性（呂明純 2010：208）。若回顧我在本書不斷提及的自由戀愛的解放與壓抑性、社會各制度施加在女性身上的規範、以及女性被塑造為現代性的矛盾主體等社會歷史框架，小說中的惠英能夠爭取的空間約莫就是延遲婚姻的到來，延遲另一種社會機制直接對其施展規範權力。這似乎也是惠英在當下所採取的抵抗方式。然而，以停滯作為抵抗畢竟只是暫緩之計，惠英更強悍的姿態應該是小說開頭的宣言：「美麗的人啊，比起妳對我的愛，我是更深更深地愛妳的。我這一輩子，都要這麼大聲地叫嚷下去。請妳看著吧」（p. 277）。

　　這段帶有引號的文字似乎是一段引言，且這段文字獨立於小說內容，沒有交代連結或解釋。若是一段引言，則其來源是哪一文本有待考究。我在此浪漫化解讀這句引言來自惠英內在深刻的慾望，宣告著：我將帶著這

份愛一同往前——將過去與現在的我帶往未來。這份「愛」的內涵究竟為
何？而「妳」是否指涉哪一具體對象？作者將這段宣言與小說裡的尋找、
掙扎獨立開來，與惠英內在、周圍正在發生的一切無涉，使我傾向大膽解
讀這段文字可能指涉學生時期的「類同性愛」經驗。一方面，我得以在前
述「自我」與「體制」這組關係之外加入另一個被排除、卻（曾經／依舊）
存在的生命經驗。這個被排除的位置可以套入同性愛以外的各種性樣態或
生命經驗，只要是被認知為無法保障國族建構、戰爭動員順利進行的「他
者」。這讓我得以解釋小說中的惠英以及楊千鶴再次在《人生的三稜鏡》
中引用安德烈‧莫洛亞的《結婚、友情、幸福》裡那句：「即使婚姻美滿，
但至少在短暫間仍會扼殺少女時期的友情。因為兩種同樣熱烈的感情是無
法同時並存的。」[29] 若再進一步追究為何「兩種同樣熱烈的感情是無法同時
並存的」，以及「友情」與「婚姻」的兩難為何特別是女學生的課題（不
見男學生的討論）時，女學生「同性愛」的社會歷史意義在此即有了解釋。

　　另一方面，若追究此文本的時代背景，楊千鶴於 1935 年左右進入女校
就讀，如我在前文所述，彼時同性愛論述在台灣已轉型成以病理化為主軸，
且在本土知識分子間「同性愛」一詞也未形成討論引用；再者，如前舉朝
鮮女性知識分子的憶述所揭示的，同性愛在女學生脈絡裡是一種精神（而
非主體）表現，是一種真空情感而非永續選項。在上述的時代論述氛圍裡，
女學生間的「同性愛」僅得以其他方式被命名，而最理所當然的就是「友
情」。我將這種「情感熱烈的友情」解讀為「類同性愛」情愫，並非一廂
情願地將之標籤在一個已然定型且標準化的「同性愛」框架裡，而是藉此
追問，〈花開時節〉中描寫的女性間熱烈的情感時是否是「同性愛」一詞
的體現？對於此一命題的辯證，將是這類研究不斷得面臨挑戰的課題。

29〈花開時節〉，頁 280。以及：楊千鶴。1999。《人生的三稜鏡》。台北：南天書局。
　　99。

　　「愛」在芳久的作品中讓位給身體慾望、在楊千鶴的小說中則是被擱置，而在李光洙最早寫就的短篇小說中卻成為核心課題。韓國現代文學之父李光洙，在 1910 年代寫下了幾篇具有同性愛內容的短篇小說（이성희 2005）。他於 1905 年前往日本明治學院留學、1910 年朝鮮被日本占領前夕回到殖民京城；期間，他以李寶鏡的筆名在明治學院學生刊物《白金學報》發表了個人最早的一篇現代短篇小說〈愛？〉（愛か，1909），之後他改寫這篇作品成互文的短篇小說〈尹光浩〉（윤광호，1917）。兩篇作品在主題上幾乎一致，但因為發表的年代、語言，內容有些因應時代與讀者對象的差異，這我將在底下簡要討論。最早發表的〈愛？〉與前面分析的兩篇作品一樣是以日文寫成，這篇小說的重要之處在於：李光洙最早在此文展現他以「情」（見第二章討論）為其文學核心理論概念的表現方式——內心獨白與個人內在性的建構。同時，這篇小說也展現了殖民知識分子的矛盾性。

　　小說主角文吉，是個赴日讀中學的朝鮮留學生，十一歲時失去雙親，生活貧苦，希望能有成功的一天。文吉在留學期間苦於內心的寂寞，渴求能夠交到朋友、有人陪伴，並對日本同學「操」（ミサオ）發展出愛慕之情。他初次見到操是在學校一月的運動會時，彼時「少年的臉上溢滿愛的顏色，眼睛如同天使笑顏一般，他恍惚地暫時忘了自己，心中燃起一把火。這位少年就是操。文吉想著：他終於出現了」（p. 39）。自此，文吉為了得到操的回應，寫了封告白信（甚至滴上自己的鮮血以明志），想讓操知道自己的寂寞與愛慕之情並在內心反覆自問掙扎：操太害羞了，他若沒有一樣的心意該如何？他會有什麼樣的回應？這樣的焦灼之心終日占據文吉的心思，整天只想著操想到發疼。這樣的心理狀態讓文吉不禁思索起什麼是「愛」：

　　　他愛，所以苦。他的苦即是愛，且愛這個苦。見不到操時，這是他唯

一可以做的事。自從一月之後，他的日記裡除了操以外別無他物。每當瞥見操時他就喜不自勝，但他自己都不明白這所為何來。「我為何愛他？他為何讓我愛他？我無法對他要求任何東西。」他在日記如此寫道。而每次他遇到操，他都像是對著帝王一般對操行禮，一句話也沒說，他也無法理解自己這樣的行為，只是出於本能。（p. 40）

文吉內心的寂寞之苦與對於操的愛慕，並非出於其性格缺陷，而是體現了他與他人產生連結的方式，即：他並非透過傳統道德正統，而是透過「情」所獲得的知識基礎。換句話說，他對於操的愛是一種自覺過程，不是經由（也並非為了）傳統人際關係的建立，而是透過內在經驗確立自我。李光洙互文的短篇小說〈愛？〉和〈尹光浩〉就是這種透過不完整的「愛」、以實現個人自我的明顯案例。同時，前行研究已對這些短篇小說的種族面向（이성희 2005：280, Treat 2011: 318, 이정숙 2007：374）和殖民知識分子的矛盾（임은희 2010：237）進行探討，闡明這之中的殖民複雜性。因此閱讀〈愛？〉和〈尹光浩〉不應只在狹義的「同性愛」框架中理解各個角色的歷史複雜性，還需要特別注意其中的殖民現代性問題。

〈愛？〉中的操、在〈尹光浩〉中代號為 P，兩部小說皆描寫他們的美貌和嗓音導致文吉和光浩的自卑感，而這樣的「身體觀」自有其殖民階序關係。這些短篇的背景設定在東京的一間學校，〈愛？〉中的操明顯是日本人，而〈尹光浩〉中的 P 則未見明示其種族身分；但有論者指出 P 可能是日本人，因為他在〈尹光浩〉裡呈現白皙美貌為最大優勢（이성희 2005: 279-280）。再者，〈尹光浩〉裡有另一對角色——金俊元和一個日本年輕男子——在小說中被呈現為相反的例子：「美少年」俊元受到日本年輕男子的瘋狂愛慕。在這兩個組合中，白皙美貌勝過了其他才能，因為前者是固有繼承的、而後者是後天習得的，而我傾向將其當作種族象徵來閱讀。因為表現在（美少年式的）美貌中依然有著明顯的階序關係，即使朝

鮮少年尹光浩也被描寫為具有美貌，但他與日本同儕間依舊有著清楚的慾望階序。前述前行研究闡述了朝鮮人和日本人之間的種族差異如何導致一種慾望的不平衡流動，而朝鮮年輕人則同時擁抱也抵抗殖民慾望：一種被文明化的同時、也被殖民的複雜感受。文吉和光浩（被殖民者）對操和 P（殖民者）的愛慕和屈服，在很大程度上也體現了近似於法農（Frantz Fanon，1925-1961）對於殖民知識分子在殖民主國留學的經驗觀察，其中有很大的慾望焦慮來自希望成為殖民者（戴上白面具的黑皮膚）（Fanon 1968）；或是如印度後殖民史學家阿希斯・南迪（Ashis Nandy）對於處在相對位置的兩個殖民男性互為「親密敵人」（intimate enemy）的論說，與其中對於自我殖民的反思（Nandy 1983）。

然而，這些作品所展示的殖民矛盾（colonial ambivalence）卻被同性愛主題所掩蓋。朝鮮社會對〈尹光浩〉的接受反應，顯示了當時人們並不贊成同性愛和失戀（실연）故事——皆被呈現為以自殺終了的情感特徵。當時的文化評論者朴英熙（박영희）則明確地指出這是一個「以男性為對象的失戀、而不是對女人的故事」；而與失戀的悲傷相比，那「令人感到難受的『男色』氣氛」更為奇妙、難以理解（p. 86）。[30] 李光洙本人也澄清了這一點，他說雖然〈尹光浩〉是基於一個真實的故事，但為了保護這個人的名譽，他亦避免透露他的身分。[31] 這些評論顯示，一方面，同性愛顯然可被讀者辨認出了；而另一方面，同性愛在 1910 年代末期也已經聲名狼藉，其災難性本質就體現在主角的自殺傾向。當然自縊或許也象徵了殖民知識分子絕望的心態，同時亦產生了反思性，就如東亞文學研究者約翰・崔特（John Treat）評論道：「主角的性格發生了一種內省的變化，並隨之產生

---

30 朴英熙，〈李光洙論——從文學來看李光洙〉（李光洙論——文學上으로 본 李光洙），《開闢》（개벽）55 號，1925 年 1 月，頁 79-93。
31 李光洙，〈我的小說的原型〉（내 소설과 모델），《三千里》（삼천리）6 號，1930 年 5 月，頁 64。

了一個現代的、內在的自我」（Treat 2011: 320）。文學研究者林恩熙（音
譯임은희）與崔大正（音譯최다정）則認為，李光洙在〈愛？〉和〈尹光浩〉
中的同性愛描寫，是追求純粹精神面的表現，甚至是反映時代、顛覆殖民
局勢的寓言，因此尚未將同性愛視為全然病態的表現（임은희 2010；최다
정 2018）。孫有慶亦在「同情」的框架下闡釋，〈尹光浩〉雖然反映了李
光洙對於「人類愛」的啟蒙主張，但也以個人情感的失敗，作為啟蒙論述
的回應（손유경 2008：131）。

　　回到〈愛？〉這篇小說來看，其核心內容凝縮在文吉於學期結束即將
返回朝鮮前夕，內心極度渴望再見到愛慕的操一面，前往操的寄宿處的過
程。此間文吉充滿內心掙扎，小說通篇幾乎以內心獨白構成。李光洙將「情」
這一文學啟蒙理論連結到現代個人主體的建立，通篇大量的內心獨白展現
是自我建構的文學技術。然而，我想在此將傅柯對於「自白」（confession，
源自宗教的懺悔儀式）技術的分析與 20 世紀初在東亞出現的這類文學表現
（如李光洙和當時朝鮮現代主義作家、日本的自然主義文學與「私小說」、
中文白話文小說出現的獨白體小說）並置來看。就如傅柯曾指出的，自 18
世紀以降，「自白成為了西方社會賴以生產真理的主要儀式之一」（Foucault
1984: 58），並闡明自白儀式如何轉變為個人化（individualization）的技術：
「過去很長一段時間，個人憑藉著以他人為參照和其自身與公眾福利（家
庭、忠誠、保護）之間的關係而被認可；現在，他必須透過為自己說出真
理的話語以驗明自身。如實自白被權力列入個人化的程序核心」（Foucault
1984: 58-59）。

　　「自白」除了自身意義的轉變，也開始與其他社會機制聯合，如在此
討論的文學表現：「文學在某個時刻出現變形：我們從圍繞在勇敢或神聖『試
驗』這類英雄或奇妙敘事的愉悅轉向另一種文學，被派予提取自我內在的
終極任務，而在文字之間，真理的表白形式有如一座閃閃發光的海市蜃樓」
（Foucault 1984: 59）。或許李光洙等同時代東亞文學家將「自我內心的表述」

誤認為是充滿自主性的，過去的個人必須透過與他人的社會關係被定義，而自白（在現代小說發展中被表現為內在敘事）並非就此將個人從既有社會關係中解放獨立出來，而是成為強化社會關係的主要機制。只是在 20 世紀的東亞社會，社會關係指涉的並非傳統的封建、家庭形式，而是由殖民主義與民族主義共同作用出來的現代模式。

必須釐清的是，並非自白單向將個人最後一塊內在領土交付給權力，而是權力已滲透到性與精神領域，啓蒙解放與壓抑規訓同時發揮作用。若我們再回到小說〈愛？〉的內容來看，文吉最終沒有見到操、被自己的所有獨白猜想帶離目的、淚流滿面地在鐵道旁質疑生命的意義，暗示終結生命的可能性。慾望的無法實現並非由目的失敗來定義的，文吉與〈花開時節〉裡的惠英或甚至是〈同性愛〉裡的警察 A，處在慾望歸屬妾身未明的當下，其自身體現的矛盾性也就是得以用來質問權力的反身性。

四、小結

在撰寫此章、特別是上一小節的文學分析時，我不斷回想起自己 1990年代初識台灣同志／酷兒文學時的光景。同志文學研究在解嚴至今二十多年裡已有了可觀的積累。從文本的發掘與細讀，到脈絡化、歷史化文本的過程中，許多經典作品在各種學科觀照之下形影逐漸具體，不再作為文學史的罔兩隱身於歷史之外。但我在接觸同志研究的十多年裡，總不斷被提醒著要細究罔兩「成形」之後的問題：此一「形」因何而成？又製造出什麼樣的影、什麼樣的罔兩？這個抽象的問題可以具體展現在目前台灣同志文學研究處理的文本與歷史偏好上，包含經典化某一類型的文本（何為文學？）、正統化某一個身分概念（何為同志？）、集中處理某一時期的材料（何為台灣？），這些傾向將台灣同志文學研究帶往一個具體卻狹隘的

領域，同時再次罔兩化諸多文本與歷史身影。我在此論文選定的歷史時期與分析對象亟欲與上述問題作對話，試圖展現不同的書寫類型、曖昧不明的身分、單一國族之外的想像。更重要的是，這個想像讓我得以思索眾罔兩之間交錯的關係與結盟的可能。

　　我在此將以討論美國人類學家伊麗莎白‧普維內利（Elizabeth A. Povinelli）的「愛之帝國」（the empire of love）概念來為此章作結。普維內利將「愛之帝國」作為理解殖民地的親密性、社會性與身體的核心概念。殖民者與被殖民者之間的關係，乃是透過愛的論述，重新調整這些場域、模糊地域和關係的界線（Povinelli 2006）。這也代表了日本、台灣和朝鮮之間交錯連結的關係，反映自殖民時期關於自由戀愛、性的論述生產和相關性主體出現。

　　浪漫愛與個人主體性的發現和創造，既無法維持其反身性和自主性，也無法超越殖民主義與民族主義的雙重力量。性論述在此一時期大量出現，並非為了抑制性慾，而是要改造性慾。殖民知識分子藉由投注知識論述生產創造個人和其內在性的熱忱，是為了將權力部署到個人身上；並且，在異性戀生殖關係的基礎上，將權力對象轉化為兒童、婦女和心靈層次。因此，他們（與整個社會一起）創造了虛假的婦女解放、操縱複雜的政治和社會力量，建構「非自然」的範疇與慾望秩序。一如我們在這波愛與性的論述生產所觀察到的，醫療和教育語言最終成為性論述的主要形式。

　　為了進一步闡述我的論點，普維內利對於「親密事件」（the intimate event）的概念有助於我理解殖民／帝國之愛的遺緒。「親密事件」相對於親密性（intimacy），「是規範性的愛在個人自主與社會限制之間生成的事件」，西方社會即是藉由這一基礎結構來彌補個人主權和主權國家之間的差距（Povinelli 2006: 4-5）。普維內利將「愛」視為理論化「親密事件」的基礎，「愛」代表了一個契機的來臨：自由選擇透過「愛」的概念獲得一種特別現代的政治牽引，並強化其自身的社會建構。「自由」進入了夫

妻間的連帶關係，相互自我指認、參與構成這樣的關係，這即是（西方）現代主體的基礎概念、並相對於「傳統」（本土或非西方）的關係模式。問題在於，我們（也許）都有機會參與這一「親密事件」，「除非你／妳碰巧是／或被認為是一個女人、同性戀、非白人的」個體，這表明了「親密事件的想像總是同時受到這些例外的擾亂與維護」（Povinelli 2006: 191-193）。

　　一如我在此章試圖表達的，如果我們要對那些在當前社會中占主導地位的社會機制提出批判性思考，那麼我們需要回溯現代社會轉型之際出現的性論述和現代主體。我們可以將這些論述與主體表現視為一組另類的提問和實踐，並在跨國脈絡（而非限制在單一國家）裡以思考「自我與他者」／「壓迫者和被壓迫者」之間的關係。雖然殖民政權、父權體制和異性戀霸權各有不同的結構，殖民者與資本主義、男性、異性戀之間的結盟（總是）已然形成，從屬階級（被殖民者、女性、同性戀等等）彼此卻被不同的結構分離，各有其自身優先戰鬥的目標，因而這些不同群體之間的合作和結盟總是難以實現。我將延續這點思考，在下一章進一步以「殉情」為主題，持續指認被區隔開來的邊緣主體。

過剩的愛

殉情的抵殖
民文明論

近來出現的青年男女學生自殺或情死等墮落現象，是因為戀愛小說等
危害社會風俗的印刷品的流通造成的。

　　　　　　_____中小路廉，〈戀愛小說與學生〉，1905。[1]

來自日本作家的那些過度感傷的小說，裡頭女主人公要不是殺人就是
自殺，否則永遠不會快樂，這對受過教育的韓國女孩造成了很不好的
影響，她們的生活前景並不樂觀。

　　　　　　_____尹致昊，〈日記〉，1931。[2]

　　2012 年六月底，南韓首爾有一齣名為〈為雞毛蒜皮事碎嘴〉（콩칠팔
새삼륙）的音樂劇首次公演，這齣音樂劇搬演了八十多年前（1931 年）在
殖民京城發生的一起兩名女子「同性情死」鐵道自殺事件，也是本章第三
節將詳細討論的案例。而當代音樂劇編導，就兩人生前的生活、婚姻、愛
情加以還原、補充，完成這部作品後在訪問中宣稱，超越性身分，這只是
一個關於「愛」的動人故事。[3] 然而若回到 1931 年事件發生當下的情況，即

1　中小路廉，〈戀愛小說與學生〉，《臺灣日日新報》，1905 年 5 月 31 日，4 版。
2　尹致昊。1973[1931]。《尹致昊日記》。首爾：國史編纂委員會。351。
3　關於訪談細節請見：朴寶美（音譯박보미），〈由三位女性講述的 1930 年代「真正自由」
　的戀愛史，音樂劇〈為雞毛蒜皮事碎嘴〉（세 여자가 말하는 1930 년대 ʼ진짜 자유ʼ

可觀察到殖民時期的同性愛論述與報導經常與「殉情」、「犯罪」等議題連結在一起。一方面，死亡與犯罪確實特別容易激起大眾注意而具新聞性；另一方面，這類新聞的再現方式也暗示了這樣的愛注定以失敗、慘劇告終，這樣的再現方式在東亞社會各地如出一轍。

正如我在前幾章的討論中指出的，「現代愛」和「新文學」在現代化進程中被制度化，並象徵著文明與啟蒙的慾望，自由戀愛／浪漫愛文學，更是這場社會歷史運動的產物之一。然而，如果我們研究關於愛的論述、及其在公共媒體中的反應與再現，最引人注目的是，大眾媒體中的報紙新聞、文藝雜誌全面擁抱且稱頌戀愛的同時，衍生出兩個子議題：同性愛和殉情。此外，正如上方兩段引文所示，戀愛及其相關文學作品、與殉情／情死和同性愛交織在一起，被定位為對現代主體／讀者（通常是新女性、男女學生）產生了不良影響，為社會帶來負面的價值。對此，我將上一章的主題「同性愛」與此章討論的「殉情」連結在一起，將這兩組現象視為是促進婦女和婚姻的解放、自由戀愛與新的社會關係形式的反證。這些大眾論述、殖民政策乃是以啟蒙文明為號召，行社會區隔、訂立新的社會秩序之實，而殉情和同性愛清楚揭露了殖民之愛的虛假意識。同樣的，我認為殉情和同性愛呈現了一種特定的時間性——中斷、暫時、沒有未來——得以進一步對殖民線性／直線（straight）時間進行酷兒式的閱讀——「與單向、線性的進步願景相比，這是一種持續復返並更新的想像」（Wenzel 2009: 41）。[4]

然而，需要指出的是，殉情和同性愛顯然與愛的制度化相輔相成。正如傅柯所闡述的：「沒有抵抗就沒有權力關係；然而抵抗更加真實有效，

연애사，뮤지컬 '콩칠팔 새삼륙'），《韓民族》（한겨레），2012 年 7 月 3 日。（來源：http://www.hani.co.kr/arti/culture/music/540762.html，上網日期：2023 年 5 月 12 日。）

4 這裡「線性／直線」時間有其雙關指涉，不僅指向西方中心、二元對立的線性史觀、也是指異性戀（straight people）中心史觀。

因為是在權力關係行使時形成的；對權力的抵抗不一定來自權力之外才成立，也不是因為成為權力的對象而無情地受挫。正是因為與權力處於同一位置，抵抗更加清楚存在」（Foucault 1980: 142）。因此，研究殉情和同性愛如何體現現代愛概念中的常態和非常態（non-normative）觀念、同時觀照這兩者之間的衝突是很重要的。正如我將在下方討論中呈現的，殉情一方面被認為是神聖愛情的終極形式，以此指責傳統婚姻留下的遺毒；另一方面，殉情者經常被批評為沉迷於肉慾與不識愛的真義，或對人類（再生產）價值的無知。同樣的，當時社會之所以賦予特定族群（即女學生）同性愛的合理性，乃因其帶有精神啟蒙，能讓年輕人遠離性慾誘惑。與此同時，同性愛也被醫學化和規範化來促進異性戀再生殖關係、與兒童和青少年性教育與規範。因此，殉情和同性愛這兩種社會現象對於文明進程的悖論和困境帶有極高批判意義，同時也作為確保規範性親密關係的「例外邏輯」扮演重要的角色。

　　而關於「殉情」的報導，當然也不僅限於同性愛案例。當時男男女女在「自由戀愛」的論述刺激下，未能擺脫殘留的傳統婚姻價值與聯姻安排者，無關性向，選擇自殺或一同赴死以明其志的不在少數，凸顯出社會轉型之際的適應與不適應。而因感情問題自殺或男男女女相偕尋死的事件在東亞社會已發展出特定的指涉詞彙，主要有：「心中」（しんじゅう）、[5]

---

5 日本女女同性愛殉情的研究已有許多積累，「同性心中」更成為此類報導的關鍵詞；此一時期同性愛論述的一手文獻可參閱：古川誠、赤枝香奈子編‧解說。2006。《戰前期同性愛関連文献集成（全 3 卷）》。東京：不二。相關研究請參考：Suzuki, Michiko. 2010. *Becoming Modern Women: Love and Female Idenity in Prewar. Japanese Literature and Culture*. California: Stanford University Press. 與 Robertson, Jennifer. 1999. "Dying to Tell: Sexuality and Suicide in Imperial Japan." *Signs: Journal of Women in Culture and Society* 25:1: 1-35. 以及她的另一本著作 Robertson, Jennifer. 1998. *Takarazuka: Sexual Politics and Popular Culture in Modern Japan.* Berkeley, CA: University of California Press.

「情死」（じょうし，정사）。[6] 我認為，殉情現象即是面對社會歷史轉型時的難題之一，反映了以文明和社會進步之名的現代概念（如「自由」、「浪漫愛」）的「解放－壓迫」雙重特質。延續上一章討論的同性愛（主要作為「現代愛」的例外），本章延伸同性愛中的「殉情」來進一步凸顯愛的變異。而這些論述有一定的傾向：男女殉情事件中的性別與身分差異、新女性、女女同性殉情事件經常在媒體中出現，並反映了不同時期的社會現象與問題，更是殖民現代化意識形態的批判回應，我將在下面三節分別討論。

一、「同化之惡」：台灣殉情論述中的殖民批判

在開始討論殖民時期出現的殉情事件前，讓我們回到本章開頭列出的引文，釐清一下那些「有害的」戀愛小說的來源、以及導致殉情現象的社會成因。殖民朝鮮知識分子尹致昊（윤치호，1865-1945）在 1931 年的日記中寫下自己對於當年兩名女子同性情死的鐵道自殺事件的感想，他認為「來自日本的感傷小說」太過盛行，而產生社會不良影響，這些小說可以推敲為在日本流傳許久的「心中」物語（de Bary 1993; 徐翔生 2010）、以及現代小說。正如日本文學研究者索尼雅・梁（Sonia Ryang）在其專書《現代日本的愛情》（*Love in Modern Japan: Its Estrangement from Self, Sex and Society*）中強調的：「殉情」確實「是自中世紀以來日本愛情故事中反覆出現的主題」，

---

6 在此需簡要說明我對這些詞彙的定義與使用：「心中」可單指「自殺」，但在許多重要自殺事件中，經常是「兩人」因「情感」問題相偕自殺的事件會被媒體凸顯，強化「心中」一詞與「殉情」連結的印象；韓文的「情死」則明確指向因感情關係而尋死，有單人自殺，大多也是兩人相偕尋死。除了引用特定材料時，我會使用「心中」、「情死」這兩個詞彙，本書討論主要以「殉情」指涉「因感情問題兩人相偕尋死」的事件案例。

而此類事件的情節，總是以「一對戀人面臨既有的、無法克服的障礙——如父母的反對或不允許離婚——這樣的形式出現」（Ryang 2006: 114）。這一現象揭示了現代轉型過程中的不適應，而文學作品作為社會改革的實踐方式之一，具有密切反映時事的社會功能，因此記錄下彼時社會共享的感覺結構。而「殉情」與「日本」之間的連結，更直接呈現在大眾媒體報導中。

　　根據我就 1895 年至 1910 年代殖民台灣和朝鮮最主要的報紙——《臺灣日日新報》和《東亞日報》——檔案資料庫的搜尋結果，無論是發生在「內地」（日本）或「外地」（台灣和朝鮮半島殖民地），幾乎所有關於殉情事件的新聞報導都會提及日本人物、日本文化；而台灣和朝鮮則是在 1920、1930 年代開始頻繁出現殉情的事件與論述。目前對台灣社會在此一歷史時期的主題研究以張志樺的〈恰早新聞有講起，為著愛情歸陰司－探討《臺灣日日新報》對殉情報導所展現的愛情論述〉最為詳盡；此文為 1910 至 1930 年代三段時期各階段的報紙資料爬梳整理，並提供細緻的歷史化分析。透過將各時期的論述特徵並置來看，張志樺對於殖民時期台灣社會圍繞著殉情事件生產的論述提供有機、而非斷代性的解讀，特別是他對於「戀愛」、「性愛」、「結婚」間的角力變化的觀察（張志樺 2015）。我在過去十年間收集「同性心中／情死／殉情」等資料時，也注意到台朝主流（以男女異性戀關係為主）社會對於殉情的關注，而這樣的關注來自於死亡的話題性，以及當事者的社會身分。在面對同一批資料進行歷史分析時，我與張志樺觀察的歷史視角稍有不同，在進一步討論殉情論述內部除了種族、階級等差異外的影響，更著重凸顯「性別」（女性的規訓）與「性相」（同性間的社會關係）與殉情的關係。

　　《臺灣日日新報》的檔案資料顯示，19 世紀末到 20 世紀初，有關該題材的新聞文章大多由日本記者撰寫或轉載日本新聞報導，類似本章開頭引文中的第一篇文章；即使是日本人撰寫社會評論文章，也傾向將殉情現

象與「學生」、「戀愛小說」聯繫在一起。如〈有關學生之行為〉（1906）[7]
一文指出「（那些年輕學生的流行讀物）所謂戀愛小說、現實主義小說，
不過是厭世者淫穢、輕浮的生活。」而當台灣在地的記者和作家在關注傳
統婚姻問題、並呼籲人們擺脫傳統窠臼時，也經常以殉情為反例。如〈吳
深秀〉（1908）[8]這篇小說描寫一位男性因媒妁婚約不快樂，愛上後來認識
的女子，但因此情緣不可得而吞鴉片殉死。這篇小說開頭即描述相關人等
都陷在傳統婚姻的窠臼中，寫作主題甚為明顯。

　　上述各篇文章出版的時期，「自由戀愛」論述還未盛行；彼時社會大
眾更熟知的口號為「自由婚姻」。因此社會在理解殉情事件時，大多訴諸
兩種因素，一是日本文化傳入的影響，二是在地社會傳統改革聲浪的反映。
而改革傳統社會的驅力除了世界範圍發生的現代化浪潮，亦有日本殖民後、
民族危機感加劇的生存意識。其反應就如第一章提及的，宣揚「文明」、
「保種」才是戀愛、結婚之職志。由此可以理解，同一時期發表的〈情死觀〉
（1908）[9]一文在批判情死、殉情時，是以「生殖」作為咎責理由，作者寫
道：「將情死視為神聖、值得同情，甚至是值得獎勵，這是非常大的錯誤……
人類的存在的目的在於生殖，沒有什麼是比得過生殖的，所以必須認識到
是為了生殖而生。因此為了保護神聖的戀愛而做的情死的犧牲是沒有道理
的……情死是生殖的敵人。」這篇文章透露了社會大眾對於殉情／情死的
矛盾心理：一方面視其為神聖愛情的實踐，同時又因死亡本身違背了民族
存亡與親密關係中隱含的「再生產主義」（reproductionism）。同時，這些
批判也清楚地表達了在歷史轉型時期，殖民台灣不穩定的社會氛圍。此外，
對殉情的批判逐漸將殖民者與被殖民者之間的矛盾推上檯面，並在一定程

---

7 〈有關學生之行為〉，《臺灣日日新報》，1906 年 6 月 21 日，4 版。
8 儀，〈吳深秀〉，《臺灣日日新報》，1908 年 11 月 3 日，7 版。
9 玉山人，〈情死觀〉，《臺灣日日新報》，1908 年 5 月 10 日，3 版。原文為日文，
　中文譯文轉引自：張志樺 2015：39。

度上於 1910 年代帶有種族化傾向。

　　第一個發生在殖民者（日本娼妓）與被殖民者（本島人男性）之間的殉情事件出現在 1913 年，並在殖民地台灣造成轟動。該事件報導標題〈與本島人心中　艋舺開闢以來之事〉[10] 即表明強調這是第一次發生在殖民者和被殖民者之間的殉情（心中）事件；此外，這也是第一起以台灣人為論述中心的殉情事件，因為殖民地的人們傾向於將殉情視為是來自日本的不良影響。而在殖民初期，日本人與本島人之間的種族等級制度在殖民地的日常生活中嚴格執行，日本人與台灣人無論在住所、娛樂場所等私人或半私人領域，或是學校、職場、餐廳等空間都有所區隔。

　　前一章提及，日本殖民政府於 1905 年推出擴大市區計畫，大稻埕位處「城外」，被稱為「本島人的市街」，與日本殖民者所居的「城內」相對，較多台灣人與低階層日本人居住，並主要有餐飲、零售、娛樂與性產業等經濟活動。而「遊廓」、「酒家」等消費性場所，因為金錢的中介，反倒是最容易跨越種族藩籬的空間。如 1914 年一篇〈臺北百面相　名物情死〉[11] 將殉情比為「名物」，凸顯這類現象的盛行與話題性。我則注意到，文中細數發生在台北的情死案例，幾乎發生在風月場所與於其中出入之人士，例如：「近來富士見樓的入船和有來、稻六的可祝和大稻埕士商的本島人、花月的光子和某監吏、醉月的花桐和三鷹的某女……一年內將近一打，這難道不興盛嗎？」可判斷大多發生在本島士紳與日人經營之娛樂場所的相關女性之間。特別是如前一章討論 1900 年代台灣報紙的女女同性關係時指出的，1900 年以前在台的日本婦女中，有不少從事藝／娼妓、酌婦等類似工作。或可由此判斷，〈臺北百面相　名物情死〉中流傳的案例與市井八卦，

---

10 〈本島人との心中　艋舺開闢以來の事〉，《臺灣日日新報》，1913 年 9 月 21 日，7 版。　事件內容請見張志樺的翻譯整理（張志樺 2015：41）。

11 〈臺北百面相　名物情死〉，《臺灣日日新報》，1914 年 9 月 2 日，4 版。原文為日文，　中文譯文轉引自：張志樺 2015：45。

極有可能發生在台灣有錢階級的男子，與日本低階、性服務行業的女性之間。

儘管如此，殉情依舊被視為是「日本之惡」。如 1919 年發生在兩個台灣人（一名教師和一名女護士）之間的殉情事件，在漢文報導中起用之標題即為〈本島人之情死 同化之惡〉，[12] 強調這是由日本殖民同化政策帶來的惡果。然而日文報導[13] 同一事件時，則強調發生在本島人身上的殉情事件尚不多見。這椿悲劇與其事件有著類似因素，都是因為兩人戀情遭到阻礙，因素則包含：男方已婚、兩人是師生關係、同姓。儘管如此，這件報導強調了另一個因素：他們受到日本新劇導演島村抱月（1871-1918）和著名女演員松井須磨子（1886-1919）的愛情故事和自殺的影響。[14] 而島村與松井兩人已婚的身分、師生關係更落入「雙重不倫」的批判，甚至有通姦罪責的威脅。這之後，日本新劇運動家有島武郎（1878-1923）和他的親密對象、已婚的《婦人公論》記者波多野秋子（1894-1923）在 1923 年的殉情心中、也成為代表日本的另一個批評來源。在我的觀察中，日本同化之惡的體現，大多著重在文化面的影響，甚至聚焦日本人特定的民族性，而非具體的「同化政策」。

《臺灣日日新報》在有島殉情發生不久即引介了一篇據稱是來自美國對於有島事件的評論〈有島情死與美國報紙批評 日本人太過認真〉，[15] 認為在感情事件裡，根本不到需要殉情自殺，會有這麼極端的行為，是因為日本人生性太過認真。這樣的論點，稍早在署名玉山人的幾篇談論情死、

12〈本島人之情死　惡方面之同化〉，《臺灣日日新報》，1919 年 6 月 25 日，5 版。
13〈珍らしい情死沙汰　若い本島人同士〉，《臺灣日日新報》，1919 年 6 月 24 日，7 版。
14 島村抱月已婚，他和松井須磨子也是師生戀。他們一起在劇院工作（搬演西方作家的作品，如易卜生的《玩偶之家》、托爾斯泰的《復活》），並捲入了「背德」的關係。島村於 1918 年 11 月 5 日因流感去世後，松井於 1919 年 1 月 5 日上吊自殺。
15〈有島情死と米紙の批評　日本人は眞面目過ると〉，《臺灣日日新報》，1923 年 7 月 14 日，7 版。

自殺的文章中也出現過。玉山人在〈續自殺觀〉[16] 一文評論了內地人與本島人自殺的原因，提出「內地人多為面子關係、與金錢有關的社會性問題較多，而本島人多因活著沒有趣味、與和情感有關的個人性因素為多。」社會性或個人性兩種因素差異，在此文中被指派為不同族群的性格表徵，實則透露了：20 世紀初期社會變革過程中，既有的社會傳統（倫理與社會階序）遭到文明啟蒙（戀愛等）與個人主義的挑戰，而引發社會與個人間的各種矛盾。這一「社會」與「個人」間的矛盾，就如普維內利論及的，是透過「現代愛」與其「例外」中介以化解張力（Povinelli 2006: 193）。殉情在此是由「本島人」指認為「愛的例外」，且與殖民者日本聯繫在一起，除了凸顯了現代愛機制不僅運作在單一社會內部，亦與跨文化、跨地緣／殖民關係嵌合之外，同時也讓被殖民者以其人之道、將非正當化的文化表現丟回到殖民者身上。

　　如在〈有島武郎君的情死〉（1926）[17] 一文中，作者因有島的學識、文化背景而肯定其殉情為「忠於自己的本能，而同時又為戀愛神聖的表現」，但在社會上引發重大問題，因為「受了他的暗示而情死的青年，在東京已有四五人了。」本能與社會間的矛盾作為爭點，其實正是「戀愛」的「解放與壓迫」雙重結構之體現，殉情相關的批判正是在回應隱含在文明論述中的虛假意識。當出現在台灣新聞媒體的多篇文章，都因有島武郎的知名度而讓文化教養、社會傳統、個人主義、心理面向等相關議題的討論浮出檯面。在批判「同化與日本之惡」，大眾媒體透過「內地人為面子」等言論，將日本文化的精神性和物質性種族化為特定表現；而在物質面向，新劇、小說等文化生產則成為咎責對象。彼時大眾論述將殉情視為同化之惡的論調，實則反映了殖民政策和現代化工程於殖民地台灣遭遇的困境。殉

16 玉山人，〈續自殺觀〉，《臺灣日日新報》，1909 年 7 月 25 日，4 版。
17 炳，〈有島武郎君的情死〉，《臺灣民報》5 號，1926 年 8 月 1 日，4 版。

情一方面表明了既有的社會關係與自由戀愛之間的不協調，另一方面也引起了對同化政策的抵抗。然而與其說上述殉情論述指向的是對「日本同化」的抵抗，其實表現得更幽微的部分在於，對「文明」本身的批判。

這個「文明」指向透過「現代愛」論述強調的道德精神與普世價值；前者壓抑了性的慾求，後者則動員所有人參與這一文明運動，卻又清楚劃分有資格者與失格者。這些以文明、戀愛為名的虛妄承諾，其實就反映在殉情的諸多原因上。如龍瑛宗在〈午前的懸崖〉（1941）[18] 這篇小說中，透過描寫年輕男女在一處小鎮的殉情事件，揭露舊習俗「因襲的頑固」、「一種文明固定了，就喪失內容只剩下形式，而形成偽善的習俗，使年輕的世代感到痛苦。」同時提倡自由戀愛的可貴與青年知識分子的社會責任。小說敘述者與知識青年張石濤討論著小說開頭的殉情事件，並在言談間鄙視陋習，更嚮往自由留學與選擇對象的未來。後來張石濤結識了一名女子，「因為有心愛的女人，才堅強奮鬥下來，」但因為門戶不對，女子被安排了其他婚約，張石濤感到自己被背叛自己走了，而有了輕生念頭。在小說結尾處他又突然清醒，並要敘述者向其家人報平安。小說寫於 1940 年代，清楚簡要地呈現了殖民社會三、四十年間的轉型停滯。即使將近二十年間戀愛的倡導論述佔領了大眾媒體的版面，但只讓更多人必須選擇以終結生命來抗議理想的失落。即使小說主角與本書提到的諸多因愛而生的矛盾不同，並非為了抵抗「傳統婚約」、追求現代愛而輕生，但對於殉情的態度、或許反映了龍瑛宗同世代知識分子與前述本島人對於殖民體制與現代性追求的反思。

而相對於龍瑛宗的知識分子責任，徐坤泉在 1942 年的通俗小說〈新孟母〉中談及殉情倒是輕描淡寫，他在小說中表明「肉慾是人體上的一種變

---

18 原載於《臺灣時報》23 卷 7 號，1941 年 7 月 1 日。後收錄於張恆豪主編。1991。《龍瑛宗集》。台北：前衛。

化，愛情是精神上的東西，有一種男女，為了愛情神聖，在未結婚以前就是肉體上的關係，亦是完全潔白的，為了不能結局，終而情死者，亦有女人與女人的同性戀者，這完全與肉慾沒有關係，這就是神聖的。」[19] 徐坤泉雖然依舊將「戀愛」與「肉慾」二分，但已不強調兩者間壁壘分明，甚至將「情死」、「女女同性戀者」一同視為神聖存在，是少有的態度。我認為，引發殉情現象的根本原因不在於「傳統習俗」，而在於戀愛承諾的「個人解放」終究難以觸及，卻又理所當然地宣傳為普世透明的價值，造成一種強迫樂觀的殘酷結果。

與前述諸多案例一起，殉情現象對於這一文明意識形態的反動亦表現在另一轟動殖民地台灣的「台南運河殉情事件」中。這個在戰後曾被改編為台語電影《運河殉情記》（1956）的事件，[20] 是 1929 年 5 月 19 日、發生在藝妓金快和知識青年吳皆利之間的殉情悲劇。[21] 吳皆利是台北工業學校畢業、日語流利的有為青年，金快因為受客人欺侮而失去原本的婚約，兩人因感情不受見而投身安平運河殉情。這兩人身分上的差異就如同前面已提及的常見組合，但此事件後來引發當地藝姐殉情風潮，也讓安平運河變成殉情名所，更是 1930 年代殉情高峰期的開端。[22] 張志樺即曾指出，1910 年代的殉情事件多發在男方有經濟文化資本，女方為「娼妓」的組合；到了 1920 年代則以「傳統婚姻束縛」為常見因素；1930 年代為殉情高峰，青年男女的「悲觀心理」為現象問題之一（張志樺 2015：63-65）。這三個階段的變化，正因應了「殖民之愛」論述的轉型：從最早開始對於娼妓等「性」的管控、婚姻改革與社會關係重構、到精神文明的極端崇拜。其中，「性慾」

19 徐坤泉，〈新孟母〉，《南方》164 號，1942 年 11 月 15 日，頁 30。婚戀小說〈新孟母〉從 1937 年開始於《風月報》連載，徐坤泉亦任職該報主編。1941 年 7 月 1 日因應南進政策改名為《南方》，至 1944 年 1 月停刊。〈新孟母〉於 1942 年停載，至今未完結。
20 對於此事件的經緯與大眾文化改編研究，請參考：柯榮三 2012。
21〈抱合心中情話〉，《臺灣日日新報》，1929 年 5 月 19 日，3 版。
22〈全島一の心中名所は臺南運河か〉，《臺灣日日新報》，1933 年 3 月 18 日，3 版。

在殉情討論中依舊被邊緣化，不是被斥為墮落因素，就是閉口不提殉情事件主人公間的慾望實踐。但我認為，潛藏在殉情論述中的抵殖民／文明態度，並非表現在拋棄自由戀愛的作法、或強調戀愛失敗／失格的案例上；因為就如同前述傅柯提醒的，抵抗是與權力關係相應而生的。

　　以此回望殖民地台灣對於日本「心中」文化的接收與批判、對於在地情死事件的同情與譴責、殉情事件與論述的遞增與因應，可以觀察到權力與抵抗就共存於當下時空情境，以及每個參與現代化進程的人們身上。當然這個共存並非表示在不同社會、不同人身上的反應與施為是「均衡一致」的。從族群（內地／本島）、性別（男／女）、階級（仕紳／娼妓／青年學生）、社會關係（已婚／拒婚）等條件進一步檢視文明啟蒙、戀愛論述與殉情批判，可以看見權力系統的細緻運作，以及現代／愛的殖民內涵、就表現在不同社會階序的建立與社會區隔的生成中。就這個面向來說，在殖民地朝鮮殉情論述中、對於「新女性」的態度在在凸顯了現代／愛規訓系統的運作。

二、「無意義的死亡」：朝鮮殉情事件中的新女性

　　儘管朝鮮殖民地社會也認為殉情現象是從日本「輸入」的，但關於此議題的大眾論述並未將「日本」視為主要應當指責的對象；相反的，「新女性」再次登上了論爭的舞台。對殖民地朝鮮的雙重自殺事件的普遍反應集中在「女性們無意義的死亡」評價上，譴責她們沒有好好為社會貢獻自己的生命。（전봉관 2008）而這是因為關於殉情的公開辯論、總夾雜著對於「個人自殺」和「同伴自殺」（동반자살）的意見。

　　根據 1910 年至 1942 年間、朝鮮總督府報告中的數據，共有 54,053 名朝鮮人自殺；而與自殺事件的數量相比，殉情／情死僅佔 1920 年代和 1930

年代自殺總數的 0.19% 和 0.7%。（천정환 2010：231）大眾論述對於自殺現象提出各種看法，如上節台灣的論述現象，常見對於流行文化（從日本輸入的小說）、自由戀愛的惡果（不倫）的批評，但這些評論不同於傳統堅持認為自殺是個人行為的解釋，出現了許多精神疾病的論述，並試圖解釋精神或情緒困擾是如何因為身體和道德因素引起的。此外，這些評論還探討了性別因素和社會壓力來源；例如早婚、男性不忠、經濟損失、單相思、身體疾病等，據稱都會引發人們的自殺傾向。與此同時，1920 年代大眾媒體出現更多「外遇」、「不倫」的新聞，相關輿論不僅譴責人們淫亂踰矩，更將越軌行為病態化為一種神經系統疾病，促成了關於將自殺作為衡量社會健康狀況的更廣泛討論，這使人們的生活受到越來越多的審查。因此，自殺是用於構建規範的國家／帝國主體的調節性思想的重要場所。

　　上面的觀察來自韓國殖民文學與文化研究者劉峻（Theodore Jun Yoo）的專書《瘋了：殖民朝鮮的心理健康政治》（*It's Madness: The Politics of Mental Health in Colonial Korea*）。此專著考察了日本殖民統治下民眾對自殺態度的變化，並針對自殺論述的醫學化進行探究。他從文化、政治法律、醫學和社會經濟方面的原因來解釋人們自殺的原因，認為男性學者、年輕的妻子與母親、以及窮人因為受到多重的社會壓力與衝突，是最容易精神崩潰的族群。其中，年輕女性、特別是新女性與摩登女，總是在情緒與自殺問題上成為被檢討的對象（Yoo 2016）。如殖民時期十分具代表性的文學評論家金東仁在批評新女性的《金妍實傳》中即論及，女性作家的死亡之所以無法得到尊重，是因為她們的「無知」：對文學理解狹隘，對公共問題漠不關心。此外，鑑於國家建構、社會改革和民族復興的緊迫性，這些女性全神貫注於她們個人的浪漫事務，為知識女性樹立了壞榜樣，且忽視了各階層女性的生活。《新女性》雜誌中亦有諸多評論認為，這些女性對浪漫愛的痴迷是一種幼稚心態，才會為愛而自殺，更進一步證明了她們的自私和情感脆弱；因為如果她們意識到自己作為「朝鮮女性」為國家努力的責任，

是不會選擇自殺的（Rhee 2014: 418）。

　　然而若觀察殖民時期朝鮮社會的轉型論述，女性在現代化和國家建設過程中有著重要角色雖為事實，但經常扮演被動角色，意即：女性的解放程度，被視為是國家民族的現代化指標，因此針對女性的規訓才是現代化、文明工程主要的領域。在針對自殺與情死的批判中，從現代化進程浮現的新女性主體，雖然試圖透過參與自由戀愛以重新定義傳統制度與性別角色，然而當她們在文化與經濟上逐漸獨立之後，就很容易被認為是對社會的威脅。[23] 這反映在男女殉情事件中的性別身分差異：組成經常是已婚男性和未婚女性，女性身分多為新女性、妓生、咖啡廳女給（천정환 2010: 233），這與前述殖民台灣的案例不謀而合。特別是被性化的非典型女性，在戀愛、殉情事件中發揮縫合慾望與道德間斷裂的角色，也因此同時是代表了壓迫系統，也對此系統提出批判。

　　如李箱在〈血書三態〉（1934）、〈幸福〉（1936）、〈斷髮〉（1939）[24] 等散文作品中刻畫的殉情事件，經常導因於男性角色對於「愛」的不安與佔有慾，而不安的對象則通常是摩登女性。從文章內容來看，男性角色因為無法獨享女人的愛而受到折磨，因此向女人建議殉情，實則是為了測試她的愛情。而殉情的提議，常常是藉由日本作家（太宰治和芥川龍之介）的作品來表達（노지승 2010）。對於「愛情」的不安，實際上體現了摩登女或新女性在「性」上的威脅，亦即她們對於履行社會要求（特別是與性有關的婚姻與再生殖）帶來不安。然而弔詭之處也正在於，日本知名作家與李箱作品中的男性選擇一起殉情的對象，經常是非典型女性（酒樓女子、妓生等），也因為這些女性失格的身分，是注定不可能實現的戀愛。在這

23 更多關於自殺現象、及其與現代愛論述、對殖民地朝鮮新女性批判的討論請見：권보드래。2003。185-193；서지영。2011。251-266。
24 〈血書三態〉，《新女性》，1934 年 6 月；〈幸福〉，《女性》，1936 年 10 月；〈斷髮〉，《朝鮮文學》，1939 年 4 月。

樣以男性身分較凸顯的例子裡，死亡與愛情被浪漫化為堅守誓言，然而如果主角是摩登女或新女性，這類死亡就遭來各種道德批判。（천정환 2010: 232-235）

　　周蕾在解讀鴛蝶派小說文本時，亦觀察到女性自殺的情節傾向。她並置鴛蝶派小說與傳統經典（列／烈女傳），提出其中隱含對女性的教育規範，以及女性在熟讀這些經典之後如何內化並在自身操作這一知識系統。對此，周蕾進一步提醒：「文明」並非解決途徑。現代教育或自由戀愛等這些帶有啟蒙、文明意義的新興機制，僅是進步的表象。這樣的「文明」體現在女性身上的結果則是：要不極度符合刻板的賢妻良母，要不就是「被」自殺消失。總是身亡的新女性，點破了文明的虛妄與失效。再者，周蕾認為個人主體的出現，本來應當作為「抵抗系統化意識形態的最有效依據」，但在中國、乃至東亞各地皆未成立（Chow 1991）。雖然周蕾並沒有進一步分析東西間、東亞不同社會的差異，而是提出在中國的「難度」，但我認為這或許要回到「個人性」出現的社會歷史情境來談，即：出於將個人由家庭動員到國家的需求。簡單來說，以女性經驗來看，這過程就如同事從一個小鐵籠進入到一個大鐵籠。我將透過朝鮮第一女高音尹心悳（1897-1926）和已婚劇作家金祐鎮（1897-1926）之間發生的情死事件來進一步說明這一觀察。[25]

　　尹心悳出身平民家庭，父母皆為虔誠的基督徒，並且在經濟狀況並不寬裕的情況下，依舊努力將四個小孩送進學校接受新式教育，而四個小孩也都具有音樂長才（妹妹是鋼琴家、弟弟是男中音）。尹心悳則是第一位獲得殖民政府獎學金前往東京學習音樂的女學生，並獲得了代表西方音樂女高音藝術成就的聲譽。1921 年時，她參加了留學生策劃的巡迴演出時遇

---

25 更多關於此事件的英文討論請參見：Yoo, Theodore Jun. 2008. *The Politics of Gender in Colonial Korea: Education, Labor, and Health, 1910-1945*, Berkeley, CA: University of California Press.1-3.

到並愛上了當時在早稻田大學就讀、並且已婚有小孩的金祐鎮，兩人的戀情很快傳回到殖民地朝鮮，引發熱切關注。因此當 1924 年尹心悳回到朝鮮時，公眾視她為跟醜聞綁在一起的名流人士，對她的個人生活和事業造成嚴重傷害，使她一直無法找到音樂教師的工作。大眾媒體用「肉體無止盡之美和妖嬈的聲音」、「與富豪親密來往」等這類高度「性化」（sexualized）的語言描繪她，或者與她有關的報導總是對其情感關係與（性）生活大作文章。[26] 金祐鎮鼓勵她轉往歌手、演員事業發展，並在 1925 年錄製發行了歌曲〈死之禮讚〉（死의讚美），歌詞很大程度反映了尹心悳的經驗與心境，三段主旋律不斷重複著「如果我死了，會很痛苦嗎／尋找幸福的生活／尋找什麼都是徒勞的」，深刻的情感表現獲得盛讚。但隔年 1926 年 8 月 4 日金尹兩人在錄製同名唱片專輯後，從日本下關開往釜山的客船上投浪殉情，那之後尹心悳前一年發表的〈死之禮讚〉更成為殉情事件不斷傳唱的背景音樂。但當時新聞報紙、大眾閒談幾乎只針對尹心悳進行惡毒的攻擊，到了將她視為是一個不可原諒的罪人的地步。

如前面提及的，在當時大多數男女間情死案件中，女性通常是單身，但與已婚男性有牽連；同時女性總是處於社會地位較低的位置，在公共領域從事妓生、咖啡館女給、護士等職業。然而，尹心悳的知名度和社會地位都比她的情人或殖民地朝鮮的許多其他男性知識分子要高，這使她成為了獵巫的目標；每當社會需要合理化維護社會秩序的規範中的悖論或衝突時，像尹心悳這樣的女性就處於弱勢地位。如雜誌《新民》在事件發生後一個月即以專輯討論該事件，除了介紹情死事件原委，特別針對尹心悳的「一生」作文章。在該專輯中的「情死問題批評」紙上座談專題，更集合了李光洙等人在內、共 16 人發表各自的評論意見。而其中幾

乎每篇都在檢討尹心悳，稱其為「不義」、「社會的罪人」、「狂的變態」、「弱者的窮途」、「完全醜態」、「自暴自棄」、「極端的個人主義」，或對其「憎惡與憐憫參半」，但「死了也要唾罵」。[27] 這樣的社會反應，就如劉峻所指出的：「一方面，她的死被視為日本殖民政策的直接後果，這讓她在音樂事業上取得了成功，但卻以毫無意義的死亡告終。另一方面，公眾也對她的自私選擇持批評態度，尤其是她選擇追求自我的個人衝動，而不是利用自己的才能為朝鮮民族服務」（Yoo 2008: 2-3）。

三、抵抗未來：女女同性殉情與多重殖民性

　　除了前述集中在針對新女性殉情事件的批判，當我在東亞各地的新聞資料庫搜尋殉情／情死／心中相關的報導資料時，經常會看到日文的「同性心中」和韓文的「同性愛情死」。[28] 這些術語最早於 1911 年日本的一樁女女同性心中事件中出現，之後在 1920 年代的大眾媒體上廣泛流傳。此外，同性殉情是同性愛最常伴隨出現方式之一（除了犯罪事件外），也是最受大眾關注的事件，而且幾乎所有同性殉情事件的報導對象都是女性，這與上一章李光洙的〈愛？〉與其他作品中描寫男性單獨自殺形成鮮明對比。而正是與上一節討論的主題密切相關，女性同性心中的高能見度，揭示了社會對女性規訓，使之成為殖民社會發展調控思想的場域。那麼，相比於異性間的殉情，同性心中、同性情死的報導是什麼樣的呈現？

　　除了上段提到的，幾乎所有事件都是女性，也因此大眾評論與批判集中在婦女問題和新女性主體的規訓上。需要註明的是，女性之間相偕自殺

27《新民》17 號，1926 年 9 月 1 日。

28 作為東亞社會的共享的歷史經驗，許多關於同性愛與殉情的學術研究以多有累積，可參考：Suzuki 2010；Robertson 1998, 2000；Pflugfelder 1999.

多以「同性心中」、「同伴自殺」指稱，但不一定指涉兩人間有浪漫關係。無論如何，社會中這類感官性（sensational）的新聞材料大多集中在女性身上，表明現代社會對女性（及其性）的恐懼以及社會轉型過程中各種系統的不穩定症狀。這之中更可見包含（傳統與現代）父權體制、殖民主義、資本主義與種族主義等權力系統的交織運作，而 1920、1930 年代在台灣和朝鮮出現的女女同性心中、情死事件的評論與再現，正揭示了這些系統的共謀。

　　在我初步調查《臺灣日日新報》1910 至 1930 年間提及同性愛的報導資料中，十三篇裡有十篇並置「同性愛」與「心中」、「情死」於標題及報導內容；另有約二十六篇直接以「同性心中」為題。而殖民時期朝鮮的《東亞日報》則在 1920 至 1930 年間約有十八篇報導出現「同性愛」一詞，其中十四篇直接與「情死」或傷害罪有關，且以 1930 年代佔最多篇數。整體而言，與女女同性心中、情死相關的報導、評論、雜文中，主角幾乎都為「新女性」等現代女性主體，且相關文章的標題旨在凸顯她們的新興職業，如：〈酌婦兩名情死 同性愛煽動〉、〈同性相愛的女職工〉、〈娼妓同性心中〉、〈女護士心中未遂〉等等。[29] 其他類別包括年輕女性、女學生和已婚女性。此外，大眾媒體報導的女女同性心中的原因集中在「婚姻問題」上：有的想逃避婚姻，有的是婚姻不幸福（因為與丈夫年齡差距；與家人吵架等）。但也有強調傳統身分的新聞事件。如〈兩位女子情死　相偕浮上水面〉[30] 報導了發生在 1923 年 7 月 10 日淡水河邊的投水自殺事件。報導稱兩位女性（林萬與洪習妹）身分都是養女（查某嫺），林萬遭到養家虐待，甚至還

---

29 各篇請見：〈兩名酌婦情死，因同性戀愛變悲觀〉（작부 이명이 情死，동성연애가 염세증이 되어，《時代日報》（시대일보），1924 年 5 月 6 日，1 版；〈兩名玫瑰般、同性相愛的女工〉（두 薔薇는 同性相愛의 女職工），《東亞日報》，1937 年 8 月 28 日，2 版；〈稼業を嫌ひ　娼妓か同性心中〉，《臺灣日日新報》，1937 年 7 月 20 日，2 版；〈女護士心中未遂〉，《臺灣日日新報》，1932 年 7 月 29 日，2 版。
30 〈女同士の情死　相棒浮き上る〉，《臺灣日日新報》，1923 年 7 月 14 日，2 版。

被迫賣淫、染上梅毒；隔壁洪家的養女洪習妹則有殘疾（右眼失明），生活十分困頓。兩人因悲慘身世相仿而熟識，關係相當親密（親しくする），報導因此以「殉情」定調兩人的自殺。

此外，在台灣的案例中，報導使用了明確的種族類別來指涉這些女性主體。女女同性心中在台灣案件中使用了兩個種族術語；一個是上面提到的「本島人」，另一個是「蕃婦」。殖民時期，因為需要在山區開採木頭樟腦等原物料，政府對原住民部落有特殊的治理政策。如許多前行研究已指出，原住民被認為是「野蠻的」、「兇猛的」、「未開化的」，因此更難治理。在當時各種官方文件、新聞資料中，有關土地、財產、人名均附帶有漢字「蕃」以指涉原住民。如一篇題為〈蕃婦の同性心中〉[31]的新聞報導將兩名原住民女性描述為「被認為是兇蕃中的美人」，她們在丈夫外出打獵時偕同於房子裡上吊自殺。這些對原住民女性主體的異國情調再現的潛在含義是：原住民女性不僅透過父權制度被邊緣化，而且還具有非日本人和非台灣人的雙重種族邊緣化。

在台灣出現的「同性心中」報導，大多都是以「現象為先」、也就是與「心中」或「特定身分」為主要報導價值，內容幾乎都很簡短、片段。因此從內容難以判斷這些「同性心中」的女性們之間有多少是真的有「同性愛」情愫，也是我在前方討論中特別註明這些事件主角有許多是因「友誼」而「同伴自殺」，並非同性愛者。真正明確指出「同性愛心中／情死」的報導不多，但最具代表性的，可能就是本章開頭提及的 1931 年兩名女子同性情死的鐵道自殺事件，當時報紙對這個事件的概要如下：

31〈蕃婦の同性心中〉，《臺灣日日新報》，1931 年 4 月 16 日，5 版。「蕃婦」、「蕃女」這些詞彙早在殖民初期即已流通，而關於同性心中的新聞更早可見：〈蕃女の同性心中〉，《臺灣日日新報》，1923 年 5 月 11 日，9 版。

4月8日下午4點45分，京城永登浦站有兩名年輕女性一同跳向飛馳
而來的列車自殺身亡。其中一名女性為時年二十一歲的京城梨花專校
女學生洪玉妊（其父為醫師洪錫厚），另一名為時年十九歲的同德女
高三年級學生金龍珠（已婚，丈夫為富豪之長男沈鍾益，其父為書店
主金東緝），兩人自殺的原因不明。[32]

　　根據當時《別乾坤》和《朝鮮日報》的深度報導，[33]事件主角之一的金
龍珠作為在京城府鐘路經營大型書店的士紳金東緝的長女，從小受良好的
教育，性格沉穩，深受同學們的歡迎。金龍珠從小就夢想著成為一名為社
會工作的新女性，然而思想傳統的父親金東緝不喜歡女兒的夢想，認為對
於女人來說，最好的歸宿就是嫁進好家庭，生兒育女、和丈夫一起生活，
並已打算將女人嫁給有錢人家的兒子沈鍾益。1929年，17歲的金龍珠正就
讀同德女子高中三年級，那年夏天，沈鍾益以祖母的要求為由希望盡快舉
行婚禮，金東緝樂見其成並去到同德女中，逼著女兒退學。金龍珠一方面
抗議父親讓她未完成學業就結婚，一方面也懇求學校允許她即使結婚也能
繼續學業，但兩方面都拒絕她的要求。金龍珠不情願地嫁給了沈鍾益，很
快就發現生活在婚姻中難以言喻的痛苦。無論是大家庭的家務、看照公公
婆婆都讓她擔負前所未有的壓力，或因為丈夫很快就從高中輟學，前往日
本上飛行學校，孤身一人在一個陌生家庭裡的孤獨痛苦。次年春天，金龍
珠幾經猶豫，懇求公婆讓她回學校讀書。公婆雖然不願意把年幼的兒媳送
出去，但也無奈同意了，因為不能讓兒媳一個人在家等丈夫出國留學。然

---

32 此處為事件內容的摘要翻譯，原文請見：〈兩年輕女性鐵道自殺事件與批判〉（청춘
　　두 여성의 철도자살 사건과 그 비판），《新女性》5卷4號，1931年4月，頁30-38。

33《朝鮮日報》以〈兩輪上的勿忘草化為鐵道的露水1-5〉（철로의 이슬 된 이륜의 물망초）
　　為題，連續五日刊登系列報導（《朝鮮日報》，1931年4月11日至17日），《別乾坤》
　　也以專題「這兩位女子為何鐵道自殺？」（그 여자들은 왜 철도자살을 하였나？）刊登
　　討論文章（《別乾坤》，1931年5月，頁18-20。）。

而心懷興奮之情要見到昔日師長同窗之際，卻被「已婚人士不得入內」嚴格的校規，擋住了她的去路。此外，她的丈夫沈鐘益繼承了父親的血統，享受著經濟利益，更追求放蕩生活，經常出入紅燈區以尋求更大的刺激。金龍珠怨恨並詛咒了奪走她一切的婚姻，就在她心裡的痛苦無處訴說而苦苦掙扎時，碰巧遇到了高中時代的同學洪玉妊，且得知洪也因家庭和愛情問題而煩惱痛苦，兩人很快走得更近、經常見面互相安慰。

　　洪玉妊的父親洪錫厚是 1908 年第一位在朝鮮濟正院醫學院第一期畢業的醫生，家中成員大多是醫生、音樂家等高地位人士，且非常富有，對於女兒十分寵愛，有求必應。洪玉妊在家中有自己的書房、甚至有一架價格可跟一間房子比擬的鋼琴。她總是穿著從三越百貨買來最好的衣服，經常看日本雜誌；若看到雜誌照片中好萊塢女星戴的手錶，就會不惜一切代價也要買到。過著這樣優渥生活的洪玉妊，在「交友關係」上，也十分特別。金龍珠從同德女中退學結婚後，洪玉妊轉學到梨花女子高中；1930 年畢業後進入中央保育園，但只上了一學期就輟學了。當時她在學校一看到漂亮的女孩，就會立刻寫情書、買金戒指作為禮物送去。彼時女學生之間的同性戀情經常始於交換戒指。洪玉妊據說有很多位同性戀人。然而，隨著年齡的增長，她也對異性產生好奇，家中長輩也樂於為她介紹結婚對象。但後來發生父親洪錫厚婚外不倫事件，且對象是花名在外的摩登女，這讓洪玉妊感到被父親背叛。[34]

　　都因男人和家庭感到痛苦的兩位女性，彼此安慰、友誼漸漸發展成了愛情。1931 年 3 月，她們曾在午夜時分乘坐最後一班電車前往漢江，下電車後小心翼翼的到了河邊，避開眾人視線，脫下衣服走入水中。但後來有一艘船靠近，認為兩女子溺水，急忙相救。被救出的兩女只能羞愧又懊悔

---

34 覆面兒，〈洪金兩女子永登浦鐵道自殺事件後聞〉，《別乾坤》，1931 年 5 月，頁19。

地回到家中，這是她們第一次自殺未遂。三月底，她們決心要再一起尋死，
先是在照相館拍了照片、並一張一張地發給昔日友人；洪玉妊也給在日本
留學的弟弟寫了一封信，信中充滿了對世界的詛咒和對自己困境的抱怨，
但最後卻寫著：「不要以為我會自殺」。洪玉妊甚至在 4 月 1 日進入梨花
女中音樂系就讀，但在新學期開始那天的日記裡，她寫下「世界上所有的
人都戴著面具，我討厭學校和整個世界。」這樣的文字。[35] 之後就發生 4 月
8 日轟動朝鮮社會的殉情事件。

　　這起情死事件堪稱朝鮮殖民時期最重要的社會事件之一；即使當時社
會各地發生過不少殉情自殺事件，但因為兩名女性的身分不凡（都出身名
門、受高等教育），驚動當時整個社會，連殖民母國日本的報刊也對此事
件有過詳細報導討論。[36] 對於此事件的討論延續了一、兩年，最後定調為「同
性愛情死」，為此一時期的同性愛論述留下質量可觀的歷史材料。若檢視
當時社會就此事的討論觀點，除了惋惜之外多有批判。《朝鮮日報》在當
年 4 月 11 日至 17 日連續刊登五期報導評論，一開始認為這起同性自殺事
件起因兩女被迫結婚造成，但當兩位女性的家庭和學校生活被一一檢視後，
評論更進一步提出了自殺的背景和問題，批評新女性離開家庭的顧慮、讀
低俗小說、美式文化侵入等因素。如本章開頭引文中，知識分子尹致昊以
日本傳來的戀愛小說為因，亦是從文化面向理解事件主角的觀點。[37] 在《新
女性》等流行雜誌中有論者或批判二人背負父母恩情忘卻義理，太重個人
享樂主義，並敦促父母和學校當局應負教育責任；或同情二人對於婚姻生

---

35 資料整理自：〈兩輪上的勿忘草化為鐵道的露水 1-5〉（철로의 이슬 된 이륜의 물망초），
　《朝鮮日報》，1931 年 4 月 11 日至 17 日。

36 其中最為詳盡的討論紀錄為：高原映，〈朝鮮最初的同性愛心中事件〉，《婦人沙龍》
　（婦人サロン），1931 年 7 月，頁 82-87。

37 類似觀點可見：〈輕視貞操的小說、讚頌情死與同性愛皆不可，戰爭下的小說與統治〉
　（貞操輕視의 小說 情死 同性愛의 禮讚은 不可 戰時下의 小說도 統制），《時代日報》，
　1938 年 9 月 14 日，2 版。

活想像破滅；或探究其悲觀厭世的原因，認為心理問題該預防；或呼籲社會不得輕視同性戀愛問題與貞操問題。[38]

　　無論如何，這些討論皆傾向以各種社會機制介入防範悲劇的發生，卻未直接面對問題核心。我認為當時社會不願面對的真相即是：表面上容許女學生間的同性愛，但無法處理這種性向的「未來性」。即有如《臺灣日日新報》一篇紙上諮詢專欄答覆少女投書問路所明示的：「少女時期的同性愛僅止於對象人格的愛慕之情，且不會是永久的。」[39] 同理，在殖民時期兩地其他女女同性殉情新聞再現中，無論當事者身分階級、出身地、年齡、種族，明指或暗示的殉情原因多數與家庭婚姻有關（或在婚姻中不快樂，或與家庭不和），並據此將悲劇源頭丟回當事者自身（人格特質、生活經驗）。我認為女女同性愛與同性殉情這兩類論述的結合展現了「自由戀愛」論述的局限性。一方面，「自由」並非一種完全開放的選項，必須在特定規則下才得以實現；而以上分析則顯示了所謂的特定規則包含：限於女學生時期的柏拉圖式戀愛、能進入婚姻並生產下一代的浪漫愛。

　　這與殖民母國日本的情況並無二致，如鈴木美智子（Michiko Suzuki）在分析擅長描寫少女性意識的小說家吉屋信子（1896-1973）與其《花物語》（1920）中的女女同性情誼／姐妹情後認為，這類小說中的同性愛經常因為分離、疾病、死亡等悲劇而告終，而其中的女性在極度憂鬱、懷舊的氛圍中緬懷的不只是短暫的愛情，還有那注定終結的少女時期（girlhood）（Suzuki 2010: 38）。而這些女孩可能是真正的「倒錯者」（inverts），以殉情為例，「即使是無性慾的浪漫友誼也可能引發相互自我毀滅的不自然行

---

38 〈兩年輕女性鐵道自殺事件與批判〉（청춘두女性의鐵道自殺事件과그批判），《新女性》5 卷 4 號，1931 年 4 月，頁 30-38。

39 這份內容為紙上諮詢專欄，十七歲少女投書詢問自己的同性愛傾向是否會持續下去，回應者答覆那樣的愛慕只是一時的崇敬之情，有理性之人將懂得區別與結束。請見：〈人生諮詢〉（身の上相談），《臺灣日日新報》，1932 年 11 月 25 日，6 版。

為。……性學家發現，在女人之間的關係中，很難區分愛情和友誼，一般認為她們在身體和情感方面都非常親密。而正確解釋女性性行為和／或愛的感覺所涉及的複雜性，揭示了性學中的差異和矛盾，這門學科本身在整個時期都在不斷變化」（Suzuki 2010: 28）。對鈴木來說，這些故事的敘事內容展現了微觀的歷史證據，提供了抵抗的可能性，透過重新理解這些女孩們對青春的懷念和拒絕長大，以及每個故事中重複的悲劇（死亡、自殺、疾病），鈴木認為這種極度的不安不是單純被動反應（或內在的禁制），而是通過重複發出底層的聲音作為抵抗（Suzuki 2010: 39）。

日本寶塚歌舞文化研究者珍妮弗·羅伯森（Jennifer Robertson）亦指出，「女同性戀者的殉情和自殺未遂是基於——並且都被用作和批評的比喻——對『傳統』（作為『良妻賢母』）的正常化功能的反抗」（Robertson 2000: 65）。因此，女女同性心中／情死事件，即使是作為閒談八卦被記錄下來，也留下了對現代愛論述的內在邏輯、對女性規訓的質疑。最後，這些過去的歷史經驗告訴我們，如果殖民現代愛是以一夫一妻、異性戀和再生殖關係的主導想像為框架，那麼同性愛和殉情創造了可供思考那段壓抑歷史的替代實踐。這些邊緣底層的聲音相互發話並互為指涉，同時挑戰和修改主導性歷史，並促成另類的酷兒生活方式與結盟。由此納入新女性、養女、娼妓、女工、原住民、青少年等被不同權力系統指認、也同時相互區隔開來的各種主體，對於現代／愛的去殖民想像才得以開展。

四、小結

就如同〈為雞毛蒜皮事碎嘴〉這樣的當代作品，前述殖民時期出現的多件殉情故事在戰後、當代社會都可見取材、回顧、翻拍。如尹心悳與金祐鎮的故事，就曾被翻拍為電影《尹心悳》（윤심덕，1969）、《死之禮讚》

（1991）、音樂劇作《死之禮讚》（2013-2022）、《關釜連絡船》（관부
연락선，2016、2021）與連續劇《死之禮讚》（사의 찬미，2018，SBS）等
多部作品。而殖民時期台灣最轟動的殉情事件之一「台南運河殉情案」在
戰後也有台語電影《運河殉情記》與《運河奇緣》（皆為 1956 年上映）、
台語歌仔冊《台南運河奇案歌》（1965）等膾炙人口的通俗作品。本書寫
作的當下（2022）臺北當代藝術館（MOCA）甫展出陳飛豪個展《帝國南
方無理心中》（2022，4/19-6/5），[40] 以殖民時期的殉情、情殺事件為題材。

　　陳飛豪這部以錄像作品為主的藝術作品，取材三段殖民時期的「心中」
事件：《解語花心中：基隆港朝鮮妓生殉情事件》結合台語唸歌和實驗聲
響講述發生在 1934 年基隆的「基隆七號房慘案」，延伸虛構出以當時在台
朝鮮人的故事；《奧賽羅》的時空背景改編台灣總督室鷲郎殺害其夫人鞆
音的慘案；《夜霧的港口》則以兩件分別發生在日治時期高雄以及當代高
雄的同性情殺案為材料。這部作品的取材與本章三段分析不謀而合之處，
就在於對於「族群」、「性別」、「階級」等身分因素的捕捉，也不如前
述大眾電影、連續劇改編作品較凸顯浪漫愛的部分。

　　然而無論有無批判與反思觀點，這些作品多將「殉情」視為是過去的
「歷史」，並奇觀化「死亡」，對於複雜的歷史內涵較難深入探討與呈現。
誠然，當代社會中已不見 1920 至 1930 年代那樣現象級的殉情潮，有識者
或許會認為這是社會「進步」、性「解放」的成果。對此，我欲提出更細
緻的解讀。我認為不應該只看殉情事件逐漸消失、便以為問題已獲解決。
因為就如同我在前面的討論中所欲凸顯的，殉情事件的問題並不在於社會

---

40 展覽資訊請見台北當代美術館官網。「帝国南方無理心中：陳飛豪個展」。（來源：
https://www.mocataipei.org.tw/tw/ExhibitionAndEvent/Info/%E5%B8%9D%E5%9B%BD%
E5%8D%97%E6%96%B9%E7%84%A1%E7%90%86%E5%BF%83%E4%B8%AD%EF%B
C%9A%E9%99%B3%E9%A3%9B%E8%B1%AA%E5%80%8B%E5%B1%95）上網日期：
2022 年 11 月 25 日。）

進步與否，或以死明志、擁護神聖愛情的流行，而在於「女性」的社會角色如何被緊緊鑲嵌在現代／愛的工程中。再者，殉情事件與論述在每個歷史時期都有特定的時空背景，其成因也多帶有歷史特定性，這包含我在上面提及的，關於性別、階級、乃至族群、種族等系統如何生成與轉型。

　　我並非呼籲每個藝術創作、研究主題都需要對每一段時期提出歷史化的考察，但脈絡化的解讀想必不可缺席。這個「脈絡化」也是本書希冀透過各章節各自的主題、各章節間橫向連結的討論來呈現。因此透過將同性愛作為殉情現象的參照，我看到殖民之愛運作的方式，是如何讓現象級的社會問題超越個人因素或社會文化本質的假設，但同時也動員了不同個體與身分間的差異實行其複雜的規訓系統。據此我將「同性愛」、「殉情」視為帶有「批判性」的愛（critical love）的表現，因為這些現象與歷史存在不僅批判了（be critical of）服務於帝國主義和國族建設的現代化意識形態，同時對於實現現代化和國族建設具有重要意義（be critical to）。換言之，帶有批判性的愛體現了現代化與制度化的內在矛盾，然而這些矛盾並不是阻礙「進步」的因素，甚至是其中必要的先決條件；因為殖民現代化意識形態借助的並非「同質性」，而是需要「差異性」來維持並確保權力結盟。這個重要的殖民現代性內涵，就透過「愛的戀物化」、「不可實現的親密性」、「同性愛」與「殉情」等變異之愛展現。而我將此脈絡化的研究前提作為提醒，並在接續的結論章節中將以當代「愛的論爭」為題，以檢視現代愛的歷史遺緒，並試圖提出去殖民的可能思考路徑。

愛的去殖民

　　本書透過系譜式閱讀分析殖民時期台灣與朝鮮生產之文學作品與大眾論述，探究「現代愛」的歷史建構與殖民遺緒，同時提出以台韓互為參照為比較方法，以彰顯、挑戰東亞地緣政治問題。以「現代愛」為題探討台灣與朝鮮兩地之殖民親密關係的建構與轉化，正是因為「現代愛」的歷史生成與「知識生產」、「地緣政治」的權力系統密切相關，並深刻反映在本書企圖指出的兩組相互交織的核心問題：為何（不）以台韓互為參照、為何（不）以愛為親密關係的主導性想像。上列句構中的正反詰問帶出的正是本書複雜的問題意識：地緣政治主導了當代東亞各區域間的相互關係，並阻礙了台韓間的參照想像；現代愛則在各個社會內部展現相似的主導性，阻隔不同性主體間的結盟。而我認為台韓之間參照系統的建立，與社會內部不同性主體間的結盟，皆在回應並擾亂既有的殖民歷史參照系統。

　　據此我最後希冀提出的「愛的去殖民」思考，則是由社會內部向外延伸到國際社會，處理更宏觀的歷史書寫問題。而為了挑戰「現代愛」這一現代社會親密關係的主要參照，本書透過各章節連貫安排，企圖全面性反省「現代愛」的規訓內涵，及其不滿。在此結論章節，我欲回到導論中提及的「愛的無意識」這一概念，進一步檢視現代愛的殖民遺緒與當代癥狀。我將在下節由此延伸討論在「愛」的統治意志下，底層階級是否能夠發話？並且進一步以當代台韓社會中的「愛的論爭」為線索，探問性底層如何能重新書寫愛的歷史。

一、辭典中的「愛的論爭」

> 這是壓迫者的知識
> 壓迫者的語言
> 然而我必須用它來對你說話。
>
> ＿＿＿＿芮曲（Adrienne Rich，1929-2012）[1]

　　基於前面各章對於現代愛建構過程中殖民無意識狀態的分析，我在此將進一步以「愛的無意識」為核心命題，回溯愛的現代概念在形成之初，如何對不同（性）身分主體產生吸納而又排他的作用。我將「愛的無意識」定義為：以愛之名同時建構同一與差異的雙重意識；這個雙重意識，既是「普遍－特殊」這組二元對立架構的癥結所在，也是社會內部各種他者被建構出來的機制。再進一步解釋的話，「普遍－特殊」這組架構作用即展現在：「愛」將其自身定義為適用於所有社會成員、甚至全體人類的普世版本，而其他的存在只是特殊版本；但弔詭的是，「愛」的普世性總是得透過建構「他者」來維護，因而「愛」必須因「非愛」而得以存在。換句話說，如果「愛」在現代社會與國族建構之初，即作為一種世俗的語言，提供了某種動員的、想像的、情感的來源，而形成所謂的「想像的共同體」，那麼，「愛」同時生產出來的各種他者也應當得以作為「不被想像的共同體」的組成。

　　然而，接下來的問題就在於，要如何抵抗「愛的無意識」以辨認出這個「不被想像的共同體」？畢竟，雖然這些「他者們」體現了現代化文明

1　截取自 "The Burning of Paper Instead of Children"。這首詩原本寫於於 1971 年，後收錄在：Rich, Adrienne. 1993[1975]. "The Burning of Paper Instead of Children." In Barbara C. Gelpi and Albert Gelpi eds., *Adrienne Rich's Poetry: Texts of the Poems: the Poet on Her Work: Reviews and Criticism*. New York: Norton.

化過程中的矛盾，但對於殖民主義和國族建構的主流意識型態來說是十分
重要的存在。換句話說，「他者們」對於實現現代化或國族建構來說並不
是阻礙，因為這些計畫的先決條件其實並不是保持社會或國族內部的同質
性，而是要確保各種象徵「他者」的存在，以維護並保全各種權力間的結
盟。前面各章已提及，在現代愛論述中生成的同性愛者、殉情者、老處女、
不倫戀、通姦者、染性病者、私生兒／障礙嬰、私娼、不良少年／女、以
及各種性倒錯者，其存在其實確保了殖民主義、父權結構、資本主義、異
性戀霸權之間的結盟。

在這樣的背景下，要讓這些他者辨認出彼此，並進而結盟成「不被想
像的共同體」是十分困難的。唯一的可能，或許就是他們不再只是被召喚、
被言說，而是能夠自己發聲。但也如史畢娃克在經常被引用的〈底層階級
能夠發聲嗎？〉（"Can the Subaltern Speak?"）一文[2]中犀利的批判：底層階
級的聲音和主體性，不管是在西方殖民主義下、或是後殖民國族建構及後
殖民學者的研究中，終究是被剝奪了。而我認為唯一可能的發聲途徑，即
如芮曲的詩句所提點的：「這是壓迫者的知識、壓迫者的語言，然而我必
須用它來對你說話。」下方將討論在南韓發生的、辭典中的「愛的論爭」
即體現了芮曲詩句中的抵抗性。

許多學者在討論東亞社會如何引介、翻譯西方的語彙、現代愛的概念
時，都會提及辭典的記載。如彭小妍、權萊都曾指向麥都思（Walter Henry
Medhurst，1796-1857）的《英華字典》（*English and Chinese Dictionary*, 1847-
1878）首度將英語「to love」譯成漢語詞「戀愛」之事（彭小妍 2009；권보
드래 2008）。而字典、辭典除了查閱字詞的功能外，也是記錄語言演變的
場域。「戀愛」概念在經過一個世紀的傳播、演變後，幾乎已經在台韓社

2　Spivak 1988: 271-313.

會固定下來，在兩地官方編訂的辭典[3]中，與「戀愛」相關的詞彙釋義如下：

台灣教育部《重編國語辭典修訂本》（台灣學術網路第六版）	
【戀愛】	釋義：<u>男女</u>互相愛悅的行為。
【愛情】	釋義：相愛的感情，多指<u>男女</u>相戀而言。
【自由戀愛】	釋義：<u>男女</u>不受性別、家庭或宗教、財產的束縛，專依雙方情感而互相結合。
國立國語院（국립국어원）《標準國語大辭典》（표준국어대사전）	
【연애】	釋義：受性魅力吸引，彼此互相喜歡。
【애정】	釋義：「1」愛的心情「2」<u>男女</u>間相互思慕之情。
【자유연애】	釋義：不受社會傳統或慣習束縛的愛情。

（作者翻譯、製表。資料內容擷取時間：2023 年 6 月 6 日）

　　從上列資料中以底線標示的地方可見，台灣詞典中「戀愛」及其相關詞彙的釋義，將愛指涉為「男女」間（남녀 간에）的感情關係，而韓文字典的「愛情」釋義也指涉男女之間（남녀 간에）。另外值得注意的是，兩套辭典中「戀愛」詞條上的例句皆以女性為主體，如：「她與苦學生戀愛三年後結婚了（그녀는 고학생과 3년간 연애한 뒤 결혼하였다.）」（「연애－하다」：《標準國語大辭典》，2023 年）、「她正沉浸在戀愛的甜蜜中」（「戀愛」：《重編國語辭典修訂本》，2023 年）。《標準國語大辭典》中的所有例句則更是將「戀愛」與「結婚」綁定在一起，暗示戀愛的結果就是要朝向婚姻。[4] 上述分析中的三個傾向：強迫異性戀、戀愛是為了結婚、女性為規範性主體，皆延續了殖民之愛的主導意識形態，同時隱含了愛的統治

3　在此特別註明，本研究查詢的兩套詞典分別是台灣教育部發行的《重編國語辭典修訂本》（國家教育研究院 2015 年 11 月版），以及南韓國立國語院（국립국어원）制定的《標準國語大辭典》（표준국어대사전）。在分析中引用的字詞解釋皆來自線上版的解釋，請參見：《重編國語辭典修訂本》（來源：http://dict.revised.moe.edu.tw/cbdic/，上網日期：2023 年 4 月 13 日）；《標準國語大辭典》（來源：https://stdict.korean.go.kr/main/main.do，上網日期：2023 年 4 月 13 日）

4　除了上列的「她與苦學生戀愛三年後結婚了」，另一句也是：「我們戀愛六年後結婚了（우리는 연애한 지 6년 만에 결혼했다.）」（「戀愛」：《標準國語大辭典》，2023 年）。

意志下被排斥與分化的各種性／別主體。舉例來說，若我從上列三個傾向推導出來的規範性主體即是：同性戀與「不婚的女性」。特別是不婚的女性在東亞某些地方已被標籤為「剩女」、「敗犬」，或受苦於社會中的「厭女」情結。[5]社會中的厭女情結在使得異性戀女性抱有強烈的結婚焦慮，但在結婚制度中的受益者是誰？在同性戀女性身上又該如何被談論？以及，為何男性總在這個困境之外？上述社會問題、現象或歧視的生成當然不是一部辭典的寫法可以解釋，但我認為透過揭露辭典承載的、語言概念的歷史痕跡，及其中隱含的「愛的無意識」，可以進一步從中觀察某些問題的結構。

　　需要特別提及的是，南韓的《標準國語大辭典》曾經在 2013 年初、對「強迫異性戀」的部分進行過改訂。國立國語院之所以有此舉，是因為 2012 年初時，有五位大學生前往國立國語院會面，並提出辭典中「愛」（사랑）既有的釋義將親密關係限於兩性、異性間的定義，排除了其他性少數者，是歧視且違反人權的作法（정아서 2014）。國立國語院從善如流，在 2012 年 11 月將當時「愛」（사랑）的各項定義[6]中、與戀愛有關的詞條改訂為「受某對象的魅力熱切地吸引而想念或喜愛的心情」（어떤 상대의 매력에 끌려 열렬히 그리워하거나 좋아하는 마음）。改訂的內容主要是將釋義中使用的「異性」（이성）或「男女」（남녀）等辭彙、改成無性別指涉的「某對象」（어떤 상대）。[7]其他與愛相關的詞彙，如：「戀人」（연인）、

5　近幾年出版的相關分析可參考：上野千鶴子。2015。《厭女：日本的女性嫌惡》。楊士堤譯。台北：聯合文學；洪理達（Leta Hong Fincher）。2015。《中國剩女：性別歧視與財富分配不均的權力遊戲》。陳瑄譯。台北：八旗文化。以及南韓首爾在 2016 年 5 月 17 日發生轟動社會一時的無條件殺人案，該案的受害者為一名年輕女性，犯案男子被捕後表明其行兇理由為：女人總是無視他。這起案件在南韓引起一系列社會厭女情節、性別不平等的討論。

6　含下列四條：1. 受某對象的魅力熱切地吸引而想念或喜愛的心情。2. 理解、且幫助他人的心情。3. 珍惜、珍貴地看待某事物或對象的心情。4. 熱烈喜愛的對象。

7　事實上，日本在稍晚曾有過相關主題的修正。『三省堂国語辞典』在 2014 年發行

「戀愛」（연애）、「愛人」（애인）、「愛情」（애정）等定義、都使用較無性別指涉的「某對象」（어떤 상대）、「兩個人」（두 사람）為主語（이동희 2013）。然而這項改訂實行不到一年，在 2013 年底就出現了由 13 個基督教會團體成立的「同性愛問題對策委員會」抗議國立國語院的改動，認為「兩個人」之類的模糊定義，會變相助長同性戀／愛，製造社會問題，所以向國立國語院施壓。國立國語院則以「避免增加社會矛盾」為由，在 2014 年 1 月底把上列定義改回 2012 年之前的「男女」（남녀）等限定「異性」間的用詞。[8]性少數、人權團體則以舉牌抗議、網路請願等方式持續抗議中。[9]

　　我認為性少數／底層者提出修改「愛」的定義，即是一種「以壓迫者的語言，與之對話」的發聲策略。且不管成功與否，這樣的行動不應該被理解為屈服於主導權力，而是如非裔女性主義作家、運動者貝爾‧胡克斯（bell hooks，1952-2021）所言，這是以行動提出證據來揭露：「壓迫者如何使用語言或知識，如何將之塑造成為一個領土，以限制和定義他們如何讓語言或知識成為能夠羞辱、侮辱、殖民的武器」（hooks 1995: 296）。從愛的內涵著手、一一拆解各種權力關係，雖是未竟之功，但也提示了可能路徑。而這樣在辭典中發生的「愛的論爭」，也延伸到（反）同運、（反）

的第七版辭典中，將「愛」、「相性」、「色恋」等詞彙中的「男女」指涉說明修正為中性的「對象」或「某個人」。資料請見日本語學者暨『三省堂国語辞典』編纂者飯間浩明在個人社交媒體上的圖解（來源：https://twitter.com/IIMA_Hiroaki/status/532491883289640960/photo/1，2014 年 11 月 12 日。資料內容擷取時間：2017 年 4 月 13 日。），及其專書《編辭典》中〈「愛」不光只存在於男女之間〉一節的說明（飯間浩明 2015：164-166）。

8　目前（2023 年 6 月）《標準國語大辭典》中羅列的「사랑」（愛）的定義為下六條：1. 非常珍惜、或貴重地看待某個人或存在的心情。2. 珍惜、珍貴地看待、或喜愛某事物或對象的心情。3. 理解且幫助他人的心情。4. 男女間思慕或喜愛的心情。5. 受到性的魅力吸引的心情。6. 熱烈喜愛的對象。

9　例如這個英文版的網路請願連署「Love is love, same-sex or not.」（來源：https://secure.avaaz.org/en/petition/minhyeonsig_gugribgugeoweonjang_munhwaceyuggwangwangbu_sarangeul_iseongaero_hanjeonghan_cabyeoljeogin_ddeuspuli_jaegaeje/?pv=37，上網日期：2023 年 4 月 13 日）。

同婚社會運動的戰場，並依舊是宗教團體與性權團體間的戰鬥。與辭典具有的明確定義與代表團體不同，（反）同運、同婚戰場上論述分散、團體時有消長，因此我接下來的討論無法涵蓋這些運動中的各種進程與論述，而是將聚焦幾組論述中對「愛」的挪用與修辭，並以幾個代表性的發言為例進行討論。

二、當代 LGBTQ、同婚運動中的「愛的論爭」

本節聚焦台韓兩地的同志遊行主題論述、同婚運動的宣言、以及反對方的言論。而因為篇幅關係，將以我摘錄的引言為主要分析材料，並且分為兩個部分：「誰的愛才是愛？」、「愛的終極形式」來討論台韓社會內部不同團體如何以愛為名宣稱自身運動、信仰的正當性，或談及愛的普世性與資格論，展示「愛的無意識」如何同時具有吸納與排他的效果。再者，這些引言（事件）在台韓兩地發生的時空雖然有各自的特定性，但將兩造並置來看，是為了說明「現代愛」的歷時性與共時性，我也將在本節小結中凸顯這個部分。

（一）「誰的愛才是愛？」

> 我們歡迎「支持相愛、拒絕仇恨」的人們，加入同志遊行的隊伍，一齊把愛大聲喊出來！_____ 2009 年台灣同志遊行主題

> 上帝的愛超越一切。拒絕錯愛，潔淨台灣。_____ 2009 年反同志大遊行

愛比恨更強大＿＿＿＿　2014 年퀴어문화축제（酷兒文化祭）主題

雖然同性愛者們精心地摘用了「愛可以戰勝仇恨」這樣的口號，但同
性愛不是愛，就跟不倫一樣。＿＿＿＿李要那（Holy Life 代表、牧師）

　　如上列引言所示，在台韓兩地不同時間舉行的同志遊行／酷兒文化祭，
皆挪用了「以愛戰勝仇恨」（love conquers hate）的口號。台灣同志遊行（2009
年 10 月 31 日，台北）的主題為「同志愛很大！」，南韓的酷兒文化祭主
題則是「愛比恨更強大」（사랑은 혐오보다 강하다），同年遊行（2014 年
6 月 7 日，首爾，新村延世路）則更是直白地重複呼喊「愛吧！愛吧！愛
吧！」（사랑한다！사랑한다！사랑한다！）。但也是在彼此呼喊愛的年度
遊行裡，雙方各自首次直接地遭遇了宗教團體的公開反制與阻擾：第七屆
同志遊行的前一週（2009 年 10 月 25 日），基督教團體首次以公開遊行的
方式反對同志遊行與同性戀者，宣稱要以上帝的「超然愛」導正同志「錯
誤的愛」（王玉樹 2009）；第十五屆的酷兒文化祭遊行之時，則首次遭到
宗教團體的包圍、阻斷遊行隊伍，並以「同性愛不是愛」、「同性愛是罪」
等海報、口號直接挑釁文化祭遊行參與者（이용필 2015）。[10]
　　與辭典定義中的暗示性不同，宗教團體以「不是」、「錯誤」等專斷
字眼直白地排斥、否定同志／性少數的「愛」；也因此與殖民之愛不同的是，
殖民之愛內涵中的「包容性排他」（inclusive othering）已轉化為「排除式的

10 各段出處依序如下：2009 年「第 7 屆台灣同志遊行主題」，2009 年 10 月 29 日。
　（來源：http://e-info.org.tw/node/48813）；王玉樹，〈300 教友反同志　遭背十字
　架反〉，《蘋果日報》，2009 年 10 月 25 日。（來源：http://www.appledaily.com.
　tw/appledaily/article/headline/20091025/32042274/）；2014 年「第 15 屆酷兒文化
　祭」，（來源：http://www.kqcf.org/xe/index.php?mid=history&category=166636）；
　이용필，〈不倫不是愛，同性愛也不是愛！〉（불륜은 사랑이 아니듯, 동성애도 사랑
　아냐！），《News & Joy》，2015 年 6 月 3 日。（來源：http://www.newsnjoy.or.kr/
　news/articleView.html?idxno=199217）。以上網路資料上網日期：2017 年 4 月 13 日。

排他」（exclusive othering）。同樣的，同志／性少數團體也以「愛 vs. 仇恨」這樣的二元對立，複寫了壓迫者建構的史觀；「愛」在運動論述中作為行動策略，雖然是自身建立社會關係、親密關係的依據，卻也是解除另一組社會關係的武器。兩造皆展現的是，「愛的無意識」中潛藏的分化主義進入白熱化，愛的「統治意志」也愈發鞏固。

　　雖然「愛」在此成為標的、戰場，但已有論者指出，宗教團體是因其自身存在的正當性受到社會轉型因素影響而動搖，而需要「具體」甚至「粗暴」地界定出他者來恢復自身。如台灣社會學者黃克先（Huang Ke-hsien）在〈全球化的東方開打的「文化戰爭」：台灣保守基督教在同志婚姻合法化爭議中的現身及世俗主義的逆襲〉（"How Taiwanese Conservative Christianity Turned Public during the Same-Sex Marriage Controversy and a Secularist Backlash"）一文中，分析了台灣保守基督教團體為何自 2010 年開始積極參與公共論述，特別是反同集會與言論。黃克先認為，「台灣國家道德角色的轉變」、「東亞的跨國宗教網絡」（特別是香港參照），以及「宗教企業家的出現」是促成台灣基督教團體轉型、並現身公共領域的幾個重要因素（Huang 2017）。韓珠熙（音譯 Ju Hui Judy Han）則觀察到南韓的保守派基督教團體（特別是「基督自由黨」CLP）將 LGBTQ 平權運動與「恐怖主義」、「激進伊斯蘭」、甚至是「共產黨」連結在一起，並以「國家安全」為名義展開反同、排外的各種攻擊，皆是為其自身政治利益而行使的排他行為（Han 2016）。

　　然而，對於同志／性少數團體而言，由「愛」的形式主義製造出來的現代主體，是透過既有的親密關係來表現，卻也會剝奪特定對象的主體性。要改變這長久以來的超然性，或說長久建立下來作為依據準則的「參照資料庫」（archive of reference），確實不可避免地需要透過戀愛／性革命中的焦慮感、不穩定性，來質疑這一普遍化的情感價值。但也可能朝向法農曾以非洲去殖民運動中不可避免的暴力過程為例所揭示的，在此過程中有個

無意識的心理機制，即「被殖民者始終夢想處於殖民者的位置。不是成為殖民者而是替代他。……因此，我們看到最初支配殖民社會的善惡二元論在去殖民時期被原封不動保存下來」（Fanon 2004〔1961〕：14-16）。以「愛戰勝仇恨」這樣的修辭為例，「仇恨」其實是權力關係的體現，而非一個具體的人事物。因此並非只需要戰勝實行仇恨者、還有仇恨的社會性知識網絡，以及，受仇恨的對象──同志／性少數者，以此提醒我們避免強化與維護這一二元對立的結構與權力關係。同時，就如下方同婚與反同婚的論述呈現的，「愛」透過「婚姻」展現的權力意志，在（反）同運中尚未受到挑戰。

（二）「愛的終極形式」

> 讓我們「有愛一同」，一起慶祝「愛」的存在與美好，同時為身邊的愛人、朋友爭取平等結婚的權利，希望所有相愛的人都能獲得婚姻的基本權利保障、牽手共度餘生。_____婚姻平權大平台臉書專頁

> 同性婚姻，跟宗教無關、跟「愛就是愛」也無關，跟你我的生活有關、跟國家的架構有關。_____張光偉（新店行道會主任牧師）

> 因為愛，所以結婚／為了平等的愛，〔在法院抗爭的〕旅程將繼續下去。_____金趙光秀（同志導演暨運動者）

> 性的機能包含生殖、快樂、愛。雖然不知道有沒有快樂、愛與信賴，但是同性愛者們無法孕育生命。_____禹南植（大學村教會牧師暨仁荷大學教授）

　　上列引文[11]皆或多或少提倡了「相愛－結婚」這組戀愛終極形式，甚至將「愛」的主導意識形態強化為羅蘭‧伯蘭德所稱的「超原則」，讓「愛」唯一的主導敘事呈現為：「典型的愛情劇總有個特別的開始，但結束的方式幾乎相同。描述愛如何在個人身上引發的故事、總是以結婚或類似的承諾結束，並且假定一定會有再生殖行為，以此產生後代或續集」（Berlant 2001: 438-439）。而這樣的終極劇情其實是透過不斷操作「愛」的重複性與同一性得來的結果。更重要的是，這樣的普遍性其實內涵中有著共謀結構；不只是壓迫者的各種權力結構彼此結盟，被壓迫者也被召喚進入共謀結構裡。再者，在上列的正反引言中，一方面我們看到同婚支持者持續挪用「愛」在建立之初即已被鑲嵌的「自由」、「平等」等價值，在另一方面，反同婚者調度的則是上段提及的「參照資料庫」。

　　同志／性少數或同婚支持者挪用的平等、自由等人權價值，其實跟「愛」一樣有一「普遍化」、「透明化」、「自然化」的歷史建構過程。也因此，類似於「愛的無意識」運作機制，任何宣稱自由平等的行動其實都在強化「同一與差異的雙重意識」，這我在本書各章皆指出過。但也正因為性底層的歷史總是受到主導意識形態的忽略與扭曲，性底層無法言說

---

11 各段出處依序如下：「2017 有愛一同」，婚姻平權大平台臉書專頁，2017 年 3 月 29 日。（來源：https://www.facebook.com/equallovetw/videos/269592710163522/）；張光偉，〈同性婚姻，跟宗教無關，跟愛就是愛也無關〉，2016 年 11 月 18 日。（來源：http://waynechang.tw/?p=814）；〈金趙光秀導演『因為相愛而結婚，這比任何伴侶都是幸福的事』〉（김조광구 감독 "사랑하니까 결혼, 그 어떤 커플보다 행복할 것"），《國際新聞》（국제신문），2013 年 8 月 8 日。（來源：http://www.kookje.co.kr/news2011/asp/newsbody.asp?code=0500&key=20130808.99002142233）；〈金趙光秀夫夫對於法院駁回同性婚姻的決定表明將會上訴〉（김조광구 부부가 법원의 동성결혼 각하 결정에 항소할 뜻을 밝히다），《The Huffington Post Korea》，2016 年 5 月 26 日。（來源：http://www.huffingtonpost.kr/2016/05/26/story_n_10138202.html）；〈論爭：同性結婚，如何識之？〉（논쟁: 동성결혼, 어떻게 봐야 한나?），《韓民族》（한겨레），2012 年 5 月 17 日。（來源：http://www.hani.co.kr/arti/opinion/argument/533373.html）。以上網路資料上網日期：2017 年 4 月 13 日。

自身的歷史，因此只能挪用「壓迫者的知識與語言」，同時也極可能落入
再次強化壓迫者意識的矛盾狀態。而壓迫者則是有恃無恐地挪用既有的殖
民歷史知識，以及製造他者維護自身的歷史書寫；換句話說，即使不以宗
教教義為依據，主流歷史已為反同（婚）者備好深厚的論述資源。例如在
台灣，我們看到大部份反對同婚的教會論述都以同性戀婚姻「沒有生殖功
能」、「鼓勵性解放」為反對理由，這也是「殖民之愛」的恆常主題。而在「台
灣宗教團體愛護家庭大聯盟」以及「下一代幸福聯盟」經營的「台灣守護
家庭」官網 [12] 上，90% 以上的內容皆與扭曲、污名化「同性戀」、「性解放」
有關；如此這般堅持不懈地的建構他者來保存自身，及其延伸出來的各種
規訓的知識，也是殖民歷史的書寫模式。南韓的反同婚論述也持相似論調
與策略，不斷重申「愛」的「精神性」、壓抑不以「再生殖」為目的的性，
並不斷建構與他者有關的規訓知識。

　　雖然台韓的同婚運動或多或少都以西方的人權論述、北美的同運為參
照受到激勵，[13] 在運動時程、或立法爭取的形式也多有不同，但我在此希望
強調：兩地的殖民歷史現實才是真正驅動實際運動論述與策略的能量、也
同時是阻礙與限制。總結來說，上述社會事件與台韓參照揭示的是「愛的
無意識」的歷時性與共時性，分別為：「愛」在台韓社會近一世紀以來因
應各階段發展而來的社會歷史與文化轉型，以及台韓社會兩地各自的挪用
與建構、與共時性的展現。「愛」這個詞彙的發展本身即具有高度歷時與
共時性：從殖民初期開始的「love」、「恋愛」、「연애」、「사랑」、「戀
愛」的翻譯、造詞、使用，到不同社會群體之間的命名、言說（真愛、錯愛、

---

12 來源：https://taiwanfamily.com/。上網日期：2017 年 4 月 13 日。
13 自 2010 年起，美國同性戀及人權組織即積極推動同性婚姻合法化。2013 年，美國最
　高法院依據美國憲法第五修正案裁定（1996 年通過的）婚姻保護法案第三章（把婚姻
　定義成為「一男一女間的公民結合」）違憲。最終在 2015 年美國聯邦最高法院裁決，
　全美同性婚姻合法化。

非愛等詞的出現），到台韓之間的差異（南韓依舊使用殖民時期出現的「同性愛」，台灣則在戰後開始使用「同性戀」、且在辭典中未列入「同性愛」），當然還有各詞彙定義演化上的歷時與共時。而從殖民之愛內涵上的差異與爭論，到當代台韓社會的近期上演的「愛的論爭」，唯一不受撼動的似乎是愛的統治意志。

三、朝向愛的去殖民思考

在討論「愛的無意識」的過程中，我認為最難克服的問題不在於指認愛的矛盾性以及它所製造出來的他者，而是如何改寫既有的機制、並創造新的參照。若回到查克拉巴蒂對於歷史書寫各階段的檢視，辨識出愛的普遍性與超然性，其實只完成第一步，只揭露了由西方現代化理論及政治現代性主導的歷史書寫（History 1）；但接著若進入討論中台日韓間各自的特殊性、對愛理解的差異，這僅只是進到後殖民主義式的、強調特殊性與多樣性的歷史書寫（History 2），且如此一來只會再次強化「普遍－特殊」（universal and particular）這組二元關係。因此查克拉巴蒂呼籲要以「跨文化和跨類別」、「不將中間詞視為理所當然的存在」的翻譯實踐來挑戰既有的歷史主義書寫（Chakrabarty 2000: 83）。他以印度的「底層研究」（subaltern studies）為例，認為底層階級可以透過質疑歷史的限制來成為歷史的代理（agent）；這裡的歷史，指的是由（後）殖民菁英所塑造的民族主義，及其代理人（各種制度、官僚）。

我在本書提出以「不被想像的共同體」為政治介入，以此提出「台韓／朝」、「政治／性底層」間的歷史參照，視之為能夠具有查克拉巴蒂呼籲的「跨文化和跨類別」、「不將中間詞視為理所當然的存在」的實踐可能。這個「不被想像的共同體」的可能組成份子，雖然也受困於「愛的無意識」

之中，而依舊被分化、被孤立於各自所對應的權力關係裡，但至少在此刻已逐漸具有質疑歷史限制的動能。如同我在討論「愛的論爭」時點出的，正是因為性底層者也處在壓迫結構裡、他們的存在是對愛的各種同一性與虛假意識最直接的批判；而當他們辨識出自己的被壓迫位置，便得以重新調度歷史來表現自我。但在「愛的論爭」裡，台韓兩地的性底層者尚未能再前進一步，阻斷持續自我增殖的、既有的歷史參照，而僅是成為得以挪用參照資源的一份子。因為，當辭典裡的愛、其定義中的強迫異性戀修辭被取消後，不一定就會打開一個任何人皆可參與的空間，而是再次強化愛的超然性。也因為婚姻本身作為一種社會契約形式，它所要限制（排除）的多過於可以保障的，也不會因為性別、人數組合不同而就地民主。以上的論述是與酷兒理論家有所共鳴的，但我已證明必須以不同脈絡來理解。

　　主流意識形態、愛的統治意志，皆是透過這樣的同一重複來鞏固自身。因此或許如法國哲學家巴迪歐（Alain Badiou）提出的：「相對於不斷重複的同一性（身分）崇拜，必須用不斷差異、無法重複的愛來加以反對」（Badiou 2012〔2009〕: 128）。巴迪歐並未進一步說明「不斷差異、無法重複的愛」的可能樣態為何，但那大概不是本書觸及的研究對象所能提供的參照資源。而在本書寫就的當下，全球青年世代成長在一個非典（precarious）勞動時代，戰爭與難民潮擾動國家邊界，數位媒體劇烈改變社會關係與社群集結的方式，許多人正被迫進入一個不再追求恆常、永續的無籍身分（stateless status）。在這樣的歷史條件下，我們能否集體改寫經濟關係、殖民關係與親密關係間的權力結構？這些「不斷差異、無法重複的愛」如何能夠被納入歷史現實、並成為參照資源？即是朝向愛的去殖民可能的路徑。

研
究
後
記

以誰作爲方法？ ————— 從文化研究、亞洲研究到台灣研究

一、研究的碎片

　　「文化研究學會」在台灣創立那年（1998）我剛進大學，在以語言訓練為主的外文系就讀期間，萌生了對英美文學的遲疑和對性別研究的興趣。大學畢業後工作的那一年，我想著要繼續讀書，但眼前的各學科系所好像都不是我想要的；在獨立書店的讀書會裡，畢業學長介紹了那時才剛草創的交大社會與文化研究所（以下簡稱「社文所」）。2003年進入社文所就讀的三年間，理論知識爆炸、如修輔系一樣地參與各種社會議題，理論實踐一起碰撞，生出各種問題和想法，最後從文化翻譯的角度討論台灣同志論述，作為碩士論文的題目。2006年畢業後在所謂的文化產業工作，四年間從文創公司、出版業到獨立媒體，研究所的訓練一直緊跟著，那是對「知識」的一種警覺。2009年我感到一種要滿30了，可以進入下一階段的土星驅力，經過各種條件判斷、資訊收集與釐清，決定選擇赴美讀東亞研究。2010年至2016年間在美國亞洲系攻讀博士，期間我確實感到在台灣的訓練幾乎得以與美國研究所學習無縫接軌。2013年博士班資格考後，我已打定主意回台；之後完成殖民台韓比較的博士論文，於2016年畢業。回台後在中研院作博士後，一年多內整理博論、儲備新的研究計畫，等待心儀的工作開缺，直到2018年2月進入政大台文所服務。

　　上述各階段的時序碎片總和20年，與台灣文化研究學會平行，且在自

己的知識訓練上也完成了階段性的過渡：從文化研究、亞洲研究、到台灣研究。這三個學科看似自成一個領域，其建制化卻有著奇妙連結。對我來說，這三個領域就時序上倒著看也行，但更精確的回望，它們其實同時發生在我的知識進程中，像個有機的迴圈不斷復返。最具體的例子是，我在社文所修課期間修習了一堂奠定我碩論題目的課程「東亞現代性與文化翻譯」，也是我到了台文所之後開的第一堂研究所專題課；「台灣文學」的體制化亦發生在我真正開始「做研究」（如 2003 年國立台灣文學館成立）後，並承接了要開始「做老師」的我。除了這些體制面的迴向，「文化研究」進入我生命後，留下的更是義大利哲學家和作家艾可（Umberto Eco，1932-2016）在〈如何寫論文〉（"How to Write a Thesis"）中所提點的：「論文代表著自我實現的奇妙進程，帶著謹慎與好奇介入自身所處的世界，且這不需在二十幾歲這個階段結束」（Eco 2015〔1977〕）。我將進入社文所就讀那年定為自己的「文化研究元年」，也與同年級的同學戰友們一起琢磨著對這個學科的想像；他們當時的研究題目（如台客、海洋音樂季、壯陽藥、社區營造、村上春樹讀者研究等）一直都是我想像「文化」的重要參照。那時我還不算開始想像「台灣」，而「亞洲」也還在發生中。

二、以誰作為方法？

　　碩論其實始自一個素樸的提問：我所感興趣的性別研究在台灣為何總是要讀那麼多的「西方理論」？所以碩士論文切入的角度是把當時（同志）論述發生的「方式」與「結果」做了梳理。現在看來只有在「文化研究」領域能讓我發展這樣的提問，並且提供我「脈絡化」問題意識的方向與方法。我問的問題不是針對「性別」而已，那還反映了我作為研究生的（焦慮）位置、既有學科建置的問題、「台灣」研究的複雜性、乃至各種認同政治交雜在一起的歷史時刻。我清楚感受到文學研究、性別研究、台灣史

與文學等各種學科都匯集到我的提問裡，解嚴後乃至 2000 年後的台灣或同志、是一起長大的但又時常互相鬧脾氣的夥伴；我更清楚發現到研究生的理論焦慮，從來不會在課堂上被處理（相比於寫論文那時要畢業的焦慮），也察覺自己外文系的訓練很可能是一種研究「不適」的因素。

而我所認識的「文化研究」在一開始就有個「亞際面孔」。當時已形成的「亞際連結」協助我打開一個屬於研究生的學術群體。我在碩士期間前往首爾開會時認識了一群至今仍經常來往、合作的韓國女性主義研究者，在她們身上感受到非常親近的成長焦慮（認同、學術皆有），共享一種感覺結構。但這個「亞際連結」又帶來另一組焦慮：我們透過「亞際」見面，但大多時候各做各的研究，和韓國朋友、印度朋友見面還是得說英文。所以我那時總想著「哪一天要開始學韓文」，想要寫一篇韓國的女性主義與性論述論文，想要更了解那裡的同志運動。那時我是會扛著所辦借來的攝影機記錄同志遊行、去樂生療養院聽歌和上課、跑各種影展的研究生，而我發現我的韓國朋友們也是這樣的。最終我並沒有正式地在碩論展開關於韓國的這些問題，當時也沒有能力想像其他可能的共同體。

儘管如此，完成碩論畢業後依舊會想著當時研究的內在命題：「西方（理論）總是、也必須在那裡」，也注意到「當時不做那個題目，之後就不會做了」的社會轉型關聯。因為論述的出現是有趨勢傾向的；性別論述、文化政治行動在 1990-2000 左右非常活躍，但在我進入研究所之後的時期，連文化現象的發生都跟著停滯。這與後續諸多論者批判的酷兒正常化，也與論述轉介、萌發的「歷史時刻」所發生的迴向效應有關。我們閱讀的所謂「西方理論」，引介到台灣之後總是有所協商、有意為之；我們不得不讀、能讀能拿的，也反映了當時的歷史狀態與主體癥狀。2015 年 5 月，在中央性／別研究室成立 20 週年的「性／別二十」會議中，我又被丟回到自己的「文化研究元年」，在荒蕪遍野的空蕩中提問。在一場回顧性反省的對話中，丁乃非提起 30 年前的基進女性主義在台灣「卡卡的地方」，是因為「搬來

的知識資源必然來自另一個時空，那個時空自身的危機時刻（美國 1960、1970 年代）生產的論述」（丁乃非 2016：85），再加上當時的閱讀書單反映的也有「知識青年的冷戰主體徵兆」（丁乃非 2016：87）。會議當下我心情很激動，因為這是第一次有人正式地為自己思索了十年的問題，提出一個延宕了許久、自己也給不了的具體回應，而且是由我一直十分仰慕的學者（也是歷史施作者）的口中說出來。那時，我已經要進入博士班最後一年，走在完成博論的最後一哩路上。

其實決定讀博士班之後，我就已決定繼續找自己的答案；除了「為何西方」，我想要更進一步找到「其他參照」。但為了「回到亞洲」，我「去了美國」。我曾經想著要到英國讀文化研究（伯明罕大學或金匠學院），但礙於經濟問題，最後選擇了美國。在申請博士班時，我也要在「比較文學」和「亞洲研究」這兩個學科中做選擇；前者在美國十分具有文化研究內涵，後者則是要補充我的亞際弱項。最終我選了後者，並且在赴美前已在申請書上決定好要加入韓國比較。在此之前，在工作之餘，我已開始學習韓文、一年一次前往首爾訪問、參與性別運動，博士班前三年修課期間也是每日每日鍛鍊韓文。但我學韓文最重要的驅力是「想要知道更多韓國的事」，而且都是一些「非正典」的歷史。我不願將「學語言」看做更正當化「亞際連結」的必要因素，而是想強調「互相理解作為參照的慾望」，才是連結發生的時刻。但也正是學了韓語，我才有可能碰觸自己想處理的問題核心，才能掌握曖昧的、主流不承認的性少數自身的文化／認同操作。

但到了美國第一年，系上韓國研究老師剛離開學校，整個人文學院沒有其他人做韓國相關的研究；亞洲研究也大多以區域分專業，可以說是沒有學科訓練，也可以說很跨學科。在區域與方法都妾身未明之時，我將第一學期修課內容放在理論框架中，全都集中在「現代性」的問題上：我在比較文學系修了「現代主義與另類現代性」，在歷史系修了「歐洲東方與西方的現代性」，在母系修了「東亞現代性」。比較文學系老師做的是法

國殖民主義與文學，歷史系老師專攻俄國史，母系老師一天到晚在批判我們所處的區域研究；我透過「現代性」這個大主題分別在他們身上釐清了「西方與其他現代性的問題」、發現「東－西之分也橫亙在歐洲內部」，也看到了「現代性的普遍－特殊與殖民性」。那之後我明白了，與其說要擺脫西方，其實是要擺脫「現代性」內涵中的西方霸權（畢竟俄國、德國、奧地利等地也不夠現代）；更確切地說，是擺脫「現代性」本身作為知識生產權力系統所進行的劃界（時間與空間都是）工程。

　　第一年過後，我暫時先把「以誰作為方法」這個命題放在一邊，因為不管以誰作為方法，面對「現代性」都會有點「卡卡」的。也因此我決定鑽回歷史的「危機時刻」去找問題。原本博士班計畫寫的是戰後台韓研究，那是為了銜接碩論處理的當代台灣；但第一年過後我全力惡補的是由「現代性」命題回溯的 19 世紀末、20 世紀初期的東亞。當然這也是美國亞洲系的體質使然：除了中國研究仍以前現代為主，日本、韓國、東南亞研究大多從前述時期開始；這確實也反映亞洲研究在美國，首先就是殖民、冷戰機制的產物。無論如何，我明白了從碩論以來的內在命題，不能不回到「殖民」「現代性」的脈絡裡去梳理，因此第三年資格考前我已決定要將歷史時期拉回到 1895-1937 年左右這個區塊。至此，我琢磨出了自己所能掌握的理論（現代性與翻譯）與歷史（殖民現代化）框架，接著要面對的，就是經常被問到的問題：為何要比較台韓？

　　面對「為何要比較台韓？」[1] 這個問題，我經常要以為何「不」比較台韓來回應。當然，在我（被迫）思考這個問題之前，已經有些「台韓比較」研究存在。但我在此要強調的是，我想的問題不是「比較」，而是「參照」。也正是在「亞洲研究」這個學科裡，我得以從一開始對於「台韓比較」的

1　比較文學系的老師後來成為我的口委，在一次見面討論時她曾經跟我表明，在法國殖民相關研究裡，也沒什麼（前）殖民地間的比較研究，大多還是「殖民－被殖民者」間的研究。

模糊認知，發展成一個屬於自己研究的框架方式。但這個因緣比較不是「受惠」，而是「受制」於亞洲研究。正是因為「亞洲研究」非常「區域」、非常「冷戰」、非常「民族國家」、非常「地緣政治」，台灣與韓國研究根本就邊緣到不行。也正是這個學科的歷史遺緒讓我看到，自己從「文化研究元年」就配置的「亞際串連」有多麼重要。

　　在這樣的條件下，當我以「台韓互為參照」為研究方法時，為的不是處理這兩個社會與「西方現代性」、與「日本殖民政策」、與東西方帝國主義間的關係，亦非他們之間的「實質交流」與「異同之處」，而是要「並置」與「揭露」台韓作為「『不』被想像的共同體」（unimagined communities）的歷史與現實，如何反映在「亞洲研究」這個學術現場。要在台韓之間想像一個「亞洲」共同體，必須解決互相看不見的歷史難題。至此，我的博論研究計畫整個底定之後，我就想要趕快回台灣。

三、去去去，去美國；回回回，回台灣

　　冷戰脈絡中的「來來來，來台大；去去去，去美國」，在我身上運作的遺緒還未清理完畢。然而，如果我認識到自身的研究位置乃是一個「後冷戰」主體，主動選擇進入到冷戰遺產的美國區域研究，發展出上述博論的歷程，則讓我更警覺到，知道要「以誰作為方法」還不夠，更要知道「『不』以誰作為方法」的歷史問題。也因此我從一開始就把就職目標放在亞洲，後來決定回到台灣，選擇先以中文發表階段性的研究成果，而後進入台灣文學研究所任職。這不代表我正在以「台灣」作為方法，與其說台灣，我念茲在茲的更多是性少數的問題，也是那些尚未能互相參照的各種主體。從性／別研究領域的思考走來，我更傾向一種「否定的」主體研究與串連策略，也是上述唸起來就卡卡的「『不』被想像的共同體」、「『不』

以誰作為方法」的問題。由此展開,「不」被想像的不只是台韓,越南、菲律賓等地與台灣的地緣歷史淵源還有待進一步參照與積累;同樣的,台灣社會內部諸多還沒有被想像的、還被遺留在歷史中的「落後」主體(養女、娼妓、共產黨、障礙者、性變態等),也亟待串連、或互為方法。

直到此刻,我仍舊認為從文化研究襲/習來的「亞際連結」、是必要且有用的。「亞洲作為方法」或是近年的「華語語系研究」或多或少也打開了橫向連結的可能與累積,但我認為不應將研究起點設定為反對單一的「美帝」、「日殖」或「中共」,因為那依舊陷在單一參照的歷史難題裡。我們似乎還需要離開「東北亞」為中心的亞際思考。為了實踐自己的學術論題,我甚至在找到教職後開始學習越南語,即使要作台越參照研究,對現在的我來說還遙不可及,但在越南語課堂上,我觀察到了台灣如何想像自己與越南的關係:因應南向政策一起學習的同學中,有一半是公司要外派、想去越南發展的職業人士,以及相關組織的政府員工,另外也有喜歡越南文化、因為越南朋友而來學習的人,還有為了與自己班上學生的越南籍母親能夠直接溝通的特教老師。在官方政策、民間文化交往、新移民等議題之上,當然還有台越之間的歷史連結(語言、戰爭、殖民等),讓這些當代議題得以發生。這是在台灣才有的視角,也是台灣自我認識的途徑。

「台灣」因此對我來說有著不可取代的特殊性,也是文化研究了 20 年後的一個新命題。到美國走一遭、在亞洲四處走踏之後,我發現我的外國友人、同事們大多也不知道文化研究是什麼,不知道該如何定位台灣。我就繼續保持這個否定的位置(文化研究「不是」……,台灣也「不是」……)。但最終我還在學術領域,還在努力找尋方法問更「好」的問題,以回應這篇文章一開始的、屬於一個文化研究碩士生的焦慮:我除了讀西方理論,還可以讀什麼?我親身體會到了,還可以讀的東西很多、太多了。但為了尋找其他參照,你得立刻轉換到新的知識形構、甚至感覺結構裡。這不是說為了削弱西方影響,所以不讀西方理論,轉換到亞洲;而是透過

對自身的批判，重組西方長久以來滲透進亞洲的知識形構、感覺結構。更重要的是，這個命題不僅針對區域間的國際位階、知識重組，每個社會內部任何單一傾向的、霸權性的參照系統都應謹慎視之。

　　如在國際文化研究學會（ACS）第 12 屆雙年會獲頒斯圖亞特·霍爾獎（Stuart Hall Award）的勞倫斯·格勞斯伯格（Lawrence Grossberg）在感言[2]中提醒的：「文化研究總是催促我們，遠離『概而言之』的誘惑，去理解世界抽絲剝繭的情境性；它也敦促我們去尋找必然之中的偶然，簡單背後的複雜，以謙遜的姿態拒絕決定論的引誘」（勞倫斯·格勞斯伯格 2019：156）。這個看似十分浪漫的理想，在當下能操作的其實就如「酷兒理論的奠基人伊娃·塞奇威克（Eve Sedgwick）曾提議的，左派要停止教導人們應該有什麼感覺，而開始試著瞭解人們實際上有什麼感覺」（162）。格勞斯伯格訴諸一種「關聯式」的提問，在要他人接受差異（種族的、性別的、政治的）之前，先問這些差異怎麼與他們發生關係，才能朝向感覺結構的理解與改變。我也切身感受到，從文化研究元年開始，我一直在學術系統裡學習的，其實就是在面對台灣社會內部諸多複雜的群體、面對共同承擔著殖民黑暗歷史的亞洲鄰居，不要再以「西方」對待我們的方式理解自身，以「進步」（如此的現代化意識形態）之名理所當然地評斷他人。也就從這裡繼續前進，我會帶著屬於自己的新提問，繼續思索，以誰作為方法？

2　勞倫斯·格勞斯伯格（Lawrence Grossberg）著，郝玉滿譯，羅小茗校。2019(2018)。〈意志上的悲觀主義，智識上的樂觀主義〉，《熱風學術網刊》13 期，頁 155-163。

【謝詞】

　　此書最早寫就的篇章為 2013 年發表於《台灣文學學報》的〈現代「性」與帝國「愛」〉，我把這篇論文視為是我與政大台文所相遇的起點。當時的我還未能想像自己五年後可以加入這個研究戰力極強的團隊，並因受惠於陳芳明老師、范銘如老師、吳佩珍老師、崔末順老師、曾士榮老師、紀大偉老師總是慷慨又溫暖的支持，特別是崔老師耕耘超過二十年的台韓比較研究，讓我得以在學術與生活都有極強後盾的環境下，先出版了這本標誌我研究起點的小書。

　　謝謝柯裕棻老師在我到政大任職後時常與我分享教學、研究上的想法，在此書寫作期間亦給予我諸多鼓勵。而沒有助教慧玲、兩任研究助理吳東翰與薛元皓的各種協助，我也很難在升等前先完成這第一本正式著作。特別是東翰協助我將英文文稿中文化、以及寫作初期的資料彙整，元皓則接手完稿後的書目校對等細瑣工作，讓我可以更順利地完成此書。我想向政大／台文所的大家致上深深的謝意，並將此書獻給您們。

　　此書主要的研究想法始自我在就讀康乃爾時期受教於酒井直樹、Brett de Bary、Edward Gunn、Natalie Melas、Petrus Liu、Lee Yongwoo 等老師，以及與當時同在 Ithaca 就學的同儕相互切磋、受到啟發而得以進行。在開始撰寫博士論文與此作成書過程中，也因為受到中研院文哲所彭小妍老師、楊小濱老師、陳相因老師，韓國梨花女子大學的김은실老師與延世大學的백영서老師在訪學研究上的協助而得以順利完成。我也要特別感謝相識近二十年韓國學術同儕김주희、장수지、윤수련等朋友，她們一直以來不吝花時間與我討論韓國性別文化歷史等相關研究主題，並提供、確認研究材料，沒有以上師長、學術夥伴的幫忙，此書無法完成。

　　而如〈研究後記〉中提及的，我的學術啟蒙自碩士班時期遇到的師友

們，在交大社文所時期曾求教於劉紀蕙、朱元鴻、陳光興、丁乃非、劉人鵬、趙彥寧、朱偉誠、邱德亮等老師，他們在思考上給予我的啟發、特別是指導教授劉紀蕙在研究上的提點與生活上的提攜，都為我留下日後繼續攻讀博士的薪火。彼時獲得的學術知交好友吳品賢、劉雅芳、林建廷、陳筱茵、宋玉雯、蔡孟哲，也在過往二十年持續在思考與友情上給予我極重要的支持。我想再次謝謝他們這二十年來的幫助。

在學術以外一直刺激著我的思考與研究動力，來自我在各求學階段之間、在出版社與報社任職時認識的朋友們。特別是 Amber、青荷、小毛、明月等出版界前輩友人，在獨立媒體一起工作、後來再一起成立「沃時文化」的大家，雖不一一點名，希望我有確切表達過我對各位的感謝。

而學術出版一直是一項默默耕耘回饋極少的工作，書稿完成後承蒙兩位匿名審查人悉心閱讀、指正，提供細緻且寶貴的修改意見，讓我得以完善不足之處。此書最後得以付梓，不僅要感謝科技部（現國科會）學術性專書寫作計畫補助（109-2410-H-004-160-）、以及川流基金會捐予政大台文所與政大出版社的出版經費，更要謝謝范銘如老師創設「台灣文學與文化叢書」系列，以及編輯林淑禎、美編設計夏皮南為此書從無到有所付出的心力，能與兩位一起做書，我深感幸運。

最後要感謝我的家人一直無條件給予我信任支持，特別是母親劉素月將人生大半犧牲奉獻，給予我和兩位兄弟最溫暖堅強的生活後盾，她的人生經驗和處世智慧，持續對我的生命與研究帶來深刻且重要影響，我想將我現有的小小學術成果，獻給我最敬愛的母親。

【章節改寫發表說明】

此專書擴增、改寫自本人於 2016 年 5 月完成之博士論文〈跨國‧翻譯‧現代性——臺韓殖民時期之語文運動與性論述〉（The Transnational-Translational Modernity: Language and Sexuality in Colonial Taiwan And Korea, 2016）中的第三章：「現代『性』與性殖民」（Sexual Modernity and the Colonization of Sex）、第四章：「批判國族之愛」（Critical Love for the Nation），以及近年出版的三篇期刊論文〈疲竭之愛：李箱與翁鬧作品中的現代愛，及其不滿〉（2022）、〈現代「性」與帝國「愛」：臺韓殖民時期同性愛再現〉（2013）、"Decolonizing Love: Ambivalent Love in Contemporary (Anti)Sexual Movements of Taiwan and South Korea"（2018）和專書篇章 "Problematizing Love: Intimate Event and Same-Sex Love in Colonial Korea"。這些發表篇章打亂後重新調整為本書各章內容，後記則刪減改寫自文化研究二十週年專刊文稿。

前述發表書目如下：

陳佩甄，2022. 6，〈疲竭之愛：李箱與翁鬧作品中的現代愛，及其不滿〉，《臺灣文學學報》40 期，頁 5-67。

Chen, Pei-jean. 2020. 1. "Problematizing Love: Intimate Event and Same-Sex Love in Colonial Korea," *Queer Korea*. Todd A Henry ed., Durham: Duke University Press. 117-145.

陳佩甄，2019. 12，〈以誰作為方法？：從文化研究、亞洲研究到臺灣研究〉，《文化研究》29 期，頁 196-205。

Chen, Pei-jean. 2018. 12. "Decolonizing Love: Ambivalent Love in Contemporary (Anti)Sexual Movements of Taiwan and South Korea," *Inter-Asia Cultural Studies*, vol. 19, issue 4, pp. 551-567.

Chen, Pei Jean. 2016. 5. "The Transnational-Translational Modernity: Language and Sexuality in Colonial Taiwan and Korea." Ph.D. diss., Cornell University.

陳佩甄，2013. 12，〈現代「性」與帝國「愛」：臺韓殖民時期同性愛再現〉，《臺灣文學學報》23 期，頁 101-136。

【韓文姓名翻譯說明】

書中出現之韓文姓名對應之中文譯名，乃依據現有資料、史料，並盡可能多筆資料交叉確認後採用之中文譯名。無法確認正式相應的中文譯法者，則統一在韓文名前註明「音譯」。其他專有名詞、相關協會組織名、刊物名的中譯，採同樣做法。若有錯誤或疏漏之處，文責任由我自負，並懇請各位賢達指正。

【參考書目】

英一文

- Anderson, Benedict. 1983. *Imagined Communities: Reflections on the Origin and Spread of Nationalism*. London: Verso.
- Arondekar, Anjali. 2009. *For the Record: On Sexuality and the Colonial Archive in India*. Durham: Duke University Press.
- Badiou, Alain and Nicolas Truong. 2012 [2009]. *In Praise of Love* [Éloge de L'amour]. Translated by Peter Bush. London: Profile Books.
- Berlant, Lauren. 2001. "Love, a Queer Feeling." *Homosexuality and Psychoanalysis*. Tim Dean and Christopher Lane eds., Chicago and London: The University of Chicago Press. 432-451.
- Barlow, Tani E. 2012. "Debates over colonial modernity in East Asia and another alternative." *Cultural Studies* 26.5. 617-44.
- _____. 1997. "Introduction: On 'colonial modernity'." *Formations of colonial modernity in East Asia*. Tani E. Barlow ed., Durham: Duke University Press. 1-20.
- Barth, John. 1984. "The Literature of Exhaustion." *The Friday Book: Essays and Other Non-Fiction*. Baltimore, Md.: The Johns Hopkins University Press. 62-76.
- Benjamin, Walter. 1983. *Charles Baudelaire: A Lyric Poet in the Era of High Capitalism*. Trans. Harry Zohn. London: Verso Editions.
- Berlant, Lauren. 2011. *Cruel Optimism*. Durham, NC: Duke University Press.
- Bhabha, Homi. 1994. *The Location of Culture*. London and New York: Routledge.
- Butler, Judith. 1990. *Gender Trouble*. New York: Routledge.
- Chakrabarty, Dipesh. 2000. *Provincializing Europe: Postcolonial Thought and Historical Difference*. Princeton and Oxford: Princeton University Press.
- Chatterjee, Partha. 1993. *The Nation and Its Fragments: Colonial and Postcolonial Histories*. Princeton, N.J: Princeton University Press.
- Chen, Kuan-hsing. 2010. *Asia as Method*. Durham, NC: Duke University Press.
- Chen, Pei-jean. 2021. "Theorizing Untranslatability: Temporalities and Ambivalence in Colonial Literature of Taiwan and Korea." *Thesis Eleven* 162.1: 62-74.
- Ching, Leo T. S. 1998. "Yellow Skin, White Masks: Race, Class, and Identification in Japanese Colonial Discourse." *Trajectories: Inter-Asia Cultural Studies*. Kuan-Hsing

Chen ed., London: Routledge. 65-86.

- _____. 2001. *Becoming "Japanese": Colonial Taiwan and the Politics of Identity Formation*. Berkeley and Los Angeles: University of California Press.

- Cho, Yong-han. 2012. "Colonial Modernity Matters? Debates on Colonial Past in South Korea." *Cultural Studies* 26.5: 645-669.

- Choi, Chung-moo. 1997. "The Discourse of Decolonization and Popular Memory: South Korea."*Formations of Colonial Modernity in East Asia*. Tani E. Barlow ed., Durham: Duke University Press. 349-372.

- Choi, Hyae-weol. 2009. "Wise Mother, Good Wife: A Trans-cultural Discursive Construct in Modern Korea." *Journal of Korean Studies* 14.1: 1-34.

- Choi, Won-shik. 1999. "Seoul, Tokyo, New York: Modern Korean Literature Seen through Yi Sang's 'Lost Flowers.' Trans. Janet Poole. *Korea Journal* 39.4: 118-143.

- Chow, Rey. 1991. *Woman and Chinese Modernity: The Politics of Reading between West and East*. Minneapolis: University of Minnesota Press.

- Chua, Beng Huat. 2015. "Inter-Asia referencing and shifting frames of comparison." *The Social Sciences in the Asian Century*. Carol Johnson, Vera Mackie and Tessa Morris-Suzuki eds., Canberra: ANU Press. 67-80.

- de Bary, Brett. 1993. "Not Another Double Suicide: Gender, National Identity, and Repetition in Shinoda Masahiro's Shinjiiten no Amijima." *Iris* 16: 57-86.

- Deleuze, Gilles. 1995. "The Exhausted." Trans. Anthony Uhlmann. *Substance* 24.3: 3-28.

- Dirlik, Arif. 2010. "Asian modernities in the perspective of global modernity." *Contemporary Asian Modernities: Transnationality, Interculturality and Hybridity*. Yiu-wai Chu and Eva Kit-wah MAN eds., New York: Peter Lang. 27-54.

- Duus, Peter. 1995. *The Abacus and the Sword: The Japanese Penetration of Korea, 1895-1910*. Berkeley, CA: University of California Press.

- Eco, Umberto. 2015[1977]. *How to Write a Thesis*. Trans. Farina C. Mongiat, and Geoff Farina. Cambridge, Massachusetts: MIT Press.

- Em, Henry. 1996. "Yi Sang's Wings Read as an Anti-Colonial Allegory." *MUÆ: A Journal of Trans-cultural Production*. Walter K. Lew ed., New York: Kaya Press. 105-106.

- Ezra, Elizabeth. 2000. *The Colonial Unconscious: Race and Culture in Interwar France*. New York: Cornell University Press.

- Fanon, Frantz. 2004[1961]. *The Wretched of the Earth*. New York: Grove.

- Foucault, Michel. 1984. *History of Sexuality, Volume 1: An Introduction*. New York: Pantheon Books.

- _____. 1980. *Power/Knowledge: Selected Interviews and Other Writings,*

1972-1977. Colin Gordon ed., Trans. Colin Gordon, Leo Marshall, John Merhan and Kate Soper. New York: Pantheon Books.

* Fulford, Robert. 2013. "Walter Benjamin, the flaneur, and the confetti of history." *Queen's Quarterly* 120.1: 28-37.

* Freud, Sigmund. 1995. "Civilization and Its Discontents." *The Freud Reader*. Peter Gay ed., New York: Norton.

* Frühstück, Sabine. 2003. *Colonizing Sex: Sexology and Social Control in Modern Japan*. Berkeley, CA: University of California Press.

* Hall, Stuart. 1992. "The West and the Rest: Discourse and Power." *Formations of Modernity*. Stuart Hall and Bram Gieben eds., Cambridge: The Open University. 275-320.

* Han, Ju Hui Judy. 2016. "The politics of homophobia in South Korea." *East Asia Forum Quarterly* 24 June: 6-7.

* Hanscom, Christopher P. 2013. *The Real Modern: Literary Modernism and the Crisis of Representation in Colonial Korea*. Cambridge, Massachusetts: Harvard University Press.

* Hobsbawm, E J. 1990. *Nations and Nationalism Since 1780: Programme, Myth, Reality*. England: Cambridge University Press.

* hooks, bell. 1994. *Teaching to Transgress: Education as the Practice of Freedom*. New York: Routledge.

* Huang, Ke-hsien. 2017. "How Taiwanese Conservative Christianity Turned Public during the Same-Sex Marriage Controversy and a Secularist Backlash." *Review of Religion and Chinese Society* 4.1: 108-136.

* Ito, Ken K. 2008. *An Age of Melodrama: Family, Gender, and Social Hierarchy in the Turn-of-the-Century Japanese Novel.* California: Stanford University Press.

* Jameson, Fredric. 1981. *The Political Unconscious: Narrative as a Socially Symbolic Act*. New York: Cornell University Press.

* Kang, Wenqing. 2009. *Obsession: Male Same-Sex Relations in China, 1900-1950*, Hong Kong: Hong Kong University Press.

* Kim Haboush. Ja Hyun. Ed. 2009. *Epistolary Korea: Letters from the Communicative Space of the Chŏsŏn, 1392-1910*. New York: Columbia University Press.

* Kim, Kichung. 1985. "Hyol-ui Nu: Korea's First 'New' Novel," *Korean Culture* 6.4: 41-45.

* Koyama, Shizuko. 2012. *Ryōsai Kenbo: Constructing the Educational Ideal of Good Wife and Wise Mother*. Leiden: Brill.

* Kwon, Podurae. 2005. "The Paradoxical Structure of Modern 'Love' in Korea." *The*

Korea Journal 45.3: 185-208.

- Laughlin, Charles. 2011. "Review of Haiyan, Lee. *Revolution of the Heart: A Genealogy of Love in China, 1900-1950*." MCLC Resource Center Publication, July 2011. 2022 accessed. <https://u.osu.edu/mclc/book-reviews/revolution-of-heart/>.

- Lee, Haiyan. 2006. *Revolution of the Heart: A Genealogy of Love in China, 1900-1950*. California: Stanford University Press.

- Lee, Ann Sung-hi. 2005. *Yi Kwang-su and Modern Korean Literature: Mujong*, Ithaca, NY: Cornell East Asia Program.

- Lefebvre, Henri. 1987. "The everyday and everydayness." *Yale French Studies* 73: 7-11.

- _____. 1995. Introduction to Modernity: *Twelve Preludes September 1959-May*. Translated by John Moore. London: Verso.

- Martin, Fran. 2010. *Backward Glances: Contemporary Chinese Cultures and the Female Homoerotic Imaginary*. Durham, NC: Duke University Press.

- Marx, Anthony W. 2003. *Faith in Nation: Exclusionary Origins of Nationalism*. New York: Oxford University Press.

- McLelland, Mark J. and Vera C. Mackie. Eds. 2015. *Routledge Handbook of Sexuality. Studies in East Asia*. London and New York: Routledge.

- Melas, Natalie. 2007. *All the Difference in the World: Postcoloniality and the Ends of Comparison*. California: Stanford University Press.

- Nandy, Ashis. 1983. *The Intimate Enemy: Loss and Recovery of Self Under Colonialism*. Delhi: Oxford University Press.

- O'Rourke, Kevin. 1977. "The Korean Short Story of the 1920s and Naturalism." *Korea Journal* 17.3: 48-63.

- Pflugfelder, Gregory M. 1999. *Cartographies of desire: Male-male sexuality in Japanese discourse, 1600-1950*. Berkeley, CA: University of California Press.

- Povinelli, Elizabeth A. 2006. *The Empire of Love: Toward a Theory of Intimacy, Genealogy, and Carnality*. Durham: Duke University Press.

- Rhee, Jooyeon. 2015. "The politics of romance in colonial Korea: An investigation of a Korean translation of the Japanese romance novel, the gold demon." *Sungkyun Journal of East Asian Studies* 15.1: 69-87.

- Rich, Adrienne. 1993[1975]. "The Burning of Paper Instead of Children." *Adrienne Rich's Poetry: Texts of the Poems: the Poet on Her Work: Reviews and Criticism*. Barbara C. Gelpi and Albert Gelpi eds., New York: Norton.

- Robertson, Jennifer. 1998. *Takarazuka: Sexual Politics and Popular Culture in Modern Japan*. Berkeley, CA: University of California Press.

- _____. 1999. "Dying to Tell: Sexuality and Suicide in Imperial Japan." *Signs:*

Journal of Women in Culture and Society 25.1: 1-35.

- Roy, Ananya and Ong, Aihwa Ong. Eds. 2011. *Worlding Cities: Asian Experiments and the Art of Being Global*. Malden, Oxford: Wiley-Blackwell.

- Ryang, Sonia. 2006. *Love in Modern Japan: Its Estrangement from Self, Sex and Society*. London and New York: Routledge.

- Sakai, Naoki. 2005. "The West-A Dialogic Prescription or Proscription?" *Social Identities* 11.3: 177-195.

- Shin, Gi-wook and Michael Edson Robinson. Eds. 1999. *Colonial modernity in Korea*. Cambridge and London: Harvard University Asia Center.

- Shin, Michael D. 1999. "Interior Landscapes: Yi Kwangsu's 'The Heartless' and the Origins of Modern Literature." *Colonial Modernity in Korea*. Shin Gi-wook and Michael Robinson eds., Cambridge, Massachusetts: Harvard University Press. 248-287.

- So, Chi-yong. 2002. "Collision of Modern Desires: Nationalism and Female Sexuality in Colonial Korea." *The Review of Korean Studies* 5.2: 111-132.

- Spivak, Gayatri Chakravorty. 2003 *Death of a Discipline*. New York: Columbia UP.

- _____. 2015. "Can the Subaltern Speak?" *Colonial discourse and post-colonial theory*. Patrick Williams, Laura Chrisman eds., London and New York: Routledge. 66-111.

- Stoler, Ann Laura. 2002. "Colonial archives and the arts of governance." *Archival Science 2*: 87-109.

- Suzuki, Michiko. 2010. *Becoming Modern Women: Love and Female Identity in Prewar. Japanese Literature and Culture*. California: Stanford University Press.

- Takeshi, Komagome. 2006. "Colonial Modernity for an Elite Taiwanese, Lim Bo-Seng: The Labyrinth of Cosmopolitanism." *Taiwan Under Japanese Colonial Rule, 1895-1945*. Liao Ping-hui and Wang Der-wei eds., New York: Columbia University Press. 141-59.

- Treat, John Whittier. 2011. "Introduction to Yi Kwang-su's" Maybe Love"(Ai ka, 1909)." *Azalea: Journal of Korean Literature & Culture* 4.1: 315-320.

- Wenzel, Jennifer. 2009. *Bulletproof: Afterlives of Anticolonial Prophecy.* Chicago: University of Chicago Press.

- Weston, Kath. 1991. *Families We Choose: Lesbians, Gays, Kinship*. New York: Columbia University Press.

- Wu, Pei-Chen. 2002. "Performing Gender Along the Lesbian Continuum: The Politics of Sexual Identity in the Seito Society." *U.S-Japan Women's Journal* 22: 64-86.

- Yi Kwang-su. 2011. "The Value of Literature." trans. Jooyeon Rhee, *Azalea: Journal* _of Korean Literature and Culture_ 4: 287-291.

- _____. 2011. "What Is Literature?" trans. Jooyeon Rhee, _Azalea: Journal of Korean Literature and Culture_ 4: 293-313.

- Yi, Sang. 1995. "Tokyo." _MUÆ: A Journal of Trans-cultural Production_. Walter K. Lew ed., New York: Kaya Press. 96-101.

- Yoo, Theodore Jun. 2008. _The Politics of Gender in Colonial Korea: Education, Labor, and Health, 1910–1945_. Berkeley, CA: University of California Press.

- _____. 2016. _It's Madness: The Politics of Mental Health in Colonial Korea_. Berkeley, CA: University of California Press.

中 —— 文

- 丁乃非。2016。〈歷史對話：性／別 20 年〉。《性別 20》。何春蕤、甯應斌主編。中壢：中央大學性／別研究室。81-107。

- 子安宣邦。2005。〈「東亞」概念與儒學〉。《東亞文化圈的形成與發展——儒家思想篇》。童長義譯。台北：臺大出版中心。50-54。

- 下村作次郎、黃英哲。1998。〈台灣大眾文學緒論〉。《可愛的仇人》。台北：前衛出版。1-12。

- 上野千鶴子。2015。《厭女：日本的女性嫌惡》。楊士堤譯。台北：聯合文學。

- 王惠珍。2011。〈殖民地青年的未竟之志－論《福爾摩沙》文學青年巫永福跨時代的文學夢〉。《文史台灣學報》3 期。167-210。

- 王慧瑜。2010。〈日治時期臺北地區日本人的物質生活（1895-1937）〉，國立臺灣師範大學臺灣史研究所碩士論文。

- 白春燕。2021。〈臺灣新劇運動的先聲：一九二〇年代初期東京臺灣青年會的留學生演劇〉。《戲劇學刊》34 期。7-33。

- 朱惠足。2009。〈「現代」與「原初」之異質交混：翁鬧小說中的現代主義演繹〉。《臺灣文學學報》15 期。1-32。

- 李政亮。2008。〈《金色夜叉》的臺灣之旅〉。《電影欣賞》27 卷 1 期。59-61。

- 呂明純。2010。〈大東亞體制下的女性文明想像〉。《臺灣文學學報》16 期。193-219。

- 吳婉萍。2013。《殖民地臺灣的戀愛論傳入與接受——以《臺灣民報》和新文學為中心（1920-1937）》。台北：國立政治大學臺灣文學研究所碩士學位論文。

- 李箱。2020。〈翅膀〉。《吹過星星的風——戰前篇》。游芯歆譯。台北：麥田。191-216。

- 林芳玫。2010。〈日治時期小說中的三類愛慾書寫：帝國凝視、自我覺醒、革新意識〉。《中國現代文學》17 期。125-159。

- _____。2012。〈台灣三〇年代大眾婚戀小說的啟蒙論述與華語敘事：以徐坤泉、吳漫沙為例〉。《臺北大學中文學報》7 期。29-66。

- 林姵吟。2014。〈性別化的現代性：徐坤泉與吳漫沙作品中的女性角色〉，《臺灣文學學報》25 期。1-31。

- 林實芳。2008。《百年對對，只恨看不見：台灣法律夾縫下的女女親密關係》。台北：國立台灣大學法律學研究所碩士論文。

- 林輝焜。1998。《命運難違》。邱振瑞譯。台北：前衛。

- 周婉窈。2001。〈失落的道德世界──日本殖民統治時期臺灣公學校修身教育之研究〉。《臺灣史研究》8 卷 2 期。1-63。

- 周蕾。1995。《婦女與中國現代性：東西方之間閱讀記》。董之琳等譯。台北：麥田。

- 紀大偉。2017。《同志文學史：台灣的發明》。台北：聯經。

- 姜秀瑛。2009。〈「愛情」成全不了「逃避」──以翁鬧〈天亮前的戀愛故事〉與李箱〈翅膀〉為主〉。《台灣文學評論》9 卷 3 期。62-92。

- 洪郁如。2017。《近代臺灣女性史》。吳佩珍、吳亦昕譯。台北：國立臺灣大學出版中心。

- 柳書琴。2011。〈事變、翻譯、殖民地暢銷小說：《可愛的仇人》日譯及其東亞話語變異〉。《戰鼓聲中的歌者：龍瑛宗及其同時代東亞作家論文集》。新竹：清大臺文所。277-321。

- 洪理達（Leta Hong Fincher）。2015。《中國剩女：性別歧視與財富分配不均的權力遊戲》。陳瑄譯。台北：八旗文化。

- 柯榮三。2012。〈新聞・小說・歌仔冊──「臺南運河奇案」原始事件及據其改編的通俗文學作品新論〉。《臺灣文學研究學報》14 期。79-103。

- 翁小珉。2016。〈在場的缺席者：解讀作為一則政治寓言的小說《可愛的仇人》〉。《台灣學誌》14 期。29-47。

- 荊子馨（Leo T. S. Ching）。2006。《成為日本人：殖民地台灣與認同政治》。鄭力軒譯。台北：麥田。

- 酒井直樹。2010。〈現代性與其批判：普遍主義與特殊主義的問題〉。《超克「現代」：台社後／殖民讀本（下冊）》。陳光興編。台北：台灣社會研究雜誌。147-173。

- 翁鬧。2009。《有港口的街市》。杉森藍譯。台中：晨星。

- _____。2013。《破曉集──翁鬧作品全集》。黃毓婷譯。台北：如果。

- 陳雨柔。2017。〈「沒有錢還要戀愛」：張文環小說〈落蕾〉、〈貞操〉與〈藝妲之家〉中的不守「貞」女人〉。《往返之間：戰前臺灣與東亞文學・美術的傳播與流動》。台北：國立政治大學圖書館。233-255。

- 陳冉涌。2022。〈跨語際的觀念再造：一個 1920 年代中國女性同性戀愛話語的檢視〉，《台灣社會研究季刊》122 期。83-132。
- 陳佩甄。2013。〈現代「性」與帝國「愛」：台韓殖民時期同性愛再現〉。《台灣文學學報》23 期。101-136。
- 陳培豐。2006。《「同化」的同床異夢——日本帝國的臺灣國語政策‧近代化‧認同》。台北：麥田。
- _____。2013。《想像和界限——臺灣語言文體的混生》。台北：群學。
- 陳萬益。2006。〈于無聲處驚雷：析論台灣小說第一篇《可怕的沈默》〉。《于無聲處驚雷》。台南：台南市立文化中心。119-166。
- 陳藻香、許俊雅編譯。1997。《翁鬧作品選集》。彰化：彰化縣立文化中心。
- 徐孟芳。2010。《「談」情「說」愛的現代化進程：日治時期臺灣「自由戀愛」話語形成、轉折及其文化意義——以報刊通俗小說為觀察場域》。台北：國立臺灣大學臺灣文學研究所碩士學位論文。
- 徐坤泉。1988。《暗礁》。台北：文帥。
- _____。1998。《可愛的仇人》。台北：前衛。
- 徐翔生。2010。〈近世日本人的死亡愛情觀——從《曾根崎心中》試論日本人之殉情〉。《生命教育研究》2 卷 2 期。75-94。
- 徐意裁。2005。《現代文明的交混性格——徐坤泉及其小說研究》。台南：國立成功大學臺灣文學研究所碩士論文。
- 崔末順。2013。《海島與半島：日據台韓文學比較》。台北：聯經。
- 張志樺。2015。〈恰早新聞有講起，為著愛情歸陰司——探討《臺灣日日新報》對殉情報導所展現的愛情論述〉。《臺灣文學研究集刊》17 期。35-71。
- 許俊雅。1997。〈日據時期臺灣小說中的婦女問題〉。《臺灣文學論：從現代到當代》。台北：南天書局。29-60。
- _____。2001。〈《花開時節》導讀〉。《日據以來台灣女作家小說選讀（上）》。邱貴芬編。台北：女書文化。94-99。
- 張恆豪。1991。〈追風及其小說〈她要往何處去〉〉。《國文天地》7 卷 5 期。40-44。
- 張詩勤 。2015。〈《金色夜叉》在戰後臺灣的傳播與在地化〉。《臺灣文獻》66 卷 2 期。121-151。
- 彭小妍。2009。〈一個旅行的現代病——「心的疾病」，科學術語與新感覺派〉。《中國文哲研究集刊》34 期。205-248。
- 勞倫斯·格勞斯伯格（Lawrence Grossberg）。2019（2018）。〈意志上的悲觀主義，智識上的樂觀主義〉（ "Pessimism of the will, optimism of the intellect: endings and beginnings" ）。郝玉滿譯，羅小茗校。《熱風學術網刊》13 期。155-163。
- 黃善美。2014。〈韓台最早近代戀愛小說之比較以〈無情〉與〈她要往何處去〉

為中心〉。《東海中文學報》27 期。85-101。

• 飯間浩明。2015。《編辭典》。黃碧君譯。台北：麥田。

• 黃毓婷。2007。〈東京郊外浪人街──翁鬧與一九三〇年代的高圓寺界隈〉。《台灣文學學報》10 期。163-195。

• 楊千鶴。1999。《人生的三稜鏡》。台北：南天書局

• 照史（林曙光）。1983。《高雄人物評述 1》。高雄：春暉。

• 魯迅。2005。《魯迅全集 1》。北京：人民文學出版社。

• 蔡孟哲。2023。《愛的認識論：男同性愛欲文學的政治、情感與倫理》。新竹：陽明交通大學出版社。

• 蕭蕭、陳憲仁編。2009。《翁鬧的世界》。台中：晨星。

• 羅莎莉（Lisa Rosenlee）。2015。《儒學與女性》。丁佳瑋、曹秀娟譯。南京市：江蘇人民出版社。

日──文

• 古川誠、赤枝香奈子編‧解說。2006。《戰前期同性愛関連文献集成（全 3。卷）》。東京：不二。

• 古川誠。1995。〈同性『愛』考〉。《イマーゴ》6 巻。201-207。

• 江刺昭子。1989。《愛と性の自由 「家」からの解放》。東京：社会評論社。

• 佐伯順子。1998。《「色」と「愛」の比較文化史》。東京：岩波書店。

• 李建志。1999。「寡婦の夢」の世界－李人稙文学の原点，『朝鮮学報』 170。161-185。

• 吳佩珍。2001。〈一九一〇年代日本的女同志現象：從「青鞜」同人來看〉。《稿本近代文學》26 期。51-65。

• 尾崎紅葉。1971。《日本近代文学大系 5 尾崎紅葉集》。東京：角川書店。

• 波田野節子。2008。《李光洙『無情』の研究：韓国啓蒙文学の光と影》。東京：白帝社。

• 柳父章。2001。《愛》。東京：三省堂年。

• 柄谷行人。2008。《日本近代文学の起源》。東京：岩波書店。

• 洪郁如。2001。《近代台湾女性史：日本の植民統治と「新女性」の誕生》。東京：勁草書房。

• 酒井美紀。2010。《尾崎紅葉と翻案：その方法から読み解く「近代」の具現と限界》。福岡：花書院。

• 張文薰。2003。〈『可愛的仇人』と張文環〉。《天理台灣學會年報》12 號。

61-70。

- _____。2005。〈日本統治期台湾文学における「女性」イメージの機能性〉。《日本臺灣學會報》7 號。90-105。

- 張競。1995。《近代中国と「恋愛」の発見――西洋の衝撃と日中文学交流》。東京：岩波書店。

- 福澤諭吉。1959。〈德育如何〉。《福澤諭吉全集（第 5 巻）》。東京：岩波書店。349-364。

- 横路啟子。2008。〈混合的身體－論《福爾摩沙》時期的巫永福〉。《台大日本語文研究》16 期。61-79。

- 謝惠貞。2009。〈台湾人作家巫永福における日本新感覚派の受容：横光利一「頭ならびに腹」と巫永福「首と体」の比較を中心に〉。《日本台湾学会報》11 號。217-232。

- _____。2019。〈東アジアにおける横光利一「皮膚」受容の射程―劉吶鴎「遊戲」、翁鬧「残雪」、李箱「童骸」をめぐって〉。《台灣日語教育學報》33 號。241-270。

- 堀啓子。2000。「金色夜叉」の藍本 --Bertha M.Clay をめぐって，『文学』11 卷 1 號。188-201.

韓——→文

- 권보드래。2003。《연애의 시대 : 1920 년대 초반의 문화와 유행》。서울：현실문화연구。

- _____。2007。〈죄 , 눈물 , 회개 -1910 년대 번안소설의 감성구조와 서사형식〉。《한국근대문학연구》16。7-41。

- _____。2008。〈연애의 현실성과 허구성〉。《문하 / 사학 / 철학》14.0。61-83。

- 김윤식。2001。《이광수와 그의 시대 1》。서울：솔 출판사。

- _____。2007。〈서울과동경사이〉 ，《이상연구》。서울：문학사상사。143-172。

- 김현주。2004。〈문학 · 예술교육과 ' 동정 (同情)' - 이광수의 『무정 (無情)』을 중심으로〉。《상허학보》12。167-193。

- 노지승。2010。〈이상 (李箱) 의 글쓰기와 정사 (double suicide) 〉。《겨레어문학》44.0。153-177。

- 노혜경。2013。〈근대 대중소설의 번안과 의도된 번역의 굴절 -「소용돌이 (渦卷)」에서「속편 장한몽 (續編 長恨夢)」으로〉。《일어일문학연구》84.2。193-219。

- 류수연。2017。〈응접실, 접객(接客) 공간의 근대화와 소설의 장소 : 이광수의 『무정』 과 『재생』을 중심으로〉。《춘원연구학보》11。7-32。
- 박진영。2004。〈일재(一齋) 조중환(趙重桓) 과 번안소설의 시대〉。《민족문학 사연구》26。199-230。
- 박진영。2005。〈1910 년대 번안소설과 ' 실패한 연애 ' 의 시대 - 일재 조중환의 『쌍 옥루』와 『장한몽』〉。《상허학보》15。273-302。
- 박성태。2021。〈조선청년의 '동정(同情)' 함양을 위하여, 혹은 공감에서 연민 으로 미끄러지는 '동정' ― 1910 년대 이광수 소설을 중심으로〉。《비교한국학》 29.3。83-114。
- 박혜경。2009。〈계몽의 딜레마 - 이광수의 『재생』과 『그 여자의 일생』을 중심으로〉。 《우리말글》46。291-321。
- 방민호。2021。〈번역과 번안, 그리고 '무정·유정' 사상의 새로운 '구성'- 이광 수 장편소설 『재생』의 재독해〉。《춘원연구학보》20。9-51。
- 서영채。2004。《사랑의 문법 : 이광수 염상섭 이상》。서울 : 민음사。
- _____。2013。〈자기희생의 구조 - 이광수의 『재생』과 오자키 고요의 『금색야 차』〉。《민족문화연구》58。207-242。
- 손유경。2008。《고통과 동정 - 한국근대소설과 감정의 발견》。고양 : 역사비평사。
- 손정목。1980。〈개항기 한국거류 일본인의 직업과 매춘업·고리대금업〉。《한국학보》 18。98-111。
- 서지영。2011。《역사에 사랑을 묻다 : 한국 문화와 사랑의 계보학》。서울 : 이숲。
- Shin, Michael D.。2010。〈모던걸의 멜로드라마 : 이광수 ` 재생 ` Melodrama of the Modern Girl : Jaesaeng by Yi Kwangsu〉。《춘원연구학보》3。121-154。
- 신정숙。2016。〈' 신여성 ' 과 ' 온천 ' 의 문학적 코드 읽기 : 이광수 소설 『재생』과 『그 여자의 일생』을 중심으로〉。《한국근대문학연구》17.1。195-229。
- 신지연。2006。〈1920~30 년대 '동성(연) 애' 관련 기사의 수사적 맥락〉。《민 족문화연구》45。265-292。
- 실비안, G.。2007。〈이광수 초기 문학에서 드러나는 동성애 모티프에 대한 계보학적 연구〉。서울 : 서울대학교 대학원 박사논문。
- 윤영옥。2014。〈자유연애, 문화자본, 그리고 젠더의 역학 - 이광수의 『재생』을 중 심으로〉。《한국언어문학》88。225-248。
- 이경훈。2010。〈박제의 조감도―이상의 「날개」에 대한 일 고찰〉。《사이間 SAI》8。 197-220。
- 이광수。1964。〈재생 / 혁명가의 아내 / 삼봉이네 집〉。《이광수전집 2》。서울 : 삼중당。
- 이동희。2013。〈국립국어원 '사랑' 뜻 , '남녀' 에서 '두 사람' 으로 바꿨 다〉。《뉴스미션》。（來源 : http://www.newsmission.com/news/news_view. asp?seq=55330，上網日期 : 2022 年 8 月 7 日）

- 이상，김윤식。1993。〈사신 6-7〉。《이상전집 3》。서울 : 문학사상사。
- 이성희。2005。〈이광수 초기단편에 나타난 "동성애" 고찰〉。《관악어문연구》 30.0。267-289。
- 이정숙。2007。〈1910~20 년대의 ' 동성애 ' 모티프 소설 연구〉。《한성어문학》 26.0。359-378。
- 임은희。2010。〈탈주하는 성 , 한국 현대소설 -1910~20 년대 소설의 동성애적 모티프에 나타난 탈식민주의적 연구〉。《한국문학이론과 비평》14.2。231-258。
- 전봉관。2008。《경성 자살 클럽 : 근대 조선 을 울린 충격적 자살 사건》。파주 : 살림。
- 정아서。2014。〈사랑의 사정적 정의와 국립국어원의 퇴행〉。《The Story of Art》。(來源 : http://arthurjung.tistory.com/404，上網日期 : 2022 年 8 月 7 日)
- 정하늬。2017。〈회개와 거듭남 , 정결한 지도자 되기ー이광수의『再生』論ー〉。《현대소설연구》68。479-514。
- 정혜영 , 류종렬。2005。〈근대의 성립과 '연애'의 발건 -1920 년대 문학에 나타난 '처녀성' 성립과 정을 중심으로〉。《한국현대문학연구》18。227-251。
- 최다정。2018。〈이광수 소설에 나타난 건전함 / 불량함의 감성구조 :「윤광호」(1918) 를 중심으로〉。《이화어문논집》46。131-153。
- 최태원。2017。〈번안이라는 난제 (aporia) - 조중환의 번안소설을 중심으로〉。《한국현대문학연구》51。143-164。
- 천정환。2010。〈정사 (情死), 사라진 동반자살〉。《내일을 여는 역사》41。230-253。
- 한승옥。2003。〈동성애적 관점에서 본 < 무정 >〉。《현대소설연구》20。7-29。
- 현진건。1993。《사감과 러브레터 · 빈처 : 현진건단편집》。서울 : 삼중당。

台灣文學與文化叢書 2

愛的文化政治：台韓現代親密關係的殖民系譜
Cultural Politics of Love: Colonial Genealogy of Modern Intimate Relationships in Taiwan and Korea

作　　　　者	陳佩甄
叢 書 主 編	范銘如
叢書學術顧問	吳佩珍、邱貴芬、陳培豐、廖炳惠
發 　 行 　 人	李蔡彥
發 　 行 　 所	國立政治大學政大出版社
出 　 版 　 者	國立政治大學政大出版社
合 　作 　出 　版	國立政治大學台灣文學研究所
總 　 編 　 輯	廖棟樑
執 　行 　編 　輯	林淑禎
美 　術 　設 　計	夏皮南

國 家 圖 書 館 出 版 品 預 行 編 目 （ C I P ） 資 料

愛的文化政治：台韓現代親密關係的殖民系譜 = Cultural politics of love : colonial genealogy of modern intimate relationships in Taiwan and Korea/ 陳佩甄著 . -- 初版 . -- 臺北市：國立政治大學政大出版社，國立政治大學台灣文學研究所，2023.08
　　面；　公分 . -- (台灣文學與文化叢書 ; 2)
　ISBN 978-626-97668-1-9(平裝)

1.CST: 臺灣文學 2.CST: 韓國文學 3.CST: 比較文學 4.CST: 文學評論

　　　863.2　　　112012611

地址 11605 臺北市文山區指南路二段 64 號
電話 886-2-82375669
傳真 886-2-82375663
網址 http://nccupress.nccu.edu.tw

經銷 元照出版公司
　地址 10047 臺北市中正區館前路 28 號 7 樓　　　戶名 元照出版有限公司
　網址 http://www.angle.com.tw　　　　　　　　郵撥帳號 19246890
　電話 886-2-23756688　　　　　　　　　　　法律顧問 黃旭田律師
　傳真 886-2-23318496　　　　　　　　　　　電話 886-2-23913808

初版一刷 2023 年 8 月
定價 300 元　　　　　　　　　　　　　　　**本書榮獲川流基金會補助出版**
ISBN 9786269766819
GPN 1011201045

政府出版品展售處

　・　國家書店松江門市：104 臺北市松江路 209 號 1 樓 | 電話：886-2-25180207
　・　五南文化廣場臺中總店：400 臺中市中山路 6 號 | 電話：886-4-22260330